政府信息公开执行的自由裁量差异研究

张瑜　著

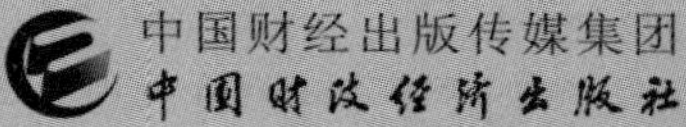

图书在版编目（CIP）数据

政府信息公开执行的自由裁量差异研究 / 张瑜著
. --北京：中国财政经济出版社，2020.8
（公共管理研究文库）
ISBN 978-7-5095-9895-5

Ⅰ.①政… Ⅱ.①张… Ⅲ.①国家行政机关-信息管理-研究-中国 Ⅳ.①D630.1

中国版本图书馆 CIP 数据核字（2020）第 120897 号

责任编辑：武志庆　　责任校对：张　凡
封面设计：思梵星尚　　责任印制：党　辉

中国财政经济出版社 出版
URL：http：//www.cfeph.cn
E-mail：cfeph@cfeph.cn

社址：北京市海淀区阜成路甲 28 号　邮政编码：100142
营销中心电话：010-88191522
天猫网店：中国财政经济出版社旗舰店
网址：https：//zgczjjcbs.tmall.com
北京财经印刷厂印刷　各地新华书店经销
成品尺寸：170mm×240mm　16 开　13.5 印张　247 000 字
2020 年 11 月第 1 版　2020 年 11 月北京第 1 次印刷
定价：46.00 元
ISBN 978-7-5095-9895-5
（图书出现印装问题，本社负责调换，电话：010-88190548）
本社质量投诉电话：010-88190744
打击盗版举报热线：010-88191661　QQ：2242791300

教育部人文社会科学研究青年基金项目“政府信息公开执行的自由裁量差异研究”（18YJC630252）

前　言

政府信息公开制度兴起于瑞典，正式立法于美国，至今半个世纪时间里快速发展并为全世界人民广泛接受。作为政府信息的天然生产者和拥有者，政府理应承担起信息公开责任。《中华人民共和国政府信息公开条例》自2008年实施至今11年，政府信息公开政策执行整体取得了很大的进展，但是各省进程不一。目前新修订的《中华人民共和国政府信息公开条例》于2019年5月15日起施行，此次修订的一项重要内容就是提出“坚持以公开为常态，不公开为例外”，明确政府信息公开范围。政府信息公开在执行过程中会受到很多因素影响，执行差异也会随之变动。目前学者们对于政府信息公开执行差异并没有形成一个系统认识，究其原因是目前执行差异研究缺乏数据和方法支撑。因此，关于政府信息公开政策执行差异的理论和方法研究是一个具有挑战性的命题。

作为一项探索性研究，本书在行政自由裁量视阈下，将《中华人民共和国政府信息公开条例》作为政府信息公开政策执行依据，从行为理论角度提炼政策执行要素，构建政府信息公开省际差异三维分析框架，并引入泰尔指数和基尼系数作为省际差异的衡量指标，对差异进行地区分解和结构分解，探索2008—2017年省际差异及其变动规律。然后以模糊冲突模型为基础构建解释性框架，寻找省际差异变动关键性变量，分析政府信息公开省际差异变动逻辑，从而为推进重点领域政府信息公开以及控制政府信息公开执行中行政自由裁量行为提供决策依据。

本书创新之处主要体现在三个方面：第一，研究视角创新。从行为理论出发构建政府信息公开省际差异三维分析框架，包括公开内容、公开渠道和政策工具三个维度，克服使用单一维度进行考察的缺陷。同时，引入泰尔指数和基尼系数，更加客观地衡量政府信息公开省际差异及其变动，从一般描述性分析推向计量分析，丰富政府信息公开领域研究视角。第二，研究方法创新。本书采用文本分析方法，将31个省级政府2008—2017年共307份政府信息公开工作年度报告作为数据来源进行编码，检验编码信效度，实现了对大样本、半结构化政策文本的编码和计量分析。第三，理论模型发展。从模糊性、冲突性出发分析政府信息公开三个维度的政策属性，发现中央权威、信息通信技术和执行主体三个关键性变量，可以分别解释政府信息公开不同维度上省际差异变动逻辑，既发展了模糊冲突模型内容，又使模糊冲突模型解释力得到进一步加强。

通过对政府信息公开三个维度省际差异及其变动过程进行分析发现，维度一：公开内容省际差异呈现波动式下降趋势。从地区分解角度分析，省际差异主要来源是地区内差异，从东、西部地区内差异主导向中、西部地区内差异主导转变。从结构分解角度分析，省际差异变动由集中效应主导，具体是由规范性文件和重大建设项目等公开事项空间集聚程度不均衡造成。维度二：公开渠道省际差异呈现波动式下降趋势。从地区分解角度分析，省际差异由东、西部地区内差异共同主导。从结构分解角度分析，省际差异下降由规定渠道和非规定渠道共同影响，主要是由政府网站、新闻发布会、政务微博和政务微信空间集聚程度不均衡造成。维度三：政策工具省际差异呈现平稳波动趋势。从地区分解角度分析，省际差异波动由地区内差异主导，东部地区内差异是主要原因。从结构分解角度分析，省际差异变动更多是由集中效应引起，经历了从强制类和能力类工具主导转向强制类和创新类工具主导的过程。

在对政府信息公开省际差异及变动进行分析基础上构建解释性框架，寻找导致不同维度省际差异变动关键性变量，解释政府信息公开省际差异变动逻辑。第一，“高模糊性 + 高冲突性 + 中央权威”可以解释公开内容省际差异波动式下降逻辑。高模糊性和高冲突性政策属性使得公开内容属于象征性执行模式，需要中央权威推动政策执行过程。中央政府出台“工作要点”等政策文件代表了中央权威，导致公开内容省际差异下降。中央政府可以通过政府信息公开立法和监督激励机制优化来约束省级政府行政自由裁量权。第二，“高模糊性 + 低冲突性 + 信息通信技术”可以解释公开渠道省际差异波动式下降逻辑。高模糊性和低冲突性政策属性使得公开渠道属于试验性执行模式，信息通信技术是公开渠道省际差异变动关键性变量，导致公开渠道省际差异下降。中央政府应该通过规范渠道送达效果来赋予省级政府行政自由裁量权。第三，“高模糊性 + 低冲突性 + 执行主体”可以解释政策工具省际差异平稳波动逻辑。高模糊性和低冲突性的政策属性使得政策工具属于试验性执行模式，政策工具不具有自我实施性，需要依靠官僚组织中执行主体主观能动性来实现。由于执行主体偏好惯性存在，政策工具省际差异呈现平稳波动状态。中央政府可以通过统一执行主体公开意识和能力缩小行政自由裁量范围。

INTER – PROVINCIAL DIFFERENCE STUDY IN ACTIVE DISCLOSURE OF GOVERNMENT INFORMATION FROM THE PERSPECTIVE OF DISCRETION

ABSTRACT

Government information disclosure system rose in Sweden, was formally legislated in the United States. It has developed rapidly in the past half century and has been widely accepted by people all over the world. As the natural producer and owner of government information, the government should assume the obligation of active disclosure of information. In the 11 years since the implementation of the Regulations of the People's Republic of China on Government Information Disclosure in 2008, great progress has been made in the implementation of the policy of active disclosure of government information, but the development process of each province is different. At present, the revised Regulations of the People's Republic of China on Government Information Disclosure will come into effect on May 15, 2019. An important part of this amendment is to clearly put forward the principle of "Adhere to the norm of openness, with the exception of non – openness", to clarify the scope of government information disclosure, and to continuously expand the initiative of openness. Active disclosure, as an important part of government information disclosure, its implementation is influenced by many factors, so the difference in implementation will change accordingly. At present, scholars have not formed a systematic understanding of the difference in active disclosure of government information. The reason is that there is a lack of data and methodological support for the research on the difference in the implementation of government information in China. Therefore, it is a challenging proposition to study the theorie and method of initiative disclosure of difference in policy implementation.

As an exploratory study, this study is based on the perspective of administrative discretion, takes the Regulations of the People's Republic of China on Government Information Disclosure as the basis for the implementation of active disclosure policy, refines the elements of policy implementation from the perspective of behavior theory, constructs a three –

dimensional model of active disclosureinter – provincial difference, and introduces the Theil index and Gini coefficient as the measurement indicators of inter – provincial difference. The regional decomposition and structural decomposition analysis were carried out to explore the characteristics of inter – provincial difference and their changes from 2008 to 2017. Based on the Ambiguity – Conflict Model, this paper constructs an explanatory framework, searches for the key variables of inter – provincial difference, and analyses the evolution logic of inter – provincial difference, so as to provide decision – making basis for promoting the active disclosure of government information in key areas and controlling the administrative discretion in the implementation of the active disclosure of government information.

The innovation of this study is mainly embodied in three aspects: Firstly, the innovation of research perspective. This study constructs a three – dimensional model of active disclosure inter – provincial difference based on behavioral theory, which includes three dimensions: active disclosure content, active disclosure channels and active disclosure policy tools. It overcomes the shortcomings of using a single dimension to examine. The introduction of Theil index and Gini coefficient can more objectively measure the inter – provincial difference and changes in active disclosure, and from general descriptive analysis to quantitative analysis, enrich the research perspective in the field of government information disclosure. Secondly, innovation of analysis method. In this study, 307 annual reports of government information disclosure work in 31 provinces from 2008 to 2017 were coded as data sources to verify the reliability and validity of the coded results. The coding and quantitative analysis of large sample and semi – structured policy texts were realized. Thirdly, development of theoretical models. From the perspective of ambiguity and conflict, this study analyses the policy attributes of the three dimensions of active disclosure, and finds that the three key variables of central authority, information and communication technology and administrative organ can respectively explain the logic of inter – provincial difference in different dimensions of active disclosure, which not only develops the Ambiguity – Conflict Model, but also further strengthens the explanatory power of Ambiguity – Conflict Model.

Through the analysis of the inter – provincial difference and changes of the three dimensions of active disclosure, it is found that: Dimension one, inter – provincial difference of active disclosure content show a fluctuating downward trend. From the perspective of regional decomposition, the main source of inter – provincial difference is intra – regional difference, which change from the dominant differences in the eastern and western regions to the dominant differences in the central and Western regions. From the perspective of structural decomposition, the decline of inter – provincial difference is dominated by centralization effect, mainly caused by the uneven spatial concentration of normative documents and major construction projects. Dimension two: inter – provincial difference of active disclosure channels show a fluctuating downward trend. From the perspective of regional decomposition, the inter – provincial difference are dominated by the differences within the eastern and Western regions. From the perspective of structural decomposition, the decline of inter – provincial difference is caused by both prescribed and non – prescribed channels, mainly by the uneven degree of spatial agglomeration of government websites, press conferences, government micro – blogs and government micro – letters. Dimension three: inter – provincial difference of active disclosure policy tools show a steady fluctuating trend. From the perspective of regional decomposition, the fluctuation of inter – provincial difference is dominated by intra – regional differences, and the main reason is the difference in the eastern region. From the perspective of structural decomposition, the change of inter – provincial difference is more caused by centralized effect. It has experienced a process from the dominance of mandatory and capacity tools to the co – dominance of mandatory and innovative tools.

Based on the analysis of active disclosure of inter – provincial difference and changes, this study constructs an explanatory framework to find the key variables that lead to the change of inter – provincial difference in different dimensions, and to explain the logic of active disclosure of inter – provincial difference. Firstly, "High ambiguity + high conflict + central authority" can explain the logic of iner – provincial difference in active disclosure content. The policy attribute of high ambiguity and high conflict makes active disclosure content policy a symbolic mode of implementation, which requires central authority to promote the process of policy implementation. The policy documents issued by the central government, such as the main points of work, represent the authority of the central government, resulting in the reduction of the inter – provincial difference in the active disclosure content. The central government can restrain the administrative discretion of provincial governments by optimizing government information disclosure legislation and supervision and incentive mechanism. Secondly, "High ambiguity + low conflict + ICT" can explain the logic of inter – provincial difference of active disclosure channels. The policy attributes of high ambiguity and low conflict make the active disclosure channels belong to the experimental implementation mode, and information and communication technology is the key variable of the change of inter – provincial difference of active disclosure channels. The policy attributes of high ambiguity and low conflict make the active disclosure channels belong to the experimental implementation mode. Information and communication technology is the key variable for the change of inter – provincial difference in the active disclosure channels, which leads to the decrease of inter – provincial difference in the active disclosure channels. The central government should endow provincial governments with administrative discretion by standardizing the service effect of active disclosure channels. Thirdly, "High ambiguity + low conflict + administrative organ" can explain the logic of the change of inter – provincial difference in active disclosure policy tools. The policy attribute of high ambiguity and low conflict makes active disclosure policy tools belong to the experimental implementation mode. The active disclosure policy tools does not have self – implementation, and needs to rely on the the executives in bureaucratic organizations. Because of the inertia of execution preferences of executives, the inter – provincial difference of policy tools have been in a stable fluctuating state in the past ten years. The central government can narrow the scope of administrative discretion by unifying the active disclosure consciousness and ability of the executives in bureaucratic organizations.

目 录

第1章 绪 论

1.1 研究问题与研究意义

1.1.1 研究问题提出

政府信息公开制度兴起于瑞典，最早可以追溯到瑞典1766年制定的《出版自由法》(*Freedom of the Press Act*)。美国于1966年出台了《信息自由法案》(*Freedom of Information Act*，简称FOIA)，被视为世界上第一部真正意义上政府信息公开法律，此后在全球范围内掀起了一场政府信息公开立法热潮，并伴随着政府信息公开思想观念快速普及。纵观全球各主权国家，目前已有114个国家完成了政府信息公开立法（后向东，2017a）。在漫长人类历史上，政府信息公开作为一个新生事物，在至今半个世纪时间里快速发展并为全世界人民广泛接受。

《中华人民共和国政府信息公开条例》（以下简称《条例》）于2008年5月1日正式实施。回顾这一行政法规实施，经历了一个艰难曲折的过程。在中央政府层面，很早就提及政府信息公开理念，1987年中国共产党第十三次全国代表大会报告中提到"提高领导机关活动的开放程度，重大情况让人民知道，重大问题经人民讨论"。这实际上已经暗含了政府信息公开思想，但在当时很少付诸实践，党的十五大、十六大、十七大报告中都明确地提出和强调要推行和完善政府信息公开制度，但实际进展缓慢。进入21世纪以后，在国际舞台上，我国于2001年正式加入世界贸易组织（World Trade Organization，简称WTO），吸引了更多世界目光关注。由于受到WTO透明度原则约束，以及希望来中国发展的国外企业和投资者对我国政府信息公开的迫切要求，使得中央政府压力倍增，成为推动我国政府信息公开的国际力量。在国内环境下，社会各界人士及代表也在不断向中央政府提议，希望可以制定政府信息公开相关法律法规。在《条例》出台之前，我国政府信息公开工作是以政务公开形式推进的，但是政务公开制度中存在的问题在2003年"非典"疫情大暴发时凸显出来，政府官员对疫情隐瞒不报让国家和社会付出了惨痛代价，更激起了国内民众对政府信息公开的强烈呼吁。

国务院在2002年启动了《条例》起草工作，2003年7月《政府信息公开条例

(草案)》正式进入立法程序。在地方政府层面，广州市在 2002 年 10 月颁布并于 2003 年 1 月 1 日实施了《广州市信息公开规定》，率先尝试进行地方政府信息公开制度改革，之后吉林、海南、湖北等省份以及上海、成都、武汉等城市相继推出政府信息公开工作规定，到 2007 年出台地方性政府信息公开规定的地方政府数量已经达到了一半，这些都在一定程度上加速了《条例》出台。《条例》于 2007 年 4 月出台，2008 年 5 月 1 日正式实施。

《条例》在法律位阶上属于行政法规，其约束力虽然不如欧美等国家已经非常成熟的信息公开法律体系，但从法律层面确立了行政机关政府信息公开的义务，标志着我国政府信息公开制度初步建立，公民知情权获得了基本法律保障（李学，2011），对我国依法治国和法治政府建设有着深远影响。政府信息公开是实现政府公开透明的重要制度，公开透明的政府是法治国家的重要标志。随着《条例》实施，我国政府信息公开进入了法制化和制度化新阶段。

《条例》实施至今已经进入了 11 年里程碑时期，推动着政府信息公开制度执行。从法律条文分析，《条例》共有 5 章 38 条规定，其法律关系、逻辑基础非常简单，以至于有学者曾感叹政府信息公开研究任务到此可能要告一段落了（吕艳滨，2014a）。但是，再完善的制度如果仅停留在静态文本形态层面而不诉诸实践，最终想要实现的目标就会落空。美国政策科学家艾利森（Allison）曾说：“在实现政策目标的过程中，方案确定的功能只占 10%，而其余的 90% 取决于有效的执行。”在现实生活中，《条例》规定的权力责任关系、权利义务关系并不会因为法律条文出台而随之落地，其被赋予的制度价值只有经过有效执行才会实现。中央政府对政府信息公开工作高度重视，要求各级地方政府落实和加强政府信息公开政策执行工作，进一步打造透明政府。11 年来，在党中央和国务院领导下，政府信息公开全方位推进，政府信息公开范围不断深化，公开渠道不断优化，服务群众功能不断完善，对推动政府履行公共管理职能发挥着重要作用。新修订的《中华人民共和国政府信息公开条例》于 2019 年 5 月 15 日起施行，此次修订的一项重要内容就是提出“坚持以公开为常态，不公开为例外”，明确政府信息公开的范围。

政府信息公开包括主动公开和依申请公开，主动公开是政府信息公开核心。中央政府和地方政府缺乏政府信息公开领域政策执行经验，因此《条例》模糊性赋予了地方政府一定行政自由裁量权，给地方政府提供了在政策执行过程中进行尝试和探索的机会，可以避免由于政策僵硬而导致“水土不服”。不过由于《条例》法律逻辑存在一些问题，受其调整的现实世界则可能愈发错综复杂。《条例》虽然明确规定了应该公开、能够公开的事项都应及时全面地主动公开，但是对于政府信息公开属性的审查却没有明确规定，并且将这一权力赋予了地方行政机关，这意味着行政机关在政府信息公开政策执行过程中拥有着绝对行政自由裁量权。但是行政自由裁量权本身是一把“双刃剑”，“上有政策，下有对策”“山高皇帝远”“政策走样”等现象反映了政策执行过程中自由裁量权经常被滥用问题。

政府信息公开政策执行过程中，不同行政主体之间执行行为存在着差异。不同层级政府及政府内部不同部门之间，存在着信息公开内容、渠道和程度不一的现象（王锐兰，2017）。在我国行政生态环境之下，官僚组织在社会治理过程中的作用，远超世界任何“行政国家”功能设定和实际价值。中央政府强调推行依法行政和建设法治政府理念与行为，从侧面折射出行政机关行为在很大程度上仍然没有受到有效约束的现象。我国政府信息公开政策执行过程中存在着行政自由裁量，伴随着大量随意性行为，或拒绝公开，或选择性公开，或有条件公开，或推迟公开，等等，行政主体尽可能避免给自己带来潜在麻烦，保护部门和自身利益不被累及。对于一个历来就存在“执行困难”官僚组织来说，仅有政府信息公开制度远远不够。现代社会利益分散性和矛盾冲突的增加，导致公共事务充满了更多复杂性和不确定性，政府信息公开执行差异的存在在一定程度上折射出了行政机关面临的真实激励机制，反映了现实世界中行政机关工作人员是如何在法律制度约束下行使行政自由裁量权。

政府信息公开执行差异存在是任何一个国家或地区都避免不了的问题。一般来说，政策执行过程中一定限度内差异是需要的，因为政策执行过程会受到各种因素影响，这是行政自由裁量因地制宜的体现。但是行政自由裁量并不是完全“自由”的，执行差异要有一个限度。如果地方政府执行差异过大，说明可能存在行政自由裁量权滥用，这会导致政策本身目标难以实现，甚至威胁到政府执政合法性。中央政府不能放任执行差异肆意扩大，需要关注执行差异并进行控制。对于政府信息公开执行差异变动，既要高度注重《条例》约束力，更应该关注地方政府真实行为逻辑，寻找执行差异变动关键性变量。显然，在全面推进法治政府建设、实现国家治理现代化背景下，关注政府信息公开政策执行差异，进而探讨执行差异变动背后逻辑，对于国家治理现代化重要意义是不言而喻的。

在政府信息公开政策执行过程中，省级政府是连接中央政府到基层政府的枢纽和信息中心，本书目的是探索省级政府信息公开执行差异及其变动逻辑这一复杂系统工程。想要解答这一难题，则须探寻政府信息公开政策执行所处复杂而多变现实世界。本研究将2008年作为政府信息公开政策执行起点，提出以下研究问题：2008—2017年政府信息公开省际差异如何度量？是否存在变动？如果存在变动，政府信息公开省际差异变动规律是什么？如何解释这种省际差异变动逻辑？

1.1.2 研究的意义

对公共政策执行研究一般聚焦于两个问题：执行描述（“发生了什么”）和执行解释（“怎么发生”）。作为一项探索性研究，本书从行政自由裁量视阈出发，将

《条例》作为政府信息公开政策执行依据，以省级政府信息公开工作年度报告作为数据来源，引入泰尔指数和基尼系数作为差异衡量指标，分析政府信息公开不同维度上省际差异以及差异变动原因。接着以模糊冲突模型为基础构建解释性框架，分析政府信息公开省际差异变动逻辑，寻找不同维度上省际差异变动关键性变量，为推进重点领域政府信息公开以及控制行政自由裁量行为提供决策依据。

（1）理论意义

目前对于政府信息公开政策执行过程研究大致可以分为两类，一类是把政府信息公开视为一个整体，另一类是对不同政策执行要素分别进行研究。从行为理论出发，提炼公开内容、公开渠道和政策工具政策执行要素，构建政府信息公开三维分析框架，对这三个维度省际差异及其变动进行系统而深入分析。通过多维度创新尝试，丰富了政府信息公开领域研究。

本书基于行政自由裁量视阈，分析政府信息公开省际差异问题，丰富了政策执行范畴研究。在官僚制组织中，政策目标实现需要通过控制政策执行过程来完成，当政策执行差异过大时，政策目标实现就会大打折扣。但是目前对于执行差异研究还停留在直观认知阶段，本研究通过对大样本文本数据分析，引入泰尔指数和基尼系数作为差异衡量指标，对政府信息公开省际差异及其变动进行多角度诠释。这种客观而直接的研究不仅从量化角度证实了执行差异存在，也有助于更好地分析行政自由裁量变动逻辑。

本书运用模糊冲突模型，构建省际差异变动解释性框架，为省际差异变动提供了一个新分析视角。省际差异是由执行行为直接形成，已有研究力图穷尽政策执行影响因素，政府信息公开政策执行虽然是一个受到多种因素共同影响的过程，但是已有研究并没有在众多因素中确认关键性变量，缺乏对导致执行差异关键性变量的研究。政策执行是以公共政策规范为依据，如果只关注政策执行而忽略了政策本身，会陷入狭隘的实证主义。因此本书基于模糊冲突模型，从政府信息公开政策模糊性和冲突性属性出发，寻找导致省际差异变动关键性变量，分析其变动内在逻辑。本书不仅对推动政府信息公开执行差异研究有着重要意义，同时丰富和发展了模糊冲突模型内容，使模糊冲突模型解释力得到进一步加强。

（2）实践意义

促进政府信息公开不同维度协调发展，推动政府信息公开领域政策执行实践。《条例》的出台与实施开启了我国政府信息公开制度建设进程，其效力既依靠于法律逻辑推演，更取决于经验事实，在经验层面上政策执行问题值得学术界和政府官员持续关注。《条例》政府信息公开不同维度政策属性决定了其省际差异不同。通过对政府信息公开不同维度省际差异进行分解研究，以期为公开内容和公开渠道协调发展、以及政策工具选择与优化提供科学依据和参考。

为政府信息公开立法工作提供参考。国务院法制办于2017年发布了《中华人民共和国政府信息公开条例（修订草案征求意见稿）》，向社会各界公开征求意见。目前新修订的《中华人民共和国政府信息公开条例》（以下简称《条例》）已于2019年5月15日起施行，此次修订的一项重要内容就是提出“坚持以公开为常态，不公开为例外”，明确政府信息公开范围，不断扩大主动公开。《条例》的颁布和实施是我国首次正式开展政府信息公开工作，由于缺乏足够的实践经验，《条例》对行政机关政府信息的公开做出了笼统的原则性的规定，这对政府信息公开政策执行工作依法有序开展造成了一定影响。省际差异研究可以为政府信息公开立法提供相关改革方向。

为下放和控制行政自由裁量权提供依据。行政自由裁量行为的存在虽然有助于弥补法律制定过程中的考虑不足，有助于实现具体情境下的个案正义，但如果同时伴随着强制性外在约束力制衡缺失或力度不够，公共政策执行效果就会大打折扣。本书基于行政自由裁量视阈，研究政府信息公开省际差异具体实践，为行政自由裁量权控制提供参考。政府信息公开政策执行中行政自由裁量行为是客观的、变化的，同样也是有规律可循的，政府只有尊重这一规律，才能更好地控制和调整行政自由裁量范围，顺利实现既定政策目标。

1.2 核心术语界定

对核心术语进行概念界定是任何一项学术研究前提，是非常必要的工作。在研究伊始，为了避免对核心术语理解存在不同而产生一些歧义，本书对核心术语进行界定和厘清，这一过程被称为概念化。

1.2.1 行政自由裁量

“行政自由裁量”是一个“舶来词”。我国在对行政自由裁量一词使用中缺乏对概念的科学梳理，导致行政自由裁量理论研究一直处于比较弱势状态，无法满足实践需要，因此有必要厘清行政自由裁量的内涵和外延。

行政自由裁量的概念与德奥等欧洲国家行政诉讼法制度发展密切相关。德国学者梅耶（Mayer）作为行政裁量学说开创者，从裁量与法律关系出发，将行政裁量分为纯行政裁量和法律适用裁量，这一分类后来成为“自由裁量”和“羁束裁量”“自由裁量”和“不确定法律概念”区分的来源。奥地利学者特茨纳（Tezner）作为“不确定法律概念”学说开拓者，将“公益”“合目的性”“必要性”“公共安宁与秩序”等概念从行政裁量中分离出来，主张这些“不确定法律概念”是司法审查内容，而“自由裁量”是指法律已经认可行政机关对各种不同执行行为可能性有“选择的自由”，因此当行政机关通过法律授权在各种执行行为可能性之间进行选择时，法院不得加以审查。德国学者认为行政自由裁量侧重点在于执行效果阶段，著名公法家哈特穆特·毛雷尔（2000）将行政自由裁量分为决定裁量和选择裁量，决定裁量是指行政机关决定是否采取某个法定措施，选择裁量是指在各种不同法定措施中行政机关具体如何选择。

由于英美国家遵循不成文判例法系，因此其对于行政自由裁量问题探讨主要聚焦于权力滥用。哈特和赛克斯（Hart 等，1994）认为行政自由裁量是“在两种以上行动方案之间选择的权力，每一种行为都被视为允许的”。但是这个界定受到了一些学者质疑。德沃金（Dworkin，1977）认为行政自由裁量并不意味着选择，而是应该用一些更具有延展性原则来解决这种不确定性，而根据这些原则，从来就不存在选择权。Mullan 和 Galligan（1986）认为行政自由裁量是指政府官员在行使行政权力时，这些权力授予了政府官员一定空间来确定其赖以行使的理由和标准，并运用其作出具体决策。但是这一定义使行政自由裁量无所不在，过于泛化。余凌云（2013）认为过分泛化或肯定都不利于对行政自由裁量权的控制，应该将注意力放在对过程和行为方式选择权力上。目前学者们普遍认可美国学者戴维斯（Davis，1969）提出的概念：“对于一个政府官员来说，只要对其权力有效限制在给予他在作为与不作为的可能行为方式中作出选择的空间，他就拥有自由裁量权。”以 Hupe 和 Hill（2007）为代表的学者也给出了类似定义，认为行政自由裁量权就是公共部门在作为和不作为等众多可能方案中做出选择的能力。

查阅我国 20 世纪 80 年代初较权威法学工具书，如《法学词典》《中国大百科全书》（法学卷）等，都没有“行政自由裁量”这一词条。在汉语中，“裁量”是指“裁剪并度量”，要根据事实作出判断，意味着量体裁衣，而非完全随意和自由。中国台湾地区学者翁岳生（1985）认为行政自由裁量“乃行政机关在法律积极明示之授权或消极的默许范围内，基于行政目的，自由斟酌，选择自己认为正确之行为，而不受法院审查”。中国最早对行政自由裁量下定义的学者是王珉灿（1983），他认为行政自由裁量是指“凡法律没有详细规定，行政机关在处理具体事件时，可以依照自己判断采取适当方法，是自由裁量行政措施”。

综合行政自由裁量一词“舶来品”性质，以及其在国内话语体系下的发展演变，本书倾向于认同行政自由裁量以下几方面特性：第一，行政自由裁量必须建立在行政机关拥有法律授权合法性前提下；第二，行政自由裁量授予行政机关作为与不作为的选择；第三，行政自由裁量并不意味着完全“自由”或者“任意”，而是受法律约束裁量；第四，行政自由裁量存在着被滥用的可能性。

关于行政自由裁量研究可以有多种逻辑架构，采用何种逻辑来研究行政自由裁量行为取决于对“行政自由裁量”的理解。从广义和狭义来区分行政自由裁量，可以分为三个不同层级：第一是较广义的制定政策行政自由裁量，第二是执行性一般行政自由裁量，第三是在个别行政执法中行政自由裁量（曾蔚，2005）。本书聚焦于省级政府信息公开政策执行行为，属于执行性一般行政自由裁量。

在确定行政自由裁量研究层级后，本书采用德国学者对行政自由裁量执行效果方面的范围限定，将行政自由裁量分为决定裁量和选择裁量，决定裁量是指“是否作为”，即行政机关是否采取了行动。选择裁量体现在程度上的“作为程度”，是指在有诸多选择情况下行政机关如何行动，以及在不同选择之间权衡取舍。因此本书认为行政自由裁量是指行政机关在执行性层面决定裁量和选择裁量。

1.2.2 政府信息

“政府信息公开”一词落脚点主要是在“政府信息”，其官方定义来自《条例》第二条规定：“本条例所称政府信息，是指行政机关在履行职责过程中制作或者获取的，以一定形式记录、保存的信息。”正确理解《条例》对政府信息的界定，对于执行政府信息公开政策至关重要。从官方定义中可以看出，政府信息概念需要明确信息主体、内容和载体几个要素。

第一，政府信息主体是行政机关，此处“行政机关”是指广义行政机关，不仅包括各级人民政府及其组成部门，还包括法律法规授权管理公共事务组织（王敬波，2012）。《条例》第三十六条规定：“法律、法规授权的具有管理公共事务职能的组织公开政府信息的活动，适用本条例。”第三十七条规定：“教育、医疗卫生、计划生育、供水、供电、供气、供热、环保、公共交通等与人民群众利益密切相关的公共企事业单位在提供社会公共服务过程中制作、获取的信息的公开，参照本条例执行，具体办法由国务院有关主管部门或者机构制定。”这说明虽然公共企事业单位所拥有的信息和政府信息之间存在区别，但是当公共企事业单位所拥有的信息是在提供社会公共服务过程中制作或者获取时，同样应该进行公开。

第二，政府信息内容是在履行职责过程中制作或者获取的信息。如何看待“履行职责”决定了信息公开属性。行政机关履行职责依据是《中华人民共和国国务院组织法》和《中华人民共和国地方各级人民代表大会和地方各级人民政府组织法》。具体执行主体在履行职责过程中的行为可以分为内部行为和外部行为，所产生信息可以分为内部信息和外部信息，外部信息是应该公开的信息，而对于内部信息是否应该公开，应当根据与政府履行职责的紧密程度进行判断。

第三，政府信息是以一定形式记录、保存的信息。“一定形式”并没有对政府信息作出具体要求，可以是书面的、非书面的、正式的、非正式的等。实践中政府信息一般是以书面文字正式的形式为载体。

政府信息概念界定决定了政府信息公开范围的狭窄或宽泛。显然，通过对这一界定分析，《条例》对“政府信息”界定内涵相当宽泛。目前，学术界关于什么是

"政府信息"在国内并没有一个权威和公认的定义，在其他国家也很难找到其明确定义。虽然没有一个权威和公认的定义，但是"政府信息"在实践中使用非常泛化，经常出现在政府各种官方文件、官方发言以及工作部署中，被用于在各种不同场合，从不同角度表达不同含义。《条例》对"政府信息"进行宽泛概念界定，是基于对"公开为原则，不公开为例外"的认可。

1.2.3 政府信息公开

（1）主动公开与依申请公开

主动公开是政府信息公开领域的核心。"主动"一词在《当代汉语词典》中有两个含义：①不待外力推动而行动；②能够造成有利局面，使事情按照自己意图进行。"公开"在《当代汉语词典》中有两个含义：①不加隐蔽；面对大家；②使秘密的成为公开的。在汉语中，"公开"一词既可以作为形容词，代表"公开"是事物的一种属性，也可以作为动词，代表执行主体的一种行为，将事物不加隐蔽地向大家公布出来。那么"主动公开"是指执行主体不待外力推动而将事物不加隐蔽地向大家公布出来。在政府信息公开领域，"主动公开"主体为政府行政机关，客体是政府信息。《条例》第九条第二款规定了政府信息公开标准："需要社会公众广泛知晓或者参与的"。因此，政府信息公开是指政府行政机关不待外力推动，将政府信息不加隐蔽地公布出来，以便社会公众广泛知晓或者参与。为了更好地研究政府信息公开政策执行行为，还需要区分几个相关概念。

与"主动公开"相对应的是"依申请公开"。依申请公开是政府信息公开辅助措施，这一思想在中央和地方很多文件中都有提及。国务院办公厅在其2010年下发的《关于做好政府信息依申请公开工作的意见》（国办发〔2010〕5号）中提到，要通过主动公开减少对同一公共性政府信息一再申请。对于政府信息公开而言，公民反复申请的信息应该转变为主动公开信息，这需要政府逐步调整主动公开信息目录。正是由于主动公开政府信息不能满足公民需求，才延伸出依申请公开。如果大部分政府信息都通过依申请公开方式进行公开，政府行政机关就会处于一个很被动位置，不仅会降低政府工作人员行政效率，还会增加政府行政成本和负担。如果公民能够通过主动公开获取所需要的政府信息，就不会选择依申请公开方式，因此本书聚焦于政府信息主动公开。

（2）政府信息公开与政务公开

政府信息公开与政务公开的关系是政府信息公开领域最基础但却很有争议的问题之一，因此本书认为有必要明确政府信息公开与政务公开之间的关系。一些学者认为政府信息公开和政务公开两者之间的区别主要体现在历史背景、规范性质、公开内容和公开目的四个方面（白清礼，2012），本书将从这几方面入手对政府信息公开和政务公开的关系进行梳理。

第一，历史背景有所不同。政府信息公开制度形成背景是我国于2001年加入WTO后面临国际社会舆论压力，加之国内“非典”疫情，以及广州、上海等地方政府自行制定并推行政府信息公开改革，这一系列事件推动了《条例》出台和实施。政务公开来自改革开放以来政府对政治体制的改革，是借鉴村务公开经验自下而上逐步推广而来。因此，政府信息公开和政务公开历史背景确实不同。

第二，规范性质互相依存。有学者认为政府信息公开和政务公开规范性质不同，政府信息公开依据是《条例》，属于法律性质，而政府发布的政务公开文件属于党和国家方针政策。但是如果从针对政务公开文献研究中可以发现，学者们将《条例》作为政务公开依据，认为《条例》推进了政务公开法制化（胡仙芝，2008），还有学者认为政务公开和政府信息公开是政府信息公开历史演进的两个阶段（朱锐勋，2013），这在一定程度上认同了政府信息公开和政务公开依据的相互依存性。

第三，公开内容存在交叉。政府信息公开和政务公开两者最大区别在于“政府信息”和“政务”。政务公开主要落脚点是要明确对“政务”的理解。从广义上来讲，政务公开不仅包括国家行政机关所承担的公共行政事务，还包括作为执政党的中国共产党的政治事务。而在狭义上，政务公开仅指行政机关事务公开（姜明安，2016）。“政府信息”和“政务”各自内涵本身存在着很大争议，所以并不存在一个准确区分标准，因此无法进行统一。但是政务公开狭义概念中主体也是政府信息公开主体，会导致公开内容上有所交叉。

第四，公开目标一致。持政府信息公开和政务公开目标存在区别观点的学者认为，政务公开目的是为了反腐倡廉，使权力处于被监督状态，以实现透明运作；而政府信息公开目的在《条例》第一条中直接阐述：“为了保障公民、法人和其他组织依法获取政府信息，提高政府工作透明度，促进依法行政，充分发挥政府信息对人民群众生产、生活和经济社会活动服务作用，制定本条例。”这一表述更准确地说，是两者概念被提出时出发点不同。这些都是从历史背景不同出发而推演出公开目的不同，但其公开目的是会随着社会环境、政府职能变化而改变。从目前社会现实分析，政府信息公开和政务公开终极目的是一致的，是为了建立社会主义民主政治，鼓励公民参与，提高行政效率，实现透明政府。

通过以上几个方面分析，本书认为政府信息公开和政务公开区别主要反映在历史背景和出发点，但这并不影响其在之后现实世界中区别越来越小，甚至合二为一。政府信息公开和政务公开术语提出历史时间点不一致，“非典”暴发以及后续突发事件都暴露了政务公开存在问题，政府信息公开在这一背景下建设实现了我国从政务公开向政府信息公开的转变。但由于这一转变经历时间较短，想要在这么短时间里改变几十年习惯用语，对政府机关、公民以及学者来说都存在一定难度。在学术界，对两者关系持包含与被包含观点的学者也是各持己见。一些学者认为政府信息公开内容比政务公开内容要广泛（白清礼，2012），一些学者认为政务公开范围更广（姬国海，2002），还有学者经常在“政府信息公开”或者“政务公开”研究中同时参考到“政府信息公开”和“政务公开”相关政府文件（胡业勋，2016；张定安，2016），说明学者们也认为“政府信息公开”和“政务公开”相关政府文件对二者在实际政策执行中都具有指导意义。

为了更好地进行学术研究和交流沟通，一个准确概念界定是必要的。但是在社会科学研究中，涉及具体实践活动概括性名词，其内涵有很大伸缩性，尤其是随着社会环境变化以及主观理解差异而导致使用上的不同。考虑到本书是从官僚组织角度出发研究政策执行过程，因此讨论“政府信息公开”和“政务公开”之间关系还应该关注政府对于这两个概念认知与看法。

从政策文件层面来说，国务院办公厅自2012年起每年印发一份对当年政府信息公开重点工作安排的政策文件（以下统称“工作要点”），如表1.1所示。自2016年起“工作要点”政策文件名称中不再使用“政府信息公开”，而是更换成了“政务公开”，因此对于政府来说“政府信息公开”和“政务公开”在实际政策执行中更多强调共通性而非区别性。

表1.1　　国务院办公厅发布“工作要点”文件名称变化

年份	文件名称	发文字号
2012	国务院办公厅关于印发2012年政府信息公开重点工作安排的通知	国办发〔2012〕26号
2013	国务院办公厅关于印发当前政府信息公开重点工作安排的通知	国办发〔2013〕73号
2014	国务院办公厅关于印发2014年政府信息公开工作要点的通知	国办发〔2014〕12号
2015	国务院办公厅关于印发2015年政府信息公开工作要点的通知	国办发〔2015〕22号
2016	国务院办公厅关于印发2016年政务公开工作要点的通知	国办发〔2016〕19号
2017	国务院办公厅关于印发2017年政务公开工作要点的通知	国办发〔2017〕24号
2018	国务院办公厅关于印发2018年政务公开工作要点的通知	国办发〔2018〕23号

从实践层面来说，在省级政府网站栏目分布上，不同省级政府信息公开一级栏目名称比较混乱——“政务公开”“政府信息公开”“信息公开”，并且有些政府网站还会将“政务公开”“政府信息公开”设为对方二级栏目。对政府信息公开和政务公开在实际操作中的关系进行归纳总结，可以分为三种情况：第一，两者都是同一级栏目，在本质上没有区别；第二，政务公开属于政府信息公开；第三，政府信息公开属于政务公开。这些现状都说明了不同政府部门对政务公开和政府信息公开的内涵和关系认知存在差异，其行为背后反映出价值理念也不同。

虽然“政府信息公开”和“政务公开”产生都有其历史背景和合理性，但是目前两者关系并没有很好地被处理和衔接。通过上述分析，本书认为两者在实际运用中更多强调共通性而非区别性，为了研究方便，本书统一使用“政府信息公开”一词。

1.2.4 政策执行

在行政管理领域，政策执行是以公共政策为前提条件，因此需要首先对“公共政策”进行概念界定。公共政策定义在相关书籍和文献中到处可见，几乎所有公共政策研究人员都会对其进行概念界定。本书通过对这些概念进行分析，讨论公共政策这一术语本质特征。概括来说，对公共政策的概念界定主要有以下两种观点：

公共政策是一种产出或结果。公共政策是关于政府行动或者无行动的所有内容（托马斯·戴伊，2011）。关注重点是政府行为与不作为，说明所谓公共政策不仅需要关注那些政府已经实施的行动，还应该反向关注政府没有采取行动的领域，无行动也是一种政策选择结果。威尔逊（Wilson，1887）认为公共政策是由政治家制定并由行政人员开展实施工作的法律和法规。作为行政学创始人，这一定义体现了“政治和行政二分”传统行政思想。拉斯韦尔和卡普兰（Lasswell 和 Kaplan，1950）作为现代政策科学开创者，认为“公共政策是一种包含目标、价值和策略的大型计划”。宁骚（2011）认为“所谓政策，是指国家或政党为实现一定历史时期路线而制定的行为准则”。

公共政策是一个过程。英国学者罗斯（Rose，1969）认为不应该把公共政策只看作某个孤立决定，而是应该把它看作由“或多或少有联系的一系列活动所组成一个较长过程”，以及这些活动对有关事物的作用和影响。尽管罗斯的定义并不十分明确，但它包含了一种有价值的见解，即公共政策是一个活动过程或一种活动方式。安德森（1990）也持这一观点，认为公共政策是为了处理特定社会事务，由不同行动者所采取一种有目的的政府行为过程。

综合上述观点，本书倾向于将公共政策视为一个产出或者结果，如果要表达公共政策过程性，可以使用“公共政策过程”明确表示。本书在将公共政策视为产出结果的基础上，对政策执行概念进行界定。

根据政策阶段论观点，将公共政策过程分为不同政策阶段，既包含政策制定，也包含政策执行。作为实现政策目标的必要途径，政策执行是公共政策过程的一个重要阶段。那么什么是政策执行？有关政策执行的概念界定可以分为两大类：

一类观点体现着行动理论学派思想。琼斯（Jones，1977）认为政策执行是一种将政策付诸施行的活动。奥图尔（O’Toole，2000）对于政策执行的定义也很类似，认为政策执行是建立在政府打算做或者停止做一些事情的意图与最终行动产生影响之间的过程。美国政治学家普雷斯曼和怀尔达夫斯基（Pressman 和 Wildavsky，1973）是这样描述的：“可以将政策执行看作目标的确立与适应于取得这些目标的行动之间的一种相互作用的过程。”宁骚（2011）认为：“公共政策执行，就是政策执行主体为了实现公共政策目标，通过各种措施和手段作用于公共政策对象，使公共政策内容变为现实的行动过程。”

另一类观点体现着组织理论学派思想。组织理论强调政策执行过程中组织结构的作用，认为组织是政策执行恒定的关键因素。埃尔默（Elmore，1978）提出：“任何一项观念转变为行动，都要涉及重要具体工作，组织是从事具体工作的主体。”陈振明（2003）将政策执行界定为：“一个动态过程，它是政策执行者通过建立组织机构，运用各种政策资源，采取解释、宣传、实验、实施、协调与监控等各种行动，将政策观念形态的内容转化为实际效果，从而实现既定政策目标的活动过程。”

从上述概念界定分析，国内外学者对政策执行概念虽然在一些细节上存在差异，但是都认同政策执行实质上是一个动态过程。本书认为，政策执行是实现政策目标的过程，这个过程可以是一次性努力，也可以是持续性努力，并且需要依靠一定组织来完成。由于一个政策成功与否的判断标准很宽泛，会造成达成共识的困难（Matland，1995），因此本书聚焦于对政策执行的讨论，但不对政策执行成功或者失败作出评价。

1.3 政府信息公开研究综述

政府信息公开作为一个实践性很强的领域，学术界对于这一主题的研究和政策实践结合得非常紧密。

1.3.1 政府信息公开制度必要性和可行性研究

政府信息公开制度是建立在公民知情权的法理基础上（王勇，2005；范并思，2008），虽然公民知情权利被普遍认可，但是政府信息公开制度的建立和发展过程并不是非常顺利。2008 年以前，我国尚未正式开展政府信息公开工作，学者们研究主要聚焦于政府信息公开的必要性和可行性（黄志敏，1998；陈佩，2003；段尧清、汪银霞，2005），希望可以推进政府信息公开工作。

随着 2001 年我国加入 WTO（颜海娜、李伟权，2001；吴根平，2002；郝静、查先进，2004），以及“非典”（邓胜利，2003）和“禽流感”（尹萍，2004）等事件发生，政府信息公开制度建设的实际进展，中央政府着手《条例》起草工作，学界开始思考推进制度和法律建设过程需要考量的问题，比如一些基本考虑（周汉华，2002；高小珺，2004）、立法目标模式（唐祖爱、胡瑞华，2004）、政府信息公开范围探讨（汪全胜，2004）、个人隐私权保护（夏淑梅、丁存先，2004；宋超，2005）等。由于政府信息公开立法是一件非常严谨的事情，需要对政府信息公开立法必要性进行研究（彭伶，2000；周健、赖茂生，2001；杨凤春，2001），探讨如何建立政府信息公开制度（白华，2004；聂辰席，2005），以及在此过程中需要面临的困难和克服的障碍（张成福，2000；孙宇、杨瑛，2005）。

随着各界对推行政府信息公开工作意见达成一致，政府信息公开制度建设势在必行。国外政府信息公开进展要快于国内，不过各个国家在政府信息公开制度建设过程中，也在不断调整政府信息公开理念。Relyea（1977）总结了加拿大政府信息公开法案实施10年经验，这一法案在制定初期出发点只是认为公民有“了解的需要”（need to know），经过了10年时间才慢慢演变成公民“知情权”（the right to know），并提出了在开放社会中对开放政府的期望。同时，不同国家在政府信息公开制度建设道路上正在走向不同方向，苏格兰自2002年信息自由法案实施后，公共部门在应对和执行公共事务中不断推进现代化和民主化（Taylor 和 Burt，2010），而加拿大政府试图通过政府再造工程，削减政府信息公开相关预算，弱化政府信息公开职能（Roberts，2010）。

1.3.2 政府信息公开法律条文设立和解释研究

2008年《条例》实施虽然为政府信息公开工作提供了依据，但是法律条文模糊性容易产生歧义，导致政策顺利执行存在困难。学者们致力于明确《条例》边界，对《条例》文本规定进行梳理（陈富智，2008），提出《条例》中需要认真解决若干认识问题和实务问题（莫于川，2009）。

在公共利益问题上，王敬波（2014）分析了公共利益两面性以及例外原则下公共利益，提出了衡量公共利益原则与标准。由于《条例》与《中华人民共和国保守国家秘密法》（以下简称《保密法》）、《中华人民共和国档案法》（以下简称《档案法》）存在着直接或潜在冲突，遭遇到实践上难题（孙军，2007）。张晓文（2009）对政府信息公开中隐私权和知情权的内涵、博弈冲突进行分析，指出平衡二者冲突的方法。

政府信息公开和国家安全以及秘密的平衡是伴随着政府信息公开的永恒问题。国家安全作为一个预防性概念，意味着存在无形、不确定性潜在危险。对于政府信息公开范围研究，主要分为正向规定和反向规定两个视角。对于正向规定研究，认为政府应该明确信息公开范围，包括政府内部信息以及过程性信息等争议的界定（许莲丽，2009），张新民和罗卫东（2008）提出政府信息公开目录体系建设，认为应该建立一套标准化规范。后向东（2015）认为应该对政府信息公开内容进行分类研究，对于不同类型政府信息采取不同处理方式。反向规定研究是从政府信息公开排除范围角度出发，提出进行策略性地调整，从而实现政府信息公开价值（湛中乐、苏宇，2009）。

为了解决法律条文中存在的问题，国内学者关注国外政府信息公开相关研究，包括美国（丁先存，2001；周健，2001；肖卫兵，2006）、英国（夏镇平、高抒宇，2006）、日本（侯卫真，2004）、韩国（河贤凤，2002）等国家。通过对国外政府信息公开制度发展、立法原则精神及其他方面对比（甘峰、俞素美，2002；胡华涛，2005），希望可以对我国政府信息公开有一些启示（颜海娜，2003）。随着2008年《条例》实施，学者对于国外政府信息公开研究更有针对性，包括公民隐私权保护立法研究（连志英，2008）、美国"奈特开放政府系列调查报告"论析（赵正群、董妍，2009）、大数据背景下政府信息公开中日之间比较（罗勇，2017）等。不过国外政府信息立法也存在着一些问题。Pozen（2017）研究了美国信息自由法案条款，认为对信息公开提出特定需要限定条款是"反动"的，是在削弱公民对政府信息的监管能力。

随着国务院法制办提出对《条例》进行修订，征求各界意见，学者们纷纷根据《条例》实施过程中发现的问题提出针对性修改意见，肖卫兵和林正海（2016）通过发放问卷方法证实相关法律条文存在的必要性。除了法律条文修改，周汉华（2016）认为应该借此机会推动体制机制创新，打造更高水平政府信息公开制度。

1.3.3 政府信息公开政策执行中自由裁量研究

在政策执行研究中，行政自由裁量是一个绕不开的话题，政策执行研究贡献之一就是研究行政机关如何在政策执行过程中行使行政自由裁量权。

（1）政府信息公开相关主体自由裁量行为研究

从法律条文到实践之间存在差距，在英国信息自由法案实施之际，Hannabuss（2005）提供了法案实践指南，搭建信息自由法案和政府信息公开实践之间的桥梁。政府信息公开立法虽然是一个政治议程，但是更应该关注行政执行问题（Hawker，1977）。政府信息公开过程中涉及到的相关利益主体包括政府、非政府组织和公民。

从政府角度，Koga（2003）研究了日本政府所采取的政府信息公开措施，包括信息公开法律、信息技术应用、信息监管和记录管理等，发现这些措施并没有满足公民需要，政策执行缺乏领导和协调能力。Nagy和Painter（2012）探讨了美国联邦政府对于影响市场走势的证券信息选择性公开行为，这一行为很多情况下虽然不违反法律但却不公平，涉及证券规则和政府道德问题，通过分析提出了一系列策略，试图解决或者减少联邦政府官员选择性公开信息行为。一些学者将政府信息公开执行视为政策创新扩散过程，Chatfield和Reddick（2017）研究OGD① 政策在澳大利亚不同层级政府如何扩散，并试图发现政策创新早期采纳者特征。在政府内部，法院在处理政府信息公开和维护国家安全稳定冲突中扮演着非常重要角色，Chen

① 全称为Open Government Data，开放政府数据，缩写为OGD。

(2016) 发现中国法院有区别地审查政府信息公开，即在不影响其核心政治目标时稍微调整维稳操作，并强调法律审查是政府信息公开最后一道防线。

对于政府信息公开过程中非政府组织和公民的角色，申亮（2006）认为民间非营利组织应该发挥对政府信息公开推动作用。但针对现实中非政府组织和公民参与不足的情况，孙宇（2009）以政府信息公开对公共政策议程产生影响的角度，推进参与型治理，引导公民有序参与。国外研究中更关注和强调公民对政府信息的需求。Adu 等（2016）研究了作为电子政务建设中政府信息公开执行过程中的数字化保存，认为政府部门有义务采用数字保存方式记录信息，以便公民获取需要的信息。Piotrowski 和 Ryzin（2007）研究了公民对于政府信息需求，以期修正政府信息公开制度建设中存在的问题。Berliner 等（2018）花了 12 年时间对墨西哥公民进行调查，揭示了公民对不同政府信息公开内容的需求，从政府信息需求匹配视角分析，认为政府应该根据公民需求调整公开内容，这在一定程度上可以视为导致政府信息公开内容执行出现差异的一个因素。

（2）公开渠道自由裁量效果评价研究

对于政府信息公开执行效果评价，学者们一般认为不同公开渠道公开效果存在差异，因此区分具体公开渠道来研究政府信息公开执行效果。

政府网站作为最重要公开渠道，学者们通过构建指标体系，对政府网站公开政府信息效果进行评价（郑文晖，2007；闫霏，2012）。随着信息通信技术发展，学者们通过抓取政府网站公开内容和网页数据，检验政府信息公开效率和质量（陈翀等，2017；Thomas 和 Alalwan，2016）。从政府门户网站建设组织结构角度，Lourenço（2015）根据网站质量、完整性、访问和可见性、及时性、价值和有用性是否能够满足政府信息公开需要，对政府信息公开执行效果进行评价。

公共图书馆和国家档案馆作为政府信息公开重要场所，有助于实现公民档案利用权的实现（蒋卫荣，2004；姜亮，2008）。由于公共图书馆属于有条件开放，是建立在公民需求基础上，Sturges（2001）认为公共图书馆定位更像是政府信息公开象征性的代表，而不是真正意义上的公开机构。在对不同公开渠道对比研究上，朱红灿和陈能华（2009）分析了政府网站、国家档案馆和公共图书馆这几种公开渠道的功能，傅荣校和郭啸笑（2013）对《条例》所有规定渠道进行了对比分析，认为不同公开渠道应该提供各具特色信息服务。

随着互联网快速发展，政务微博（李雅，2012；胡远珍、徐皞亮，2016）、政务微信（原光、潘杰，2017）等新媒体公开渠道更加完善，给政民互动、提升政府公信力（胡衬春，2017）等方面带来了挑战。Jaeger 和 Bertot（2010）对比了布什执政时期政府信息公开的保守性以及奥巴马执政时期的开放性，奥巴马政府强调政府信息公开中新社交媒体使用，研究如何确保公民获取政府信息公平性。政府信息公开渠道呈现多样化发展趋势，学者试图提出渠道选择的最优化方案（Reddick 和 Turner，2012）。微时代特征虽然给政府信息公开工作带来了新机遇（唐平秋、罗仙慧，2015），但同时加剧了传统渠道与新媒体渠道之间的不平等（Lu 和 Johnson，2016）。因此在未来政府信息公开执行中，不能忽略对传统渠道的应用。

（3）政府信息公开自由裁量行为影响因素研究

政府信息公开执行属于政策执行一个应用领域，对于影响因素分析主要集中于验证政策执行共性影响因素是否适用于政府信息公开领域。第一种是从定性角度研究影响因素。李春阁（2013）考察和分析制度、组织、权力、市场和舆论五类因素，作为影响政府信息公开核心变量。第二种是从实证研究角度分析。马亮（2012）基于地级市实证研究，发现政府能力、上级政府压力、法制化进程以及公民教育水平和上网比例等因素与政府信息公开显著正相关。阎波等（2013）运用创新影响因素理论，将影响因素归为内部因素和外部因素，构建政府信息公开影响因素模型，并采用省级政府面板数据进行了实证分析。Alcaraz - Quiles 等（2015）研究政府信息公开报告持续性影响因素，包括人口、社会经济以及政府财政因素等。具体到政府信息公开不同领域，黄艳茹等（2017）系统地整合了不同城市层面环境信息公开影响因素，发现省级政府环境政策采纳、人大和政协建议提案、省内其他城市信息公开、创新能力和企业压力与政府环境信息公开显著正相关。Piotrowski 等（2010）从国际视角出发，将其他国家信息公开政策执行关键因素套用在中国环境下，发现行政人员培训、信息公开系统流程优化以及政府对信息公开政策宣传对于政策执行起着重要作用。所有这些因素总结起来可以归纳为上级政府压力、政府内部和外部环境三个方面变量。这些研究追求更加全面性影响因素框架，虽然在一定程度上推动了实证研究发展，但是忽略了对关键性变量的寻找。

（4）政府信息公开中自由裁量行为标准化研究

由于政府信息公开法律条文存在很多争议，因此政策执行存在着很大随意性。黄学贤（2009）梳理了学界在行政裁量基准问题上的主要观点，通过理论探讨和逻辑推理来探讨行政裁量基准制度的完善之道。对于在政府信息公开领域是否要建立行政裁量基准问题，王锐兰（2017）提出应该在政府信息公开政策中嵌入标准化制度和体系，期望从制度层面约束行政自由裁量权滥用行为。但于峰（2011）建议不宜过早在政府信息公开领域引入自由裁量基准，认为当前各地方政府纷纷推出的行政自由裁量基准其本质是在模仿量刑基准。Oates 和 Moradimotlagh（2016）以 GRI① 指标为依据，检验了澳大利亚公共部门在自由裁量环境下公开策略和绩效表现之间关系，发现政府信息公开有助于绩效表现提升。政府信息公开是一件既耗时、处理

① 全称为 Global Reporting Initiative，全球报告倡议组织，缩写为 GRI。

困难并且需要承担风险的事情，在政策执行过程中存在着重重困难。当信息公开可能会给政府带来风险时，行政自由裁量的干预行为就会增加（Lipsky，1980）。政府信息公开政策执行中内含自由裁量虽是必要的，但是经常会导致行政机关对这一权力的滥用（O'Brien，1979）。目前文献更多是定性层面分析，缺少对行政自由裁量行为的实证分析。

1.3.4 政府信息公开研究评述

政府信息公开是信息社会不容忽视的研究主题，通过对政府信息公开相关文献进行梳理发现，目前研究视角可以分为政府信息公开必要性和可行性、法律条文设立和解释、执行过程中相关主体、执行效果评价、影响因素以及标准化建设。由于研究兴趣和问题意识不同，学者们研究重心主要放在《条例》法律文本以及政策层面，政策执行层面研究偏少。法律条文属于宏观学理层面规范研究，从“应然”规范角度进行分析，是建立在完全理性基础上，而政策执行实践是由有限理性人完成，因此对政府信息公开政策执行过程深入探索是非常有必要的。

由于行政自由裁量的存在，政府信息公开政策执行很难完全符合政策制定规划，“执行没有完全按照政策设计进行”是一件见怪不怪的事情，但是政策执行过程中“发生了什么”以及“为什么会发生”更应该成为关注重点。政府信息公开政策执行还存在一系列需要深入挖掘和分析问题，现有文献为本书研究奠定了一定基础。

在研究内容上，现有研究其实默认了我国政府信息公开执行中存在差异，但是这一结论得出主要是基于不同执行结果、不同政治、经济以及社会环境差异下因地制宜的直觉或者案例研究阶段，对政策执行差异进行定量测度的文章比较少见。当前政策执行关注点应该是理论验证，建立一个政府间执行过程模型，强调政策执行动态性，解释为什么政策执行行为在不同时间、不同政策以及不同政府层级中会存在差异（Goggin 等，1990）。但是由于研究方法限制，目前对此并没有展开深入研究，无法观测到执行差异程度以及变动趋势，不能全面而深入地揭示政府信息公开执行差异变动逻辑，本书试图在这方面做出尝试。

在研究方法上，目前文献研究主要以规范研究和案例分析为主，但是基于案例分析得出政策建议，其普遍适用性是值得商榷的。政府信息公开政策执行作为一个“黑箱操作”，仅仅依靠案例研究很难对其有一个全面认识，并且政策执行过程中关键性变量不明确致使政策执行推进建议缺乏针对性。由于社会环境限制以及研究方法滞后性，有关政府信息公开政策执行差异实证研究较少。在实证研究中，针对政府信息公开影响因素分析关注点主要放在了验证更多影响因素，忽略了对关键性变量寻找。囿于数据资料限制，目前对政府信息公开进行文本分析研究比较少，尤其缺乏对执行差异进行大样本、跨时空全景和深入分析。

当前，我国政府信息公开一方面实现了政策执行整体进展不断推进，另一方面不同省级政府出现了执行分化特征。但是学者们对政府信息公开政策执行差异及其变动逻辑并没有形成一个系统认识，究其原因是研究缺乏数据和方法支撑，因此关于政府信息公开政策执行差异理论和方法研究是一个具有挑战性命题。本书将采用文本分析和定量研究相结合方式，试图运用文本、走出文本，挖掘出文本丰富内涵，为政府信息公开政策执行提供更多理论支持和决策参考。

1.4 研究思路与方法

1.4.1 研究思路

作为一项探索性研究，本书在行政自由裁量视阈下，将《条例》作为政策执行依据，从行为理论角度提炼政策执行要素，构建政府信息公开省际差异三维分析框架，并引入泰尔指数和基尼系数作为差异衡量指标，分析省际差异及其变动规律。接着以模糊冲突模型为基础构建解释性框架，寻找公开内容、公开渠道和政策工具三个维度省际差异变动关键性变量，分析政府信息公开省际差异演进逻辑，从而为推进重点领域政府信息公开以及控制政府信息公开执行过程中行政自由裁量行为提供决策依据。本书主要思路包括以下几个方面：

政府信息公开省际差异度量研究。政策执行差异反映政策执行过程中行政自由裁量权行使。《条例》模糊性和政策执行环境复杂性，为行政自由裁量存在作出了很好诠释，行政自由裁量是省际差异存在合法性基础。本书从行为理论出发提炼政策执行要素，构建了政府信息公开省际差异三维分析框架，包括公开内容、公开渠道、政策工具三个维度，引入泰尔指数和基尼系数对省际差异进行衡量和分解。

政府信息公开省际差异数据基础研究。政府信息公开省际差异数据来源是31个省级政府[①] 2008—2017年政府信息公开工作年度报告，构建了一个以自然年为时间切片共307份报告文本集。省级政府信息公开政策执行依据是《条例》，由于《条例》授予政府信息公开不同维度政策执行规定不同，因此通过对《条例》法律条文进行分析，提炼省级政府在政府信息公开内容、公开渠道、政策工具三个维度上的编码节点，对政府信息公开工作年度报告相关内容进行编码，选择节点覆盖率作为政府信息公开政策执行情况的衡量指标，试图基于官方话语表达来研究省际差异及其变动规律。

政府信息公开省际差异及其变动研究。本书将政府信息公开分为公开内容、公开渠道以及政策工具三个维度，对省际差异分析包括政府信息公开政策执行省际差异、东中西部地区差异分解、省际差异及其变动结构分解，不仅能够了解公开内容、公开渠道和政策工具三个维度省际差异变动，还能揭示不同地区以及各子项目对省

① 31个省级政府包括22个省、5个自治区、4个直辖市，不包括中国香港特区、中国澳门特区和中国台湾地区。

际差异贡献程度，为降低省际差异指明方向。

政府信息公开省际差异变动逻辑研究。本书基于马特兰德模糊冲突模型，从公开内容、公开渠道以及政策工具模糊性和冲突性政策属性出发，构建政府信息公开省际差异变动解释性框架，寻找导致省际差异变动关键性变量，从而为推进重点领域政府信息公开以及控制政府信息公开执行过程中行政自由裁量行为提供决策依据。

1.4.2 研究重点和难点

公共政策分析一般存在三类错误，第一类错误是拒绝了一个正确问题解决方案；第二类错误是为正确问题提供了错误解决方案；第三类错误是试图解决一个错误问题，因此问题确认比问题有效设计更为重要。当前，在政府信息公开领域，迫切需要对政府信息公开不同维度省际差异及其变动进行深入探究，发现其背后行动逻辑，以便进一步突破瓶颈，这也正是本书研究重点和难点所在。

（1）政府信息公开省际差异研究

政策执行过程通常被视为“黑箱操作”，本书通过获取数据，对31个省级政府信息公开执行差异进行量化分析。本书将政府信息公开分为公开内容、公开渠道以及政策工具三个维度，对省际差异分析包括政府信息公开省际差异、东中西部地区省际差异分解、省际差异及其变动子项目结构分解，不仅能够了解公开内容、公开渠道和政策工具三个维度上省际差异及其变动，还能揭示不同地区以及各子项目对省际差异贡献程度，揭示中观层面官僚组织视野中政府信息公开制度执行实践。

这一研究难点在于政府信息公开政策执行数据获取。政府信息公开工作年度报告作为一种“执法报告”，可以帮助我们打开政策执行黑箱，使公共政策不是作为“结果”而是作为“过程”呈现在公民面前。本书建立了31个省份2008—2017年共307份政府信息公开工作年度报告大样本文本集，对其进行编码并获取相关节点覆盖率，作为衡量省际差异数据基础。目前政府信息公开政策执行研究大多是基于案例分析，而基于大样本数据比较研究较少。大样本文本分析可以从表层描述性研究深入分析，发现那些在普通阅读中很难把握深层意义。因此省级政府信息公开工作年度报告编码工作非常重要，本书通过与三位相关专家学者进行编码规则讨论，并在相隔半年不同时间点对文本集进行编码，提高文本分析信效度，进行客观、可重现和可验证研究。

（2）政府信息公开省际差异变动逻辑研究

政府信息公开政策执行研究主题虽然已经在国内外学术界受到广泛关注，但是国内对政府信息公开政策执行研究理论化程度有待增强。对于政府信息公开政策执行差异解释，需要构建一个简洁解释性理论框架，探索公开内容、公开渠道和政策工具省际差异变动背后逻辑。

这一研究难点在于确定政府信息公开省际差异变动关键性变量。对于政策文本不能仅停留在对省际差异分析上，更需要将省际差异变动与其所处历史脉络和社会背景进行关联。本书既关注中央权威对于省级政府政策执行差异影响，也关注地方政府执行主体经验认知以及外部社会环境变化。本书需要寻找省际差异变动关键性变量，以分别解释政府信息公开内容、公开渠道和政策工具省际差异变动逻辑。

1.4.3 研究方法

公共政策研究方法包括行为、规范、经验和语义四种研究取向。本书采用行为取向和经验取向，深入分析政府信息公开政策执行省际差异及其变动来源，并寻找导致省际差异变动关键性变量，构建解释性框架。围绕本书主要思路，充分考虑各种研究方法科学性和可行性，本书采用以下几种方法：

①文本分析法。文本分析法是将非结构化文本及图像内容从零碎和定性形式换成系统和定量形式一种研究方法，在社会科学研究中运用前景非常广阔。对于政策文本分析，既要了解基本描述性统计信息，更需要深入挖掘文本背后所代表的“深层结构”，探索具有价值规律。本书使用文本分析软件 Nvivo，将 31 个省份 2008—2017 年共 307 份政府信息公开工作年度报告作为数据来源，通过文本收集、整理、编码、归类和量化分析，获取公开内容、公开渠道和政策工具省际差异原始数据，以便展开对省际差异动态深入研究。

②差异指标分析法。泰尔指数和基尼系数作为衡量差异和不平等的统计指标，本书引入这两个指标对公开内容、公开渠道和政策工具三个维度省际差异进行度量，并在此基础上对省际差异进行地区分解和结构分解，探索省际差异来源以及省际差异变动来源，对省际差异及其变动规律有一个深入分析。

③GIS 空间分析法。GIS 空间分析法是一种呈现和分析技术。本书利用 GIS 空间分析技术，根据省级政府信息公开政策执行空间面板数据，根据研究对象地理位置，对空间分布演变等情况进行分析，强调空间地理上演化过程，从时间和空间上对政府信息公开政策执行情况进行呈现和观察。

④社会网络分析方法。社会网络分析方法是社会学家在图论基础上，运用数学方法发展起来的定量分析方法。本书使用社会网络分析软件 Gephi，对省级政府信息公开渠道之间融合性进行分析，明确公开渠道融合发展方向。

1.5 本书结构

本书共分为 7 章，具体章节主要内容安排如下：

第 1 章是绪论。绪论部分首先提出政府信息公开执行差异研究问题，阐释本书理论和实践意义，界定行政自由裁量、政府信息、政府信息公开和政策执行这几个核心术语，对政府信息公开现有文献进行梳理和评述，提出本书主要思路、研究重难点以及研究方法，明确论文结构，并指出本书创新之处。

第2章是政府信息公开省际差异分析框架及度量方法。本书将行政自由裁量作为执行差异理论基础，从行为理论角度提炼出政府信息公开三个政策执行要素：公开内容、公开渠道、政策工具，构建政府信息公开省际差异三维分析框架。本书数据来源为2008—2017年省级政府信息公开工作年度报告，将《条例》作为编码节点选取依据，对文本进行编码，并进行信效度检验。引入泰尔指数和基尼系数作为省际差异衡量指标，可以对省际差异进行地区分解和结构分解。

第3章是政府信息公开内容省际差异及分解。公开内容是政府信息公开核心和焦点。本章使用泰尔指数和基尼系数，分析省级政府在公开内容上执行差异问题，然后将这一差异分解为地区差异和结构差异进行研究，最后总结政府信息公开内容省际差异变动规律。

第4章是政府信息公开渠道省际差异及分解。公开渠道选择不仅影响着信息公开内容形式，也会影响信息公开效率。本章使用泰尔指数和基尼系数等量化方法，分析省级政府在公开渠道上执行差异问题，然后将这一差异分解为地区差异和结构差异进行研究，最后总结政府信息公开渠道省际差异变动规律。

第5章是政府信息公开政策工具省际差异及分解。本章使用泰尔指数和基尼系数等量化方法，分析省级政府在政策工具上执行差异问题，然后将这一差异分解为地区差异和结构差异进行研究，最后总结政府信息公开政策工具省际差异变动规律。

第6章是政府信息公开省际差异变动逻辑分析。本章基于马特兰德模糊冲突模型，从模糊性和冲突性政策属性出发，寻找省际差异变动关键性变量，构建解释性框架，分析公开内容、公开渠道、政策工具省际差异变动逻辑，为调整或控制行政自由裁量行为提供决策参考。

第7章是总结与展望。本章对政府信息公开内容、公开渠道、政策工具三个维度上省际差异变动规律进行总结，对行政自由裁量有一个更深刻认识，并在此基础上对未来研究进行展望。

1.6 创新之处

本书创新之处主要体现在研究视角创新、研究方法创新和对理论模型发展三个方面，具体论述如下：

（1）研究视角创新

本书提供了研究政府信息公开政策执行新视角。通过文献回顾可知，关于政府信息公开研究主要集中于政府信息公开必要性和可行性、法律条文设立和解释、执行过程中相关主体、执行效果评价、影响因素以及标准化建设研究，这些研究都是将政府信息公开视为一个整体。本书从行为理论出发提炼政策执行要素，构建政府信息公开省际差异三维分析框架，包括公开内容、公开渠道和政策工具。从这三个维度分析政府信息公开省际差异，克服了使用单一维度进行考察缺陷，丰富了政府信息公开政策执行视角研究。

现有文献对政府信息公开政策执行差异认知还停留在描述性直观感受和案例研究阶段，限于研究方法局限不能对执行差异进行深入量化分析。本书引入泰尔指数和基尼系数，不仅能够更加客观地衡量公开内容、公开渠道和政策工具三个维度上省际差异及其变动，而且可以对省际差异进行地区分解和结构分解，探究省际差异变动的地区性和内源性结构原因。在充满不确定性的公共政策执行领域，将执行差异及其变动从一般描述性分析推向计量分析，弥补了政府信息公开领域这一研究视角的空缺。

（2）研究方法创新

政府信息公开工作年度报告作为政策文献，是政策思想的物化载体，是政府处理公共事务的真实反映和行为印迹。从目前国内外文献对政府信息公开的研究可知，在研究方法上很少基于政府信息公开工作年度报告进行分析。究其原因，第一是政府信息公开工作年度报告本身就是中国和美国的特色制度；第二是文本分析编码难度比较大，并且编码后是否能够发现省际差异及变动规律、理清省际差异变动背后逻辑很难提前知晓，存在很大不确定性，所以很多学者没有选择政策文本的分析方法。

本书在查阅大量文本分析和编码相关的著作和文献基础上，和该领域三位专家学者对编码规则进行沟通和确认，在相隔半年两个时间段里，对 31 个省级政府 2008—2017 年共 307 份政府信息公开工作年度报告完成了两次独立编码，检验编码信效度。本书实现了对大样本、半结构化政策文本编码和计量分析，揭示政府信息公开省际差异变动逻辑。

（3）理论模型发展

本书运用模糊冲突模型构建政府信息公开省际差异变动解释性框架，分析省际差异变动逻辑。模糊冲突模型作为政策执行理论，其核心思想是从政策模糊性和冲突性属性出发，强调不同政策属性组合下执行模式和关键性变量不同。本书发展了冲突属性界定，认为政策冲突性不仅表现在政策内冲突，还会表现在与其他政策之间冲突，同时将模糊性和冲突性拓展到政策执行要素的属性特征，从动态角度分析不同维度上省际差异变动逻辑，既丰富和发展了模糊冲突模型内容，又使模糊冲突模型解释力度得到进一步加强。

基于模糊冲突模型，本书从模糊性和冲突性属性出发，分析公开内容、公开渠道和政策工具政策属性，发现中央权威、信息通信技术和执行主体作为三个关键性变量，可以分别解释这三个维度上省际差异变动逻辑，建立了更加符合我国政府信息公开政策执行理论模型。

第2章　政府信息公开省际差异分析框架及度量方法

2.1　政策执行省际差异理论基础：行政自由裁量

2.1.1　行政自由裁量研究发展

对于发展中国家来说，行政自由裁量是一个重要话题（World Bank，2003）。政策执行强调因地制宜，这一行为合法性来自于地方政府拥有的行政自由裁量权。根据前文对行政自由裁量界定，行政自由裁量是指行政机关在执行性层面的决定裁量和选择裁量，如图2.1所示。省级政府在政府信息公开政策执行过程中行使行政自由裁量权，会产生执行差异，这一差异集合就构成了自由裁量范围。

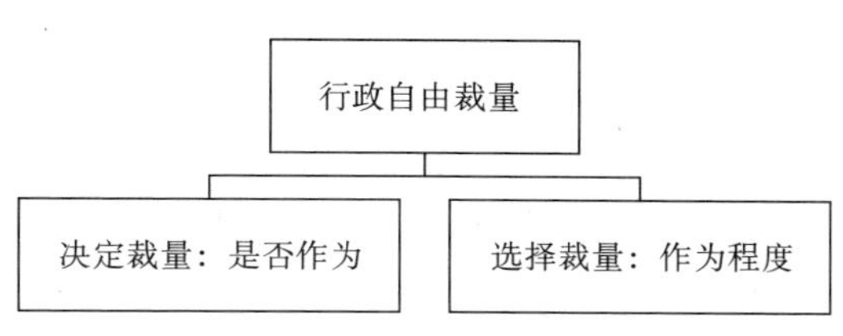

图2.1　执行差异理论基础

虽然现有研究已经默认行政自由裁量的不可避免性，但在20世纪上半叶以前，学者们认为行政机关任何实质上行政自由裁量行为都是对公民个人自由造成伤害的专制行为，是决不被允许的（Dicey 和 Wade，1959）。但是随着政策执行研究兴起，学者们发现实践层面行政机关行政自由裁量权是客观存在的（Lipsky，1980；Koch，1986），这一研究引发了行政自由裁量必要性讨论，以及行政自由裁量存在是否背离民主，是否反映了“自上而下”控制的不足（Barrett 和 Hill，1984）。在一些特定政策执行情境下行政机关行使行政自由裁量权是有必要的，行政自由裁量行为是对分层控制的制衡（Goggin 等，1983），提供了政策执行创新可能性。我国对于行政自由裁量的关注较晚，由于这一概念是从国外引入，并且我国政府属于典型行政主导体制，因此对行政自由裁量研究跳过了这一争议阶段。

对于行政机关行使行政自由裁量权这一现象的探讨，主要存在三种观点。第一种观点认为行政机关行使行政自由裁量权是“法律的延伸”，以满足“顾客”需要（Keiser，1999）；第二种观点认为行政机关并不是面向“顾客”提供服务，而是充当着政策和规则“看门人”（Maynard－Moody 和 Musheno，2003），认为这种行政自由裁量是有限的；第三种观点认为行政机关可以通过行使行政自由裁量权，限制公民享受他们不应得的权利，在最极端情况下甚至可以用来惩罚不遵守规则的人（Lipsky，1980），但是行政自由裁量在实际政策执行过程中更多地变成了维护少数群体利益的工具。

（1）行政自由裁量控制

学者们在接受行政自由裁量合法性前提下，开始思考行政自由裁量控制问题。对于行政自由裁量控制方式主要包括立法控制、行政控制、司法审查和伦理控制。

立法控制是指立法者对行政自由裁量的控制。最早思考行政自由裁量控制问题的是美国学者戴维斯（Davis，1969），他提出构建裁量和监控裁量两种方法，可以视为对行政自由裁量的事前和事后控制。在政策结果不确定情况下，如果立法者认为行政程序设计能够获取政策执行信息并进行事后控制，就会忽略政策执行偏好差异而授予行政机关更多行政自由裁量权（Epstein 和 O’Halloran，1994）。因此立法者通过衡量授权后可能产生的收益和损失，决定授予行政机关多大行政自由裁量权。

行政控制是指行政主管对行政自由裁量的控制。相比于外部控制，行政系统内部控制具有无可替代的优势，行政主管可以通过建立健全各项机制，控制政策执行中行政自由裁量行为。如果行政自由裁量被滥用，说明行政监督和问责不到位，应该加强行政监督和问责制度的建设和优化。随着互联网发展和信息通信技术应用，电子政务规范化被证实可以减少行政自由裁量权滥用（Reddick 等，2011；Buffat，2015），因此政府致力于电子政务建设，以控制行政自由裁量行为。

司法审查也是行政自由裁量控制的一种方式。在对行政自由裁量进行控制过程中，政策比法律起着更重要的角色，但完全依靠政策规则控制行政自由裁量行为会使政策制定压力过大，因此法院应该承担对行政自由裁量行为进行实质性审查责任。不过由于司法审查属于外部控制，同时法院属于信息劣势方，大多数情况下只能对行政自由裁量行为进行合法性审查，而对于合理性审查略显薄弱。

行政自由裁量本质上也是一种行政伦理权力，意味着行政机关执行主体的认知会直接影响行政自由裁量行为。从行政伦理角度来说，行政自由裁量应该遵循一定伦理规则，应该重塑执行主体服务观念，进行伦理引导和规范，对行政自由裁量权行使进行道德约束，加强对行政自由裁量行为的问责和责任教育，作出理性“公共人”应有的选择。国外似乎并不提倡通过伦理手段来控制行政自由裁量行为（Leys，1943），不过伦理控制为行政自由裁量研究提供了新视角。

（2）关于行政自由裁量程度争议

在行政自由裁量控制成为学术主流思想的同时，一些学者反对严格控制行政自由裁量行为，认为行政自由裁量并不是控制越严格越好。一些学者通过研究证明行政自由裁量程度提高对政策扩散会产生正向影响，对行政自由裁量行为过于严格控制虽然会提高工作效率，但是会带来结果不公平（Parinandi，2013；Cárdenas和Cruz，2016）。这违背了行政自由裁量实现个案正义的初衷，应该给行政自由裁量应有的空间和尊重（何海波，2016）。对于行政自由裁量程度的把握成为一个难题。

在行政自由裁量程度难以控制情况下，行政自由裁量基准成为妥协的产物。一些学者提出建立一套裁量基准体系以及约束制度，用于规范行政自由裁量权的行使。政策执行过程中需要建立行政自由裁量基准制度，并对裁量基准主体、控制手段、法律效力和最终目的等提出完善之道（黄学贤，2009；廖秋子，2010）。不过行政自由裁量基准制度同样被一些学者所质疑，认为行政自由裁量基准虽然在技术上可以实现，但可能会带来实践中的执行僵化以及合法性等问题（王锡锌，2008）。

2.1.2 行政自由裁量与省际差异关系

政策执行过程中会涉及公共政策边界问题，直接限制行政自由裁量权在政策执行中的行使范围，但由于公共政策边界往往难以界定，会导致政策执行差异。行政自由裁量其实是在探讨如何协调“中央政府延伸到基层控制权的需要”和“地方政府应对区域偏好并灵活执行政策”之间的关系。对于行政自由裁量，国外研究更偏重于外部立法控制和司法审查，但是由于国情和制度不同，国内研究强调内部和外部双重控制，更注重内部行政控制。目前对于行政自由裁量研究，一种观点认为地方政府在政策执行中滥用行政自由裁量权，另一种观点认为我国单一制政权存在使得地方政府不能充分行使行政自由裁量权。国内对“行政自由裁量”主要持批判态度，在普遍认同行政自由裁量存在的必要性前提下，偏重于关注行政自由裁量滥用问题，认为应该对行政自由裁量行为进行控制。目前对行政自由裁量控制并不存在争议，但是存在如何确定控制“适度范围”这一难题。

在行政自由裁量及其控制思想引导下，卡尔弗特（Calvert，1989）构建了一个欧几里得四维空间模型，将政策执行过程看作行政自由裁量范围控制过程，如图2.2所示。这个模型将行政自由裁量范围分为三个区域：四维空间白色区域、灰色区域以及灰色区域以外空间。这个模型中存在三类行为主体，即立法者、行政主管和执行主体，政策执行被视为这三类行为主体之间互动和博弈的过程。假设不同行为主体在政策执行过程中都有自己的行为偏好，同时立法者和行政主管都有独立权力去选择合适执行主体并控制执行主体行为，那么执行主体是经过选拔的完全有能力独立执行立法者和行政主管所制定的政策。这三类行为主体的互动结果会让行政自由裁量范围发生变动。

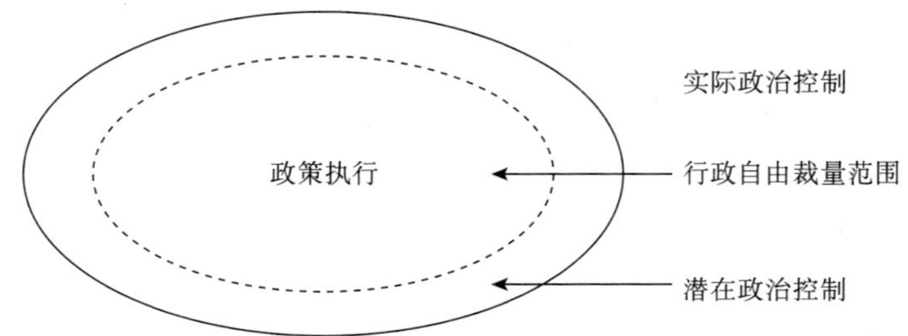

图 2.2 政策执行模型：行政自由裁量与控制

资料来源：Calvert（1989）。

在政策执行过程中，执行主体的政策执行行为可能会出现在行政自由裁量范围的不同区域。当执行主体政策执行行为处于四维空间白色区域时，属于立法者和行政主管所授权的行政自由裁量范围，意味着执行行为被立法者和行政主管认可并接受。当执行主体政策执行行为处于四维空间灰色区域时，这一区域属于潜在控制范围，是由于执行主体偏好不同而形成的区域。当执行主体政策执行行为超过白色区域进入了灰色区域，但是没有超出灰色区域的外部边界时，就不会受到立法者和行政主管的政治控制。当执行主体政策执行行为处于四维空间灰色区域之外时，就超出了立法者和行政主管所能接受的范围，会受到立法者和行政主管的实际政治控制。因此最终政策执行博弈会在四维空间白色和灰色区域内达成一个平衡结果，因为如果执行主体不能实现立法者和行政主管偏好，就要面临对其行政自由裁量范围进行限制惩罚。

根据卡尔弗特（Calvert）对行政自由裁量及其控制的分析，结合我国政府信息公开政策执行过程，立法者和行政主管其实就是中央政府，中央政府制定《条例》对省级政府进行政府信息公开授权，明确行政自由裁量范围，而省级政府执行主体偏好差异进一步扩大了潜在政治控制范围，监督与激励不到位以及公民参与缺失放任了行政自由裁量边界扩大，共同影响着政策执行行为。对于每一个省级政府来说，其政策执行行为可能出现在四维空间内白色区域、灰色区域甚至灰色区域以外，反映的是不同行为主体之间博弈的结果，不同执行主体政策执行行为不会完全一致。尽管现实世界可能要更复杂，但这一政策执行模型基本归纳出了执行差异产生的基本过程。

通过分析可以发现，执行差异与行政自由裁量有着内在联系，两者存在着质的一致性。中央政府授权省级政府行政自由裁量权，省级政府因地制宜地执行政府信息公开政策，不同执行行为共同形成了省际差异，通过图2.3可以清晰地看出两者之间关系。政策执行差异反映的是政策执行过程中行政自由裁量权行使。行政自由裁量控制应该是个动态过程，而不是一劳永逸的（Waterman，1991）。只要法律制度不取消行政自由裁量授权，试图通过控制行政自由裁量消除不同地区、不同部门之间差异是不切合实际的（余凌云，2002）。

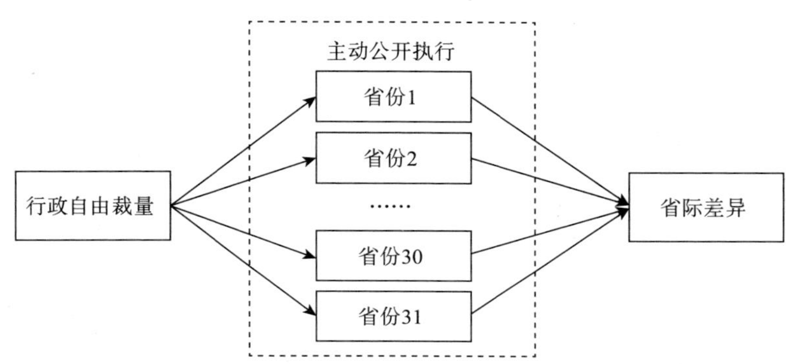

图2.3 行政自由裁量与省际差异关系

2.2 政府信息公开省际差异三维分析框架

2.2.1 不同视角下政策执行要素组合

从不同政策执行研究视角会产生不同政策执行要素组合。政策执行属于政策科学研究范畴，但是两者兴起并不同步。政策科学创立标志是拉斯维尔和拉纳等（Lasswell等，1951）对政策科学概念的提出，而对于政策执行研究兴起于20世纪70年代。在政策执行研究兴起之前，大家信奉“政治与行政二分”，政治是国家意志的制定，而行政是国家意志的执行，默认一旦政策制定出来，政策执行自然会发生，政策执行因为被忽略而被视为“黑箱操作”，是政策科学中“缺失的环节”（Hargrove，1975）。尽管有学者认为“20世纪70年代之前政治执行研究完全缺失”这一论断过于严苛（Meter和Horn，1975），但是学界普遍认同普雷斯曼和韦达夫斯基（Pressman和Wildavsky，1973）在《Implementation：how great expectations in Washington are dashed in Oakland》（执行：华盛顿的伟大期望为何在奥克兰破灭）著作中对美国奥克兰研究打开了政策执行大门，被视为政策执行研究的奠基人。

政策执行第一阶段是“自上而下”视角。这一研究视角出发点为政策权威，将政策执行视为执行主体实现政治目标的过程。政策执行被定义为政策决定的实现过程（Goggin等，1983），研究主要聚焦于政策执行为什么会失败以及政策执行过程中存在哪些问题和障碍，把政策制定者作为最关键的要素。史密斯（Smith，1973）是最早尝试从政策执行要素角度构建政策执行过程模型，认为理想化政策、执行机构、目标群体和环境是政策执行过程中的四个重要因素。麦克拉夫林（Mclaughlin，1976）认为政策执行过程是执行主体和受影响者之间就目标手段作出的相互调试互动过程。巴得克（Bardach，1977）从“博弈”角度将政策执行过程视为一个赛局，认为政策执行人员、利害关系、策略与技术、竞赛资源、竞赛规范、公平竞赛规则、竞赛者之间信息沟通状况和结果不稳定程度 8 个要素影响着政策执行过程。米特尔和霍恩（Meter 和 Horn，1975）构建了一个政策执行系统模型，认为政策目标、政策资源、执行者属性、执行方式、系统环境这 5 个变量互相作用影响着政策执行过程。萨巴蒂尔和梅兹曼尼安（Sabatier 和 Mazmanian，1979）在“霍恩—米特尔模型”基础上将众多政策执行要素归为政策问题特性、政策自身可控性变量和政策以外变量三大类，构建政策执行综合模型。

政策执行第二阶段是“自下而上”视角。“自下而上”研究者试图超越对所谓“执行失败”的关注以及“自上而下”视角的局限，认为从政策目标群体和公共服务执行者要素研究政策执行过程更接近现实，讨论复杂现实情境下政策执行问题或者寻找政策执行影响因素。赫恩和赫尔（Hjern 和 Hull，1982）关注政策执行网络，强调目标、战略、行动以及行为主体这几个政策执行要素之间的互动关系。

政策执行第三阶段是“综合分析”视角。埃尔默（Elmore，1985）最早尝试将“自上而下”和“自下而上”研究视角相结合，关注政策目标群体这一要素，认为政策执行者应该基于对目标群体的激励而选择政策工具。萨巴蒂尔（Sabatier，1988）后期转变了之前“自上而下”研究视角并提出综合性“倡导者联盟框架”，将众多政策执行要素分为相对稳定的因素（包括问题领域基本属性、自然资源基本分布情况等）和外部事件（包括社会经济环境变迁、公共舆论变化等）两类，建立了一个解释政策执行稳定性和变迁性的概念框架。Nakamura 和 Smallwood（1980）在政策执行研究中增加了重要的法律要素。这一时期研究揭示了政策执行过程的复杂性和动态性特点。

综上所述，随着政策执行研究深入，学者们从不同专业背景出发，提炼不同政策执行要素，形成了研究政策执行过程的不同理论。归纳来说，主要包括以下几种政策执行理论：①行动理论关注政策执行主体在公共政策中采取的广泛行动，认为政策执行行为在一定程度上可以弥补政策不足；②组织理论强调组织在政策执行过程中的核心地位，认为政策执行过程是有组织的活动，只有了解组织如何工作，才能理解政策在执行中是如何被调整和塑造；③因果理论将政策看作是一种假设，将政策执行看作是引导人们达到目的地的地图，关注政策过程中因果关系；④管理理论强调政策执行是一个管理过程；⑤交易理论认为政策执行是政府在不同利益相关者之间进行协调和平衡的过程，是政治上的讨价还价；⑥系统理论将政策执行理解为政策系统与外界环境之间进行物质等资源的交换过程（陈振明，2003）。

基于不同的研究目的，政策执行要素多元组合可以形成多种不同研究。王洛忠和张艺君（2017）从“政策主体—政策工具—政策目标”维度分析新能源汽车产业政策协同问题。杜伟锦等（2017）从“政策目标—政策工具—政策执行”三个维度对比分析京津冀和长三角地区的区域差异。龚勤林和刘慈音（2015）基于“活动主题—活动阶段—政策工具”三个维度，构建区域创新政策体系评价。朱桂龙等（2018）构建了“政策层面—政策目标—政策工具”三维框架，研究我国协同创新政策变迁过程。翁银娇等（2018）构建了“政策目标—政策工具—攻策力度”三维框架，分析创业政策演进特征。

目前学者们已经普遍接受使用多个政策执行要素多维研究视角分析政策执行过程，并且现有政策执行分析框架中基本上都会包含对政策工具研究。当不同政策研究关注点不同，政策分析框架也有所调整。

2.2.2 政府信息公开省际差异三维分析框架阐释

为了探究政府信息公开省际差异变动规律，本书首先需要明确哪些政策执行要素可以反映政府信息公开政策执行过程。结合本书主题，更适合从行为理论视角对执行差异进行分析，将政策执行视为实现政府信息公开政策所要采取的广泛行动。

政策执行领域所有要素在政府信息公开领域依然适用。在政府信息公开领域，执行主体为政府行政机关，执行对象为公开内容和公开渠道，执行手段为政策工具等。但是政府信息公开领域也有其特殊性，从《条例》条文规定可知，政府最关注的政策执行要素包括政策目标、执行主体、社会公民、公开内容、公开渠道和政策工具。这几类政策执行要素中，政策目标、执行主体和社会公民不属于执行行动，而公开内容、公开渠道和政策工具可以视为执行行动，这三个政策执行要素共同构成了政府信息公开省际差异三维分析框架，公开内容是政府信息公开政策执行核心，公开内容需要公开渠道作为载体，政策工具是为公开内容和公开渠道服务，这三个维度是独立而又相辅相成的关系。如图2.4所示。

维度一：公开内容维度。我国正在从工业社会向信息社会迈进，政府信息公开作为政府重要治理工具，是政府管理体制改革重要内容，也是重构政府管理体制重要推手。在信息社会，随着公共职责扩张，政府掌握了大量信息，是社会上拥有信息量最多的主体。一个国家政府信息公开制度越完善，政府信息公开内容范围越清晰。政府信息公开内容范围的大小直接反映了透明政府实现程度，以及一个国家公民知情权保障水平和民主政治水平。根据《条例》规定，本书将公开内容分为规范性文件、发展规划、统计信息、财政预决算、行政收费、政府采购、行政许可、重大建设项目、公共服务、突发公共事件、公共监督和其他共12种公开事项，具体见公开内容结构划分。

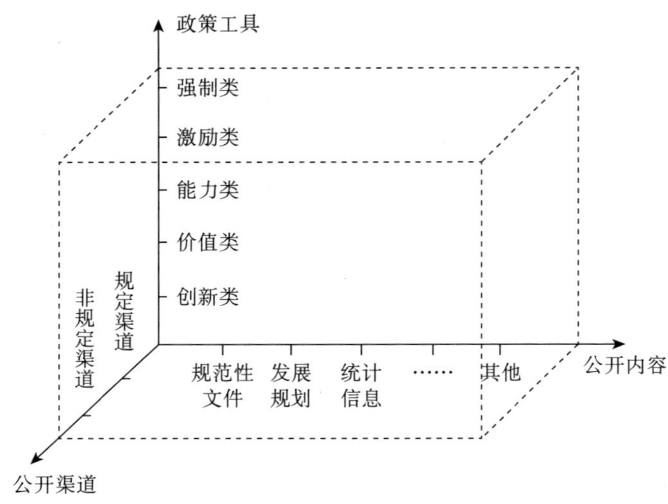

图 2.4 政府信息公开省际差异三维分析框架

维度二：公开渠道维度。公开渠道选择不仅影响着政府信息公开形式，也影响着政府信息公开效率和效果。为了实现政府信息公开目标，必须建立和完善公开渠道。不同种类公开渠道，对应公开内容以及送达效果有所差异。《条例》仅笼统地列举了一些政府信息公开渠道，并没有提出进一步要求。本书将公开渠道划分为规定渠道和非规定渠道两种类型，每种类型还进行了细分，具体细分见公开渠道结构划分。

维度三：政策工具维度。作为实现政策目标手段，政策工具研究既是当代公共政策理论研究重要分支，也是当代公共管理实践重大课题。政府信息公开政策执行过程变化可以从政策工具采纳和组合中反映出来。本书将政策工具分为强制类、激励类、能力类、价值类和创新类五种类型，具体见政策工具结构划分。

2.3 政府信息公开政策执行数据基础

在社会科学研究中，一般认为过于抽象的宏观层面研究无助于解释复杂现实问题，而探讨个人行为偏好的微观层面研究也不能够直接有力地解释宏观现象（丁煌、李晓飞，2013）。美国社会学家默顿倡导使用中观层面分析工具，介于宏观和微观之间，对聚焦于某一领域政策执行研究具有一定解释力。因此本书从中观研究层面出发，分析政府信息公开领域政策执行差异。要对政府信息公开省际差异进行量化研究，需要获取可以代表省级政府信息公开政策执行情况基础数据。

2.3.1 数据来源：2008—2017 年省级政府信息公开年报

（1）时间区间：2008—2017 年

公共政策执行以及省际差异强调过程性，这种过程性要求时间轴上的变动。很多研究由于数据收集限制只能采用横截面数据，但是横截面数据无法反映差异变动过程，跨时空研究数据可以更客观地揭示不同省级政府执行差异变动和原因。在对政府信息公开省际差异问题研究上，时间区间的选择会影响研究结果。

《条例》从2008年开始实施，是政府信息公开政策执行的起始原点。本书收集资料最新年份为2017年，是从《条例》实施至今最长最完整时间，因此本书将2008—2017年作为时间区间，在该时间区间内所有与公开内容、公开渠道和政策工具相关政策执行都应该纳入研究范畴。

本书采用“共时性”和“历时性”两个维度，对省级政府信息公开执行差异进行测量和研究。

（2）省级政府定位

政府信息公开内容、公开渠道和政策工具政策执行差异及其变动趋势与所选取政府层级有密切关系。

选择省级政府作为研究层级，主要是源于省级政府在政府层级中的重要地位。我国政府分为中央、省、市、县和乡镇五个层级，各级政府在职能定位上有所区别。省级政府承担着连接中央政府到基层政府的枢纽功能和信息中心，既是中央政府信息公开政策执行者，也是基层政府信息公开工作管理者。相比于基层政府，省级政府信息公开政策执行研究更具宏观性。同时，从数据来源角度，省级（自治区、直辖市）政府信息公开工作年度报告相对比较完整，具有更强可操作性和实践价值，也为大多数研究者所接受。因此，本书以省级政府作为分析层级。

（3）政府信息公开年报选取

要衡量省级政府信息公开政策执行差异，需要获取可以反映省级政府政策执行情况数据。学者们对于政策执行差异研究主要集中于定性讨论或者案例研究阶段，确认了执行差异存在，对本书奠定了很好基础。但由于政策执行情况基础数据获取存在难度，使得有关大样本政策执行省际差异研究很难深入。本书认为政府信息公开工作年度报告可以破除这一难题，可以从中获取关于政府信息公开政策执行情况数据，将其作为省际差异研究数据来源，是基于以下几方面考虑：

首先，政府信息公开工作年度报告具有的执行视角。《条例》① 明确要求各级行政机关每年发布政府信息公开工作年度报告，要包括“行政机关主动公开政府信息的情况”。政府信息公开工作年度报告是一种“执法报告”，具有鲜明的执行

① 《条例》第三十一条规定：“各级行政机关应当在每年3月31日前公布本行政机关的政府信息公开工作年度报告。”第三十二条规定：“政府信息公开工作年度报告应当包括下列内容：（一）行政机关主动公开政府信息的情况；（二）行政机关依申请公开政府信息和不予公开政府信息的情况；（三）政府信息公开的收费及减免情况；（四）因政府信息公开申请行政复议、提起行政诉讼的情况；（五）政府信息公开工作存在的主要问题及改进情况；（六）其他需要报告的事项。”

性，是根据行政辖区内行政机关具体执行情况汇总编制，可以反映出政府信息公开政策执行情况。作为研究者，在现实生活中要接触政策执行过程这一“黑箱操作”是非常困难的，并且长时间地同时观察所有省级政府政策执行情况是不可能的。政府信息公开工作年度报告给我们提供了一项技术和视角，能够实现长时间地同时对不同省级政府执行情况及其背后规律的“观察”。政府信息公开工作年度报告是行政机关根据《条例》要求公开涵盖政府信息公开全方面文件，是官方的话语表达，是带有政府权威性的官方文本和数据。政府信息公开工作年度报告可以视为每年对 31 个省级政府进行访谈。对政府信息公开工作年度报告的分析，是一种政策文本扎根的研究方法。政府信息公开工作年度报告作为政府信息公开政策执行的官方报告，所呈现执行情况和省际差异是在不同行为主体互相博弈后在允许行政自由裁范围内体现的结果。政府信息公开工作年度报告作为政府信息公开政策执行的文本载体，是认识和研究政府信息公开政策执行情况的重要依据，有必要进行专门地解读和研究。

其次，政府信息公开工作年度报告的独特地位。政府信息公开工作年度报告目前仅在美国和中国存在。美国政府信息公开“报告制度”是《信息自由法案》的规定（曹康泰，2009）。《信息自由法案》第五条规定，美国行政机关每年把《信息自由法案》实施情况作为官方年度报告提供给司法部门，司法部门对公民开放这些报告，并且行政机关也会通过各种方式向公民提供上述报告。我国中央政府将各级行政机关提交报告作为《条例》中“监督和保障”的一项措施，在我国制定的各种法律法规中非常罕见，由此形成了一项颇具特色的新型法律规则与具体制度，有必要给予专门解读和研讨。由于《条例》规定模糊性和原则性，目前国内学术界缺少对《条例》实施情况的了解，行政机关主动提供政府信息公开工作年度报告，可以了解其运行情况。通过考察《条例》文本制度规则，并把考察视野扩展到《条例》政策执行状况。从《条例》规定可知，政府信息公开工作年度报告是一个半结构化政策文本，将其作为政府信息公开政策执行情况客观数据，在逻辑上具有可行性。

再次，政府信息公开工作年度报告文本分析的可行性。可行性分析主要是从文本分析前人积累以及政府信息公开工作年度报告文献研究两个角度进行说明。第一，文本分析的前人积累。“文本”原本是一个语言学和社会学的概念，文本是标准化的人工制品，其典型特点是以特定格式呈现。几乎所有机构性行为都会生成文本，是构建有关事件与过程特定版本的工具，如档案记录、案例报告、合同、年度报告或者裁判书等。文本分析研究方法最初应用于情报与信息科学，逐渐扩展到现代社会科学领域。通过政策文本分析进行学术研究已经产生了大量学术文献。政策文本是指因政策活动而产生的记录文献，既包括不同国家或地区各级权力机关以文件形式颁布的法律法规和政策文件等官方文献，也包括政策制定者或政治领导人在政策制定过程中形成的研究咨询等公文档案，甚至包括政策活动过程中形成的政策舆情文本，都是政策研究重要工具和载体。拉斯韦尔（Lasswell，1965）提出对政策文本进行量化分析的研究方法。目前国内通过政策文本进行学术研究领域非常广泛，包括教育（涂端午，2009）、公共服务创新评估（Walker 等，2010）、科技（张镧，2013）、公共服务（文宏，2014）、区域合作（曾婧婧，2015）、气候（杨慧、杨建林，2016）、医疗体制改革（熊烨，2016）等领域。政策文本分析内在逻辑是政策文本是由人制作的，因此不可避免可以反映政策文本制定者特定立场、观点以及行动（李瑞昌，2012）。目前将政策文本作为分析对象，已经成为学术研究的一种趋势。第二，政府信息公开工作年度报告文献研究积累。政府信息公开工作年度报告作为物化的政策文本，是政府信息公开真实反映和行为印迹，是对政策执行过程客观、可获取、可追溯的文字记录，可以实现对大样本量、半结构化政策文本的编码与计量。那么政府信息公开工作年度报告是否可以作为数据来源进行研究呢？李学（2011）以省级政府信息公开工作年度报告中不同关键词词频的变化来分析《条例》执行中遇到现实问题，国内其他学者也从不同角度进行解读和分析（肖明，2011；贺晓丽、李少莉，2016；魏成龙等，2016），证实了政府信息公开工作年度报告具有学术研究价值。不过上述文献主要研究政府信息公开制度运行状态以及依申请公开执行问题，而有关政府信息公开政策执行研究涉及较少，因此本书采取文本分析法，探索政府信息公开政策执行情况以及执行差异。

最后，政府信息公开工作年度报告的可获取性、连续性和公开性。省级政府每年发布一份关于上一年度政府信息公开工作年度报告，这些报告可以在各省级政府门户网站上查找和获取。本书所获取政府信息公开工作年度报告均来自政府官方门户网站。官方文件具有较强严肃性和权威性。

基于以上几方面原因，本书选择省级政府信息公开工作年度报告作为样本，获取省级政府信息公开政策执行情况基础数据。对于政策文本分析不能仅停留在对文本简单描述上，更需要将文本背后执行行为与其所处历史脉络和社会背景进行关联，以便深入挖掘执行过程中体现规律。本书可以视为对政府信息公开工作年度报告进行系统分析的有意义尝试。

2.3.2　编码体系：以《条例》为依据

作为测量指标，政府信息公开内容、公开渠道和政策工具政策执行情况本身是无法被观测的，因此需要选取可观测指标来衡量政策执行情况，分别构成公开内容、公开渠道和政策工具政策执行指标体系。

《条例》是关于政府信息公开的政策，规定了行政机关政府信息公开的义务，是研究政策执行和省际差异逻辑起点。对私人权利来说，“法无禁止即自由”，对公共权力来说，“法无授权即禁止”，这是法治社会基本理念。在政府信息公开政策执行过程中，《条例》授予省级政府因地制宜行政自由裁量权，决定了省级政府信息公开政策执行的行政自由裁量范围，因此本书把《条例》作为省级政府信息公开政策执行依据，可以使政策执行差异研究更具针对性。

本书研究主题是政府信息公开省际差异，数据来源是2008—2017年31个省级政府发布的政府信息公开工作年度报告，其中北京、宁夏和山西3个省级政府2008年没有发布政府信息公开工作年度报告，因此本书构建了一个以自然年为时间切片涵盖共307份政府信息公开工作年度报告的文本集。政府信息公开工作年度报告是政府信息公开工作的总结和体现，其内容结构分布反映了政策执行情况。虽然文本编码阶段工作量巨大，但这是本书得以深入重要基础。由于省级政府发布的政府信息公开工作年度报告并不完全都是文本格式，也有图片格式（无法识别文字），因此本书对图片格式的年度报告进行重新转录，均化为可识别文字的文本文档，导入质性研究分析软件Nvivo中，进行文本编码，具体文本分析过程如图2.5所示。

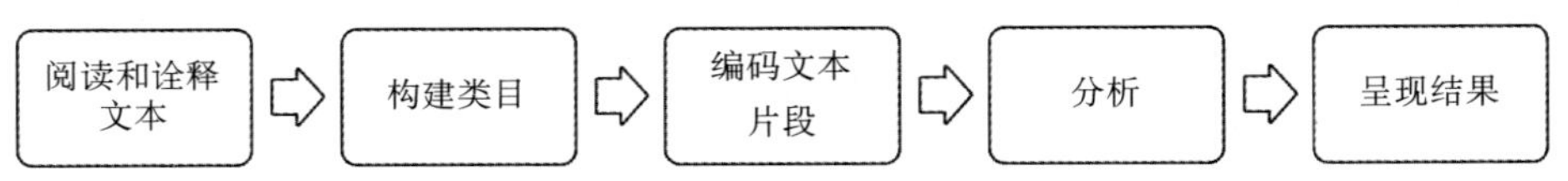

图2.5 文本分析一般过程

文本编码本质上是把非结构化文本数据进行结构化的过程。对政府信息公开工作年度报告进行结构化编码，需要一套把非结构化文本进行结构化的方法和标准。文本分析编码一般可以分为归纳和推论两种方式。归纳式编码是指从文本到类目，需要识别出重复出现的主题，提炼出恰当类目，是创造性活动。推论式编码是从类目到文本，需要存在先验的类目主题，然后从文本中寻找该类目实例并加以编码（伍多·库卡茨，2017）。编码方式的选择和构建类目的标准与所要研究对象密切相关。由于《条例》对于公开内容、公开渠道和政策工具规定是独立的，因此不同维度上编码体系也是独立的。

（1）公开内容编码体系

省级政府信息公开内容政策执行依据是《条例》第九条和第十条，具体如表2.1所示。《条例》对政府信息公开内容的明确规定在一定程度上避免了政府信息公开的随意性，提高了政府信息公开的针对性。

表 2.1 《条例》对公开内容的规定

条款	规定
第九条	行政机关对符合下列基本要求之一的政府信息应当主动公开： （一）涉及公民、法人或者其他组织切身利益的； （二）需要社会公众广泛知晓或者参与的； （三）反映本行政机关机构设置、职能、办事程序等情况的； （四）其他依照法律、法规和国家有关规定应当主动公开的。
第十条	县级以上各级人民政府及其部门应当依照本条例第九条的规定，在各自职责范围内确定主动公开的政府信息的具体内容，并重点公开下列政府信息： （一）行政法规、规章和规范性文件； （二）国民经济和社会发展规划、专项规划、区域规划及相关政策； （三）国民经济和社会发展统计信息； （四）财政预算、决算报告； （五）行政事业性收费的项目、依据、标准； （六）政府集中采购项目的目录、标准及实施情况； （七）行政许可的事项、依据、条件、数量、程序、期限以及申请行政许可需要提交的全部材料目录及办理情况； （八）重大建设项目的批准和实施情况； （九）扶贫、教育、医疗、社会保障、促进就业等方面的政策、措施及其实施情况； （十）突发公共事件的应急预案、预警信息及应对情况； （十一）环境保护、公共卫生、安全生产、食品药品、产品质量的监督检查情况。

从《条例》这两条规定中提炼编码节点，省级政府在其职责范围内确定政府信息公开的具体内容，并重点公开 11 种政府信息事项。考虑到《条例》对现实世界调整的滞后性以及未来的不确定性，本书增加一个“其他”公开事项，因此公开内容编码节点包括规范性文件、发展规划、统计信息、财政预决算、行政收费、政府采购、行政许可、重大建设项目、公共服务、突发公共事件、公共监督和其他共 12 种，如表 2.2 所示。

表 2.2 公开内容节点编码示例

序号	编码节点	编码主题	参考点	材料来源
1	规范性文件	行政法规、规章和规范性文件：包括机构职能性信息	围绕规范权力运行推进公开。一些部门在公开行政许可、审批等事项的设立依据、办理程序等基础上，围绕权力运行流程、办理结果以及专项资金的分配等，深化公开内容。省农委等部门全面清理行政职权，编制了职权目录；省经委、省科技厅等部门发布了行政职权流程图	2008 年安徽省

续表

序号	编码节点	编码主题	参考点	材料来源
2	发展规划	国民经济和社会发展规划、专项规划、区域规划及相关政策	规划计划类。主要公开了各级各部门2003年以来政府工作报告、国民经济和社会发展纲要和部分专项发展规划、区域发展规划、经济和社会发展相关政策等规划计划及其执行情况。如《福建省人民政府关于印发福建省建设海峡西岸经济区纲要的通知》（闽政〔2007〕4号）	2008年安徽省
3	统计信息	国民经济和社会发展统计信息	国民经济和社会发展统计信息。公开了湖北省2008年国民经济和社会发展统计公报；湖北省第二次农业普查公报等信息。	2008年湖北省
4	财政预决算	财政预算、决算报告	政府财政预算、决算和实际支出以及审计情况方面，重点公开了《关于2008年全省和省本级预算执行情况及2009年全省和省本级预算草案的报告》，财政收支审计工作报告、审计工作成果等信息	2008年贵州省
5	行政收费	行政事业性收费的项目、依据、标准	行政事业性收费的项目、依据、标准。公开了2007年度，涉及铁路、交通、农业、教育、司法等29个部门的云南省省级批准行政事业性收费项目的名称、管理方式、收费依据及资金管理文件等目录信息，以及涉及各州（市）行政事业性收费部门的行政事业收费项目、收费依据、收费标准等信息	2008年云南省
6	政府采购	政府集中采购项目的目录、标准及实施情况	政府集中采购目录、采购限额标准、采购结果及其监督情况方面，重点公开了贵州省政府采购代理机构乙级资格认定、2008年度贵州省政府采购代理机构及政府采购相关审计情况等信息	2008年贵州省
7	行政许可	行政许可的事项、依据、条件、数量、程序、期限以及申请行政许可需要提交全部材料目录及办理情况	行政许可类。主要公开了各级各部门制定的行政许可事项目录和依据、行政许可申请程序、期限以及行政许可办理情况。如《福建省人民政府批转省水利厅关于福建省河道采砂许可分级管理规定的通知》（闽政文〔2006〕290号）	2008年福建省
8	重大建设项目	重大建设项目的批准和实施情况	重大建设项目的批准和实施情况。公开了2007年全省滇中调水工程、滇池水污染治理、润滇工程、昆明新机场建设、高速公路建设、农村公路建设、铁路建设、三江水电开发、电网建设、部分高校搬迁建设、省级医疗机构建设、农村民居地震安全工程、中缅油气管道及炼化基地建设、生物产业、昆钢引入战略投资者合作、云南铝业重组及建设、林纸产业、30个工业园区建设、电力装备产业基地建设，以及60个旅游小镇开发建设等20个重大建设项目实施进展情况	2008年云南省

续表

序号	编码节点	编码主题	参考点	材料来源
9	公共服务	扶贫、教育、医疗、社会保障、促进就业等方面的政策、措施及其实施情况	民政扶贫救灾社会社保就业类。主要公开了各级各部门制定的扶贫解困工作、社会保障制度、就业保障政策、抢险救灾情况以及优抚、救济、社会捐助等信息。如《福建省人民政府办公厅关于做好被征地农民就业培训和社会保障工作的指导意见》（闽政办〔2008〕28号）	2008年福建省
10	突发公共事件	突发公共事件的应急预案、预警信息及应对情况	突发公共事件的应急预案、预警信息及应对情况。各级政府公开了需公众知晓的重大食品安全事故、通信保障、防汛抗旱、处置铁路行车事故、处置民用航空器飞行事故、处置电网大面积停电事件、重特大自然灾害救助、突发环境事件、突发公共卫生事件、地质地震灾害、突发公共事件新闻发布应急、突发公共事件财政应急保障、重特大森林火灾、涉外突发事件、安全生产事故灾难等突发公共事件的应急预案、预警信息及应对情况等信息	2008年云南省
11	公共监督	环境保护、公共卫生、安全生产、食品药品、产品质量的监督检查情况	公开了环境保护方面信息40余条，对公共卫生、安全生产、食品药品、产品质量的监督检查情况及时向公众公开并通报	2008年青海省
12	其他	其他	公共企事业单位信息公开工作探索稳步推进。根据《条例》要求，各相关行业主管部门牵头，本市在教育、卫生、供水、供电、供气等与民生关系密切的公共企事业单位探索推进信息公开工作。重点公开了与人民群众生活密切相关的服务承诺、办事项目、办事依据、办事程序、办事结果、收费标准、监督渠道等信息	2008年上海市

资料来源：根据对省级政府信息公开工作年度报告编码整理而成。

备注：限于篇幅原因，仅对节点编码进行部分展示。

政府信息公开内容编码规则如下：①在对公开内容归类中，大多数省份政府信息公开工作年度报告主要内容都是按照《条例》要求公开，属于结构框架清晰的文本，政府信息公开工作年度报告中已经对公开内容进行了分类阐述，在很大程度上和《条例》第十条的公开事项领域一一对应，可以很明确地根据段落主题找到所归属的节点。因此公开内容首要编码规则是按照政府信息公开工作年度报告对公开内容分类归入对应编码节点。一方面，它是省级政府对公开内容的表态。如果单纯分析政府信息公开工作年度报告中政府信息公开的不同事项，可以属于多个节点编码，例如重大工程招投标工作的公开，既可以归入重大建设项目节点，也可以归入政府采购节点，但是政府对这些内容的归类是其执行意志体现，是了解政府态度的最好工具。另一方面，也避免了研究者主观判断带来的研究偏差。这一编码规则也符合本书的初始意图——从官僚组织视角出发研究政府信息公开政策执行差异问题。②有一些省份的政府信息公开工作年度报告有自己的特点，结构框架并不是很清晰，公开内容分散在政府信息公开工作年度报告中，只能由研究者根据关键词进行判断，然后参考包含这些关键词的编码节点，进行归类。③在政府信息公开工作年度报告中，对于有明确结构分布的内容，直接进行归类。对结构不明显、主题比较分散的报告则需要通篇寻找。由于这一编码过程涉及跨省份和年份，本书在归类中注意保持横向稳定性和纵向一惯性。

通过对307份报告进行编码，发现2008—2017年不同节点所代表的省级政府工作重心侧重点各有不同：①“规范性文件”事项公开的内容主要包括机构职能性信息、权力清单、责任清单、“互联网+政务服务”体系、有关行政惩罚的规章制度、放管服政策落实、政府机构与人事安排、信息公开目录、行政职责等；②“发展规划”事项公开的内容主要包括减税降费政策宣传、政府工作报告、离境退税等；③“统计信息”事项公开的内容主要是指国民经济和社会发展统计信息等；④“财政预决算”事项公开的内容主要包括财政预算、决算报告、预算绩效、国有资产占用、审计、地方债券等；⑤“行政收费”事项公开的内容主要是指行政事业性收费项目、依据、标准等；⑥“政府采购”事项公开的内容主要包括政府集中采购项目目录、标准及实施情况，以及不属于重大项目招投标内容等；⑦“行政许可”事项公开的内容主要包括行政许可事项、依据、条件、数量、程序、期限以及申请行政许可需要提交的全部材料目录及办理情况、行政审批、市场准入负面清单、转移落户、公安、出入境管理等；⑧“重大建设项目”事项公开的内容主要是指国家牵头项目，包括国家信用信息公示系统建设、公共资源交易、信用中国和企业信用信息体系建设情况、棚户区改造、农村危房改造和保障性住房（属于和政府任期有关联项目，并不是常规性项目投资）以及“工作要点”中明确指出的重大建设项目、投资项目、重大项目的采购和招投标、PPP①、国土资源城乡建设环保能源、社会事业、安全维稳、廉政建设、财政金融风险等；⑨“公共服务”事项公开内容主要包括医疗挂号收费、分级诊疗、科教文卫、交通出行、交通违规、公共事业、民政、民生、残疾人、文化科技、文化体育活动、文化、社会服务、警民互动、科教文体卫生、农牧、服务三农、旅游资讯、文物保护等；⑩“突发性事件”事项公开的内

① 全称为Public—Private—Partnership，政府和社会资本合作，缩写PPP。

容主要是指突发公共事件应急预案、预警信息及应对情况；⑪"公共监督"事项公开的内容主要包括旅游、有关行政处罚执行情况、企业信用信息体系使用、知识产权保护、国土资源城乡建设环保能源类等；⑫"其他"事项公开的内容主要包括决策公开、建议提案办理结果公开、民主参与公开、政府自我督查公开、社会组织信息、公共企业事业单位等。

（2）公开渠道编码体系

政府信息公开渠道政策执行依据是《条例》第十五条和第十六条，如表2.3所示。从《条例》这两条规定中可以提炼出政府网站、政府公报、新闻发布会、报刊、广播、电视、公共图书馆、国家档案馆、公共查阅室、资料索取点、信息公告栏和电子信息屏共12种公开渠道。但是，由于《条例》对公开渠道规定并未明确不同渠道法律地位，且公开渠道种类繁多，容易在执行过程中任意使用，这成为省级政府政策执行过程中行政自由裁量的体现。通过阅读省级政府信息公开工作年度报告可以发现，省级政府还采纳了一些《条例》中没有规定渠道，包括政务微博、政务微信、电话热线平台、移动客户端、短信平台、便民手册、新闻媒体、听证会、政府信箱和行政服务中心共10种。每一种公开渠道都视为一个编码节点，因此公开渠道共有22个编码节点。

表2.3　《条例》中公开渠道的规定

条款	规　　定
第十五条	行政机关应当将主动公开的政府信息，通过政府公报、政府网站、新闻发布会以及报刊、广播、电视等便于公众知晓的方式公开
第十六条	各级人民政府应当在公共图书馆、国家档案馆设置政府信息查阅场所，并配备相应的设施、设备，为公民、法人或者其他组织获取政府信息提供便利。行政机关可以根据需要设立公共查阅室、资料索取点、信息公告栏、电子信息屏等场所、设施，公开政府信息。行政机关应当及时向公共图书馆、国家档案馆提供主动公开的政府信息

政府信息公开渠道编码规则如下：①编码节点选取：根据《条例》中对政府信息公开渠道的规定，以及省级政府在报告中提到的其他公开渠道。②公开渠道甄别，应该首先确认其是否属于政策执行过程的文本，然后对公开渠道进行归类编码。如果报告中一些与公开渠道相关的文本属于政策制定、执行问题和对策研究部分，不属于政策执行部分，那么将这部分文本排除在外。③编码内容扩展：如果报告中某一部分内容很明确是阐述某种公开渠道，那就全部扩展为该公开渠道编码。如果报告将几种公开渠道放在一起进行描述，只能选择关键词进行编码。这样编码可以真实地反映出省级政府对不同公开渠道政策执行情况，是对政府信息公开工作年度报告最真实的反映。公开渠道节点编码示例如表2.4所示。

表 2.4 公开渠道节点编码示例

序号	编码节点	参考点	材料来源
1	政府网站	政府门户网站。我厅广西壮族自治区人民政府门户网站“政府信息公开专栏”进行了链接，通过网站“政府信息公开专栏”，可以查阅到全厅的公开指南和目录以及主动公开的政府信息	2008 年广西壮族自治区
2	政府公报	政府公报。安徽省人民政府公报赠阅范围扩大到市、县档案馆和各高校，单期发行量已达 7400 份。每期公报的要目及时在《安徽日报》显著位置刊登，并于出版的同时在省政府门户网站全文登载。同时，大力推进在机场、火车站、新华书店以及徽风报亭等处设立免费查阅点工作，方便群众查阅	2008 年安徽省
3	新闻发布会	新闻发布会。省政府全年共召开 38 次新闻发布会，内容包括经济建设、社会事业、经贸文化科技重大活动等诸多方面。特别是在抗雪救灾期间，举行了系列新闻发布会，将抗雪救灾最新进展及时向社会公布，取得了很好的效果	2008 年安徽省
4	报刊	5 月，在全区范围开展了宣传周活动，《内蒙古日报》刊发了政务公开领导小组负责人就《条例》实施有关问题的接受记者采访的专访文章	2008 年内蒙古自治区
5	广播	广东电台的“民声热线”平台，新设“民声热线”访谈直播间，逐步实现该节目在省政府门户网站上的即时收听和群众意见的即时反馈	2008 年广东省
6	电视	大庆市除了探索在数字电视上公开政府信息外，还在电视上开辟了《市民议事厅》栏目，先后邀请城管、工商、交警、教育等部门的领导和工作人员以及市人大代表、政协委员和普通市民代表走进直播间，直接解答新出台的政策法规等政府信息，解决实际问题 500 多个	2008 年黑龙江省

资料来源：根据对省级政府信息公开工作年度报告编码整理而成。

备注：限于篇幅原因，仅对公开渠道节点编码进行部分展示。

（3）政策工具编码体系

政策工具在 20 世纪八九十年代开始成为西方公共管理学和政策科学研究的一个焦点，并不断成长为一个新学科分支或主题领域。政策工具一词在国内还经常被称为“政府工具”“治理工具”“政策工具”等，这些词语只是体现了不同学科角度，在实际使用中并没有明显差异。因此本书使用“政策工具”这一词语。

关于政府信息公开政策工具政策执行依据，《条例》并没有特别明确且集中规定，主要出现在《条例》第一章“总则”和第四章“监督和保障”部分，比较零散且模糊，如表 2.5 所示。从中可以看出，对于政策工具政策执行，《条例》给予了地方政府最充分行政自由裁量权。对这些零散规定进行汇总，《条例》对政策工具主要有以下规定：保密审查机制、发布协调机制、年度报告制度、绩效考核机制、社会评议机制、监督检查机制、责任追究机制、经费保障机制和协助便利机制等。

表 2.5 《条例》中政策工具规定

条 款	规 定
第七条	行政机关应当建立健全政府信息发布协调机制。行政机关发布政府信息涉及其他行政机关的，应当与有关行政机关进行沟通、确认，保证行政机关发布的政府信息准确一致。行政机关发布政府信息依照国家有关规定需要批准的，未经批准不得发布
第十四条	行政机关应当建立健全政府信息发布保密审查机制，明确审查的程序和责任。 行政机关在公开政府信息前，应当依照《中华人民共和国保守国家秘密法》以及其他法律、法规和国家有关规定对拟公开的政府信息进行审查。 行政机关对政府信息不能确定是否可以公开时，应当依照法律、法规和国家有关规定报有关主管部门或者同级保密工作部门确定。 行政机关不得公开涉及国家秘密、商业秘密、个人隐私的政府信息。但是，经权利人同意公开或者行政机关认为不公开可能对公共利益造成重大影响的涉及商业秘密、个人隐私的政府信息，可以予以公开
第二十九条	各级人民政府应当建立健全政府信息公开工作考核制度、社会评议制度和责任追究制度，定期对政府信息公开工作进行考核、评议
第三十条	政府信息公开工作主管部门和监察机关负责对行政机关政府信息公开的实施情况进行监督检查
……	……

为了对政府信息公开政策工具进行编码，本书首先需要确定政策工具编码节点。在社会科学中，类型学通过多维分类对社会事实或现象进行比较分析，从简单的描述性统计向解释或者探索性研究扩展和深化。在本书中，对政策工具进行分类有助于更好地进行探索性研究。政策工具分类意义在于，分类总是根据一定规则来进行的，而这些规则正是根据政策工具之间不同特征得出来的。政策工具分类最好是限定在实现政策目标或结果的手段这一特性上（陈振明，2004）。一个政策目标可以通过多种政策工具达成，同时一种政策工具也可以实现多个政策目标。工具主义认为，为了使用恰当政策工具推动政策目标的实现，研究应该区分不同政策工具属性和特点，以便于提炼具有普遍适用性的政策工具类型，扩大其适用范围。目前政策工具有很多种分类方式。由于政府信息公开政策目标是政府行政机关作为执行主体来实现，不能让其他主体替代，因此按照政府介入程度来进行划分的政策工具不适用于本书。施耐德与英格拉姆（Schneider 和 Ingram，1990）关注政府影响目标群体行为能力，从政府引导目标群体的行为方式使其“去做他们不愿去做的事情”角度出发，将政策工具归为五类：权威式政策工具、诱因式政策工具、建立能力之政策工具、象征性或劝说性政策工具、学习性政策工具。本书借鉴这一分类标准，并参

考倪永品（2017）对这一分类的应用，并结合政府信息公开政策执行过程，将政策工具分为强制类、激励类、能力类、价值类和创新类五类，每一类政策工具功能如表 2.6 所示。

表 2.6　政策工具分类

工具类型	功能界定
强制类	政府以合法权威为基础所作出的对目标群体提出要求，用以在特定情境下许可、禁止或要求某些行为
激励类	包括正面的或负面的激励，其效果在要求顺服或鼓励某些行为
能力类	以提供资讯、训练、教育与资源给能力不足的个人或团体，让其具备从事某些活动的能力
价值类	通过赋予和强调政策目标的重要性而增加目标群体的顺服度
创新类	促进政府与公民在政府信息公开上的互动与交流类的行为

将政策工具五种类型作为编码节点，并根据不同类型政策工具界定对省级政府信息公开工作年度报告中相关内容进行编码，节点编码示例如表 2.7 所示。

表 2.7　政策工具节点编码示例

序号	树节点	节点	参考节点	材料来源
1	强制类	制度规范	逐步完善政府信息公开配套制度。研究起草《吉林省政府信息公开考核办法》等制度性文件，建立政府信息公开的主动公开、发布协调、保密审查、依申请公开、考核评议和责任追究机制。各市（州）政府、省政府各工作部门也结合实际制定相关制度和措施，规范本地区、本部门的政府信息公开工作	2008 年吉林省
2	强制类	监督检查	全面检查各地、各部门编制本单位《政府信息公开目录》《政府信息公开指南》等有关情况，对不符合规范的单位提出改进意见，督促其按规定完成任务，更有效地向公众提供各种政府信息	2008 年广东省
3	激励类	经费保障	同时，安排和落实政府信息公开工作专项经费 1727.01 万元，规范有序推进政府信息公开和阳光政府四项制度工作的开展	2009 年云南省
4	激励类	典型示范	为肯定成绩，树立先进基层典型，结合 2008 年政府信息公开年度考核，采取州（市）政府推荐，省信息产业办会同有关部门评审，报请省政府表彰的方式，开展了先进基层典型的评优评选	2008 年云南省
5	能力类	学习培训	省政府办公厅举办 6 期培训班，对各市和省政府各部门（机构）、部分公共企事业单位及中央驻皖机构共 81 个单位的工作人员集中培训	2008 年安徽省
6	能力类	考察调研	加强调研交流，提高工作水平。一是围绕政府信息公开重大课题组织相关单位先后赴上海、江苏、浙江、云南、四川及省内粤东、粤西等地考察调研，学习交流	2009 年广东省

续表

序号	树节点	节点	参考节点	材料来源
7	价值类	思想重视	各级领导高度重视政府信息公开工作。省政府主要领导要求各级各部门要充分认识贯彻《条例》的重要性和紧迫性，建立和健全长效机制，确保权力在阳光下运行	2008 年福建省
8	价值类	工作部署	2008 年 3 月召开了全省政府系统督查议案暨政府信息公开工作会议，部署政府信息公开工作，并组织单项业务单位和有关人员研讨政府信息公开的新方法和新思路	2008 年海南省
9	创新类	政策解读	市教委、市卫生局等通过网站增设“政府信息解读”栏目，对市民广泛关注、专业性较强的政策信息进行解读服务。市人力资源社会保障局实行“一线工作法”，组织人员深入到社区园区、工地工厂，针对市民群众的疑惑开展政策解读	2008 年上海市
10	创新类	公民参与	三是积极拓宽群众监督、社会评议渠道，将信息公开评价权进一步交给人民群众。除将信息公开纳入政风行风测评范围、开设网上信息公开意见箱外，2009 年，本市先后两次集中开展公众满意度调查活动，通过集中座谈、问卷调查、网上评议、电话随访等形式，广泛听取公众的具体意见建议。为进一步确保政府网站发布及时、内容准确，面向公众公开招聘 50 名网站社会监督员，组织公众担任“啄木鸟”，对网站工作“挑刺”	2009 年上海市

资料来源：根据对省级政府信息公开工作年度报告编码整理而成。

备注：限于篇幅原因，仅对节点编码进行部分展示。

2.3.3 执行指标与权重

（1）执行指标：节点覆盖率

本书需要选择测量指标来反映省级政府在公开内容、公开渠道以及政策工具三个维度上政策执行情况。对政策文本进行分析是目前公共政策领域的重要方法，政策文本是反映政府态度和行为的印迹。政策文本量化分析是公共政策研究的新方向（黄萃等，2015），政策文本可以作为各种测量指标的研究基础。目前对于政策文本分析，测量指标主要包括关键词比例、参考点数量（比例）以及编码节点覆盖率几种方法。三种测量指标的共通之处在于：关键词比例、参考点数量（比例）以及编码节点覆盖率数值越大，说明相对应内容重要性程度越高。

关键词比例是通过选取能够代表所研究内容的词语，然后在文本中查找词语出现的频率，以作为统计分析依据。文宏和赵晓伟（2014）以政府工作报告中关键词比例作为政府推进公共服务注意力测量。陈云松（2015）合理假定某一词汇在书籍中出现的相对频次，可以近似刻画这一词汇本身及其蕴含的关注度和影响力。柳建坤和陈云松（2018）通过关键词频比例数据研究公共话语中的社会分层关注度。参考点数量（比例）是指文本数据中通过编码归入所在节点的参考点数量（比例）。孙建军等（2016）以中国智慧城市建设的政策文本为研究样本，以政策文本参考点数量为统计标准，分析不同政策工具的使用情况。白彬和张再生（2016）以就业政策文本为研究样本，以编码参考点数量进行加总求和，分析就业政策体系。陈星平等（2018）以中国政府工作报告为研究样本，以参考点比例来衡量创新创业的注意力数值。编码节点覆盖率是指在政策文本中相关节点编码内容占所在文本百分比。程波辉和奇飞云（2018）以编码节点覆盖率衡量共享单车不同维度规制的程度，编码节点覆盖率还可以代表政策文本利用率。那么，本书需要考虑应该选取哪种测量指标代表省级政府政策执行情况。

在理论层面，关键词比例和参考点数量（比例）是编码者根据自己研究需要决定，而编码节点覆盖率反映了文本制定者思想。在同样字数范围内可以存在 N 个关键词或者参考点，同时一个关键词或者一个段落都可以是一个参考点，这不仅带有很大主观性，而且绝对数量指标并不能真实地反映出行政自由裁量行为差异。编码节点覆盖率不受编码节点数量影响，而是由字数覆盖率决定，具有一定客观性。文字使用频率变化反映了人们对事物的重视程度与认知变化（Whorf 等，2012），因此选择编码节点覆盖率这一指标是有科学依据的。

在实践层面，由于文本分析更多地用于社会学、人口学等领域，原始文本一般是研究者通过扎根理论或者直接访谈的方式获取，因此质性研究材料来源大多是访谈材料。访谈材料是研究者和被访谈对象之间的对话，访谈材料节点覆盖率不具备直接比较价值，因此经常使用关键词和参考点来发掘文本内容上的价值，而编码节点覆盖率用来衡量原始材料的利用率。但是结合本书数据来源——政府信息公开工作年度报告具体情况，编码节点覆盖率可以更加准确地反映政策执行情况。

在可行性层面，Nvivo 软件可以实现政策文本文字比率的操作和计算。本书运用 NVivo 软件对政府信息公开工作年度报告进行编码和分析，可以在材料来源和编码节点之间建立连接，实现编码节点覆盖率统计。目前国内以政府发布的政策文件为分析对象来研究政策问题已经成为一种研究模式，积累了一批非常有代表性研究文献，为文本分析提供一定研究经验。

综上所述，本书认为相对于关键词比例和参考点数量（比例），选择编码节点覆盖率作为衡量省级政府公开内容、公开渠道以及政策工具政策执行情况指标更合适。编码节点覆盖率分布能真实地反映出省级政府在公开内容、公开渠道以及政策工具维度上政策执行差异。

（2）执行权重设置

从《条例》对公开内容、公开渠道和政策工具规定可知，《条例》对这三个维度不同节点政策执行情况并没有明确权重要求。为了不带入先验观念，本书认为

《条例》规定公开内容、公开渠道和政策工具不同节点同等重要，在政策执行中理想权重应该是一样的。在此基础上，这三个维度以及子项目编码节点覆盖率变化都可以视为省级政府执行差异以及行政自由裁量的体现。

2.3.4　编码信效度检验

信效度是衡量一项研究质量的重要指标。如果编码过程不可信，则分析结果就不能被信赖（迈克尔·辛格尔特里，2000）。

（1）信度

信度是指编码分析的可信程度，用于测量数据的一致性和稳定性。对于政策文本编码和分析，是否需要像量化研究一样接受信度检验，是学者们一直在争论的问题。目前质性研究领域一些学者认为信度这一概念来自于量化研究，不适用于对质性研究的检验（文军、蒋逸民，2010）。但是考虑到信度的重要性以及对研究质量保证体现，本书从样本代表性和编码科学性两方面对编码信度进行评估。

样本代表性。本书选取样本集是 2008—2017 年 31 个省级政府发布的 307 份政府信息公开工作年度报告。关于选取这一样本集的原因，本书已经从时间区间、省级政府的定位、政府信息公开工作年度报告的选择几个角度说明了样本代表性，可以很好地满足本书需求。

编码科学性。为了确保编码可信度，我们查阅了大量文本分析和文本编码相关著作和文献，并与该领域三位专家学者对编码规则进行沟通和确认。并根据编码规则，在相隔半年两个时间段里分别对样本进行独立编码，样本编码一致性高达 90%以上，确保编码信度。

（2）效度

效度是指能够准确反映测量对象的程度，即数据说服力。本书通过节点权威性和衡量指标选取两个方面确保研究效度。

节点权威性。政府信息公开政策执行依据是《条例》，节点选取来自于《条例》规定，确保了节点选取权威性。同时本书将编码节点选取标准与该领域三位专家学者进行沟通，得到他们一致认可。

衡量指标选取。本书主题是省级政府信息公开不同维度上政策执行差异，相比于关键词比例和参考点数量（比例）主观性，编码节点覆盖率更能真实地反映省级政府政策执行情况。

本书通过以上几个方面来保证政策文本分析信效度，以便进行客观、可重现、可验证政策执行研究。

2.4　政府信息公开省际差异度量方法

对于政策文本分析不能简单停留在基本描述层面，需要深入挖掘文本背后所代表“深层结构”，探索具有价值的规律。差异一般反映的是事物在数量和质量方面的不同，是对事物的一种客观评价，并不包含价值判断。在政府信息公开政策执行过程中，省级政府之间执行差异是一个客观而普遍存在的问题。

2.4.1 衡量指标

在传统方法中，一般可以用来对样本进行描述性统计的指标包括：最大值、最小值、极差、极值比和平均值等。

（1）最大值

X_{max}代表省级政府在公开内容、公开渠道或者政策工具维度上政策执行的最大值，数值为节点覆盖率的最大值。

（2）最小值

X_{min}代表省级政府在公开内容、公开渠道或者政策工具维度上政策执行的最小值，数值为节点覆盖率的最小值。

（3）极差

极差是指最大值与最小值之差，用来反映某项指标变动的最大范围，是测量差异变动的最简单指标。其公式为：

$$R = X_{max} - X_{min} \tag{2.1}$$

其中，R 代表省级政府在公开内容、公开渠道或者政策工具维度上政策执行的绝对差距。

（4）极值比

极值比是指最大值与最小值的比值，用来反映某项指标的差异程度。当比值等于 1 时，表示绝对公平；当比值大于 1 时表示不公平，同时比值越大越不公平。在本书中可以用来衡量省级政府在公开内容、公开渠道或者政策工具维度上政策执行的绝对差距。其公式为：

$$R = X_{max}/X_{min} \tag{2.2}$$

其中，R 代表省级政府在公开内容、公开渠道或者政策工具维度上节点覆盖率的极值比。

（5）平均值

平均值是指在一组观测值中，所有观测值之和除以这组观测值的个数。它是反映数据集中趋势的一项指标，在本书中用来表示公开内容、公开渠道或者政策工具维度上的政策执行，用 $\bar{x}$ 表示。其公式为：

$$\bar{x} = \frac{\sum_{i=1}^{n} x_i}{n} \tag{2.3}$$

其中，x_i为第 i 个省级政府在公开内容、公开渠道或者政策工具维度上的节点覆盖率，n 代表观测样本数量，即省级政府数量。

除了传统方法，目前虽然没有专门测量执行差异指标，但是在区域经济学及其他领域有大量反映不平等的统计学指标来衡量差异，泰尔指数和基尼系数作为常用统计方法和指标，可以用于衡量不平等和差异程度，因此本书引入测量不平等和差异指标，用来衡量省级政府信息公开执行差异。

（6）泰尔指数

泰尔指数（Theil Index）最初是泰尔利用信息理论中熵概念计算收入不平等，后来被广泛应用于衡量个人或者地区之间差异。其公式为：

$$T = \frac{1}{n}\sum_{i=1}^{n}\frac{x_i}{\bar{x}}\log\frac{x_i}{\bar{x}} \tag{2.4}$$

式中，x_i是第 i 个省级政府在公开内容、公开渠道或者政策工具维度上节点覆盖率；$\bar{x}$ 是公开内容、公开渠道或者政策工具维度上所有省份节点覆盖率平均值；n 为省级政府数量。

（7）基尼系数

基尼系数（Gini Coefficient）作为最常用衡量地区差异和不平等的指标之一，其公式为：

$$C_k = 2/n\sum_{i=1}^{n} i * X_i - (n+1)/n \tag{2.5}$$

其中，

$$X_i = Y_i/\sum_{i=1}^{n} Y_i, (X_1 < X_2 < \cdots < X_n) \tag{2.6}$$

式中，X_i是各省级政府在公开内容、公开渠道或政策工具维度上节点覆盖率占所有省级政府节点覆盖率总和比例，分别从低到高顺序进行排列；Y_i是各省级政府在公开内容、公开渠道或者政策工具维度上节点覆盖率；n 为省级政府数量。

2.4.2　泰尔指数和基尼系数引入可行性

本书不仅需要了解政府信息公开政策执行中的省际差异，还希望对省际差异进行分解，因此需要对差异衡量指标可分解性质提出较高要求。本书选择泰尔指数和基尼系数作为政府信息公开省际差异衡量指标，是因为这两个指标具有良好可分解性质。

泰尔指数可以将省际差异进行地区分解，探讨地区间差异和地区内差异对整体省际差异贡献。泰尔指数作为衡量区域差异的统计指标，被用于产业结构地区差距（范剑勇、朱国林，2002）、农村居民收入差距（唐平，2006）、二氧化碳排放区域差异（杨骞、刘华军，2012）、人口老龄化地区差异（陈明华、郝国彩，2014）等不同领域。

基尼系数可以将省际差异从结构角度进行分解，分析差异和差异变动结构性来源。基尼系数作为衡量不平等的统计指标，并不局限于研究收入差距（杨天宇、曹志楠，2016），而是更广泛地应用于医疗救助筹资不平等（顾昕、白晨，2015）、建设用地总量分配（翟腾腾等，2015）、高等教育经费支出（叶杰，2015）等不同领域的差异衡量。

由于不同差异衡量指标都暗含着一个厌恶不平等参数，每种指标对不同水平上数据敏感程度不同，反映差异也有所不同，单看某一指标会有失偏颇（万广华，2008），泰尔系数对政策执行较高水平的变化比较敏感，而基尼系数对政策执行中等水平的变化比较敏感，因此本书将两者搭配起来进行分析，能够起到互补的效果，以便揭示我国省级政府在公开内容、公开渠道以及政策工具维度上政策执行差异。

从目前研究文献来看，泰尔指数和基尼系数作为相对差异的衡量指标，在统计学意义上并没有明确标准来其确定差异大小、类型或者标准。不过这两个指标共通之处在于：衡量指标值越高，说明差异越大。

2.4.3 泰尔指数：省际差异地区分解

泰尔指数作为不平等程度的测度指标，具备良好的地区分解性质。从公式（2.4）出发，假设包含 n 个省级政府样本被分为 K 个地区，每个地区分别为g_k（$k=1$，2，…，K），第 k 个地区g_k中省级政府数量为 n_k，则有 $\sum_{k=1}^{k} n_k = n$。如果用x_i表示第 i 个省级政府节点覆盖率份额（占总节点覆盖率的比例），x_k表示第 k 个地区节点覆盖率份额（占总节点覆盖率的比例），T_b与T_w分别表示地区间差异和地区内差异，可将泰尔指数分解如下：

$$T = T_b + T_w = \sum_{k=1}^{k} x_k \log \frac{x_k}{n_k/n} + \sum_{k=1}^{k} x_k \left(\sum_{i \in g_k} \frac{x_i}{x_k} \log \frac{x_i/x_k}{1/n_k} \right) \qquad (2.7)$$

在上式中地区间差异T_b与地区内差异T_w分别有如下公式：

$$T_b = \sum_{k=1}^{k} x_k \log \frac{x_k}{n_k/n} \qquad (2.8)$$

$$T_w = \sum_{k=1}^{k} x_k \left(\sum_{i \in g_k} \frac{x_i}{x_k} \log \frac{x_i/x_k}{1/n_k} \right) \qquad (2.9)$$

其中，地区内差异T_w是由各地区的地区内差异之和构成：

$$T_k = \sum_{i \in g_k} \frac{x_i}{x_k} \log \frac{x_i/x_k}{1/n_k}, i \in g_k \qquad (2.10)$$

为第 k 个地区的地区内差异（$k=1$，2，…，K）。进一步，可以计算第 k 个地区的地区内差异贡献率D_k和地区间差异贡献率D_b，公式如下：

$$D_k = x_k \times \frac{T_k}{T} \times 100\%,\ k = 1,\ 2,\ \cdots,\ K \tag{2.11}$$

$$D_b = \frac{T_b}{T} \times 100\% \tag{2.12}$$

值得注意的是，各地区的地区内差异计算公式与样本总体计算公式是一样的，只是将样本容量控制在第 k 个地区内包含的省级政府数量 n_k。

2.4.4　基尼系数：省际差异结构分解

基尼系数作为不平等程度测度指标，具备良好结构分解性质。通过基尼系数计算公式（2.5），可以反映省际差异整体水平，但是不能更深入地分析结构中不同项目对整体省际差异贡献率，因此需要引入基尼系数结构分解技术。基尼系数可以按照结构子项目进行分解（Kakwani，1977）。

在本书中，省级政府在公开内容、公开渠道或者政策工具维度上总基尼系数可以分别进行结构分解。其公式为：

$$G = \sum_k \left(\frac{\mu_k}{\mu}\right) C_k = \sum_k S_k C_k \tag{2.13}$$

其中，G 为总基尼系数；C_k 为分项集中率（即分项基尼系数）；S_k 代表子项目结构比重；μ_k 和 μ 分别代表子项目和总节点覆盖率平均值；$S_k C_k / G \times 100\%$ 代表第 k 个子项目对总基尼系数百分比贡献率；C_k / G 为相对集中系数（Relative Concentration Coefficient，即 RCC）（Adams，1993），当该系数大于 1 时，表示第 k 个子项目对基尼系数起促进作用，也就是提高不公平程度，反之则是降低不公平程度。

上述对基尼系数结构分解是一种静态分解，仅仅能够分析公开内容、公开渠道或者政策工具维度上的省际差异，但本书希望更深入地分析省际差异变动，有学者对基尼系数的分解进行改进，融入了动态分析。公式（2.13）中对基尼系数结构分解固然重要，但是一些子项目对基尼系数的贡献率可能不大，但可能是导致基尼系数变动的重要原因。研究基尼系数变动可能比研究它的构成更具政策意义。因此，从公式（2.13）出发，假设相邻两个年份总基尼系数的变动为 ΔG，则 ΔG 可以写成：

$$\begin{aligned} \Delta G &= \sum_k S_{kt+1} C_{kt+1} - \sum_k S_{kt} C_{kt} \\ &= \sum_k (S_{kt+1} C_{kt+1} - S_{kt} C_{kt}) \end{aligned} \tag{2.14}$$

通过整理得到：

$$\Delta G = \sum_k \Delta S_k C_k + \sum_k \Delta C_k S_k + \sum_k \Delta S_k \Delta C_k \tag{2.15}$$

其中，定义：

$$\Delta S_k = S_{kt+1} - S_{kt},\ \Delta C_k = C_{kt+1} - C_{kt} \tag{2.16}$$

因此，将 $\sum_k \Delta S_k C_k$ 是由子项目结构调整变化引起总基尼系数变动，称为“结构效应”；将 $\sum_k \Delta C_k S_k$ 是由子项目空间集聚程度变化引起总基尼系数变动，称为“集中效应”；将 $\sum_k \Delta S_k \Delta C_k$ 是由子项目结构调整和空间集聚程度变化两者综合引起总基尼系数变动，称为“综合效应”。这种方法可以用来寻找引起总基尼系数变动的结构性来源，因而具有非常实用方便的优点。对基尼系数变动进行结构分解具有很强的政策意义。很显然，如果中央政府希望缩小公开内容、公开渠道或者政策工具维度上的省际差异，就有必要找到差异变动主要原因，因为应对“结构效应”和“集中效应”的政策举措是不一样的。如果归因错误，则出台的政策可能会事倍功半，甚至南辕北辙。

2.4.5 研究地区划分

为了更深入地分析公开内容、公开渠道和政策工具在不同地区之间的空间格局演变趋势，探究地区内和地区间差异对省际差异的贡献，本书将 31 个省、市划分为东、中、西部三个地区。对于东、中、西部地区划分，本书主要依据国家统计局发布的研究报告中对区域划分标准①，并参考国内学术界大部分学者对区域划分规则。

东部地区包括北京、天津、河北、辽宁、上海、江苏、浙江、福建、山东、广东和海南共 11 个省（市）；

中部地区包括山西、吉林、黑龙江、安徽、江西、河南、湖南和湖北共 8 个省；

西部地区包括内蒙古、广西、重庆、四川、贵州、云南、西藏、陕西、甘肃、青海、宁夏和新疆共 12 个省（区、市）。

2.4.6 研究结构划分

本书通过文本编码方式，提炼了公开内容、公开渠道和政策工具维度上政策执行具体节点，这些节点被视为可观测变量，分别构成了公开内容、公开渠道和政策工具结构。

（1）公开内容结构

政府信息公开内容包括规范性文件、发展规划、统计信息、财政预决算、行政收费、政府采购、行政许可、重大建设项目、公共服务、突发公共事件、公共监督和其他共 12 个节点，这 12 个节点代表了 12 种公开事项。公开内容结构由这 12 种公开事项组成，如表 2.8 所示。

---

① 资料来源：国家统计局 . 2016 年全国房地产开发投资和销售情况［EB/OL］. 2017 - 01 - 20. http://www.stats.gov.cn/tjsj/zxfb/201701/t20170120_ 1455967.html。

表 2.8　　公开内容结构

潜在变量	观测变量
公开内容	规范性文件、发展规划、统计信息、财政预决算、行政收费、政府采购、行政许可、重大建设项目、公共服务、突发公共事件、公共监督、其他

（2）公开渠道结构

从政府信息公开渠道编码节点章节可知，公开渠道共有22种，种类繁多，直接放在一起进行比较不利于分析，因此本书对公开渠道进行分类。按照公开渠道节点是否出现在《条例》规定中，将政府信息公开渠道分为规定渠道和非规定渠道。再仔细阅读《条例》，第十五条和第十六条规定把规定渠道分为公开方式、公开场所和公开设备三大类，因此非规定渠道也可以按照公开方式、公开场所和公开设备这三大类进行划分，最终分类结构如表2.9所示。

政府信息公开渠道包括规定渠道和非规定渠道两大类。在规定渠道中，公开方式包括政府公报、政府网站、新闻发布会、报刊、广播和电视，公开场所包括公共图书馆、国家档案馆、公共查阅室和资料索取点，公开设备包括信息公告栏和电子信息屏。在非规定渠道中，公开方式包括政务微博、政务微信、电话热线平台、移动客户端、短信平台、便民手册、新闻媒体、听证会和政府信箱，公开场所包括行政服务中心。

表 2.9　　公开渠道结构

分类	是否出现《条例》规定中	
	规定渠道	非规定渠道
公开方式	政府网站、政府公报、新闻发布会、报刊、广播、电视	政务微博、政务微信、电话热线平台、移动客户端、短信平台、便民手册、新闻媒体、听证会、政府信箱
公开场所	公共图书馆、国家档案馆、公共查阅室、资料索取点	行政服务中心
公开设备	信息公告栏、电子信息屏	

（3）政策工具结构

政府信息公开政策工具包括强制类、激励类、能力类、价值类和创新类5个节点，这5个节点代表了5种类型政策工具，构成了政府信息公开政策工具结构，如表2.10所示。

表 2.10　　政策工具结构

潜在变量	观测变量
政策工具	强制类、激励类、价值类、能力类、创新类

第3章 维度一：政府信息公开内容省际差异及分解

公开内容是政府信息公开的核心和焦点。从公开内容编码节点已知，公开内容包括规范性文件、发展规划、统计信息、财政预决算、行政收费、政府采购、行政许可、重大建设项目、公共服务、突发公共事件、公共监督和其他共12种公开事项。本书引入泰尔指数和基尼系数作为差异衡量指标，分析公开内容维度上省际差异及其变动，将省际差异进行地区分解和结构分解，研究不同地区和结构子项目对省际差异及其变动的贡献，探索公开内容省际差异及其变动演变规律。

公开内容及具体公开事项原始数据来自于31个省级政府2008—2017年政府信息公开工作年度报告中相关节点覆盖率，以有效反映省级政府在公开内容及具体公开事项上政策执行情况。公开内容及具体公开事项政策执行描述性统计结果如表3.1所示，其中每个公开事项最小值都为0，说明部分省级政府在一些年份忽视特定公开事项执行的现象存在。

表3.1 公开内容及子项目描述性统计

分类	材料来源	最大值	最小值	极差	极值比	均值	标准差
公开内容	302	0.7402	0	0.7402	—	0.2804	0.1742
规范性文件	281	0.1700	0	0.1700	—	0.0299	0.0257
重大建设项目	278	0.2905	0	0.2905	—	0.0483	0.0561
公共监督	270	0.1714	0	0.1714	—	0.0413	0.0404
公共服务	267	0.1721	0	0.1721	—	0.0425	0.0397
财政预决算	263	0.1627	0	0.1627	—	0.0304	0.0268
发展规划	254	0.1013	0	0.1013	—	0.0145	0.0170
行政许可	207	0.2746	0	0.2746	—	0.0229	0.0311
突发公共事件	198	0.0654	0	0.0654	—	0.0105	0.0140
其他	184	0.1288	0	0.1288	—	0.0217	0.0310

续表

分类	材料来源	最大值	最小值	极差	极值比	均值	标准差
行政收费	174	0.0658	0	0.0658	—	0.0089	0.0137
政府采购	141	0.0740	0	0.0740	—	0.0060	0.0110
统计信息	122	0.0446	0	0.0446	—	0.0036	0.0071

备注：按照材料来源数量降序排列。

3.1　2008—2017 年公开内容省际差异波动式下降

公开内容省际差异是政府信息公开政策执行过程中的一个现实问题，省际差异扩大会造成省级政府在公开内容上的数字鸿沟，导致省级政府透明度进程差距的拉大。

3.1.1　公开内容维度政策执行过程

为了全面地分析 2008—2017 年公开内容维度上的政策执行情况，本书采用最大值、最小值、极值比、极差和均值几个指标来衡量。通过纵向比较，可以判断公开内容维度上政策执行发展演化趋势。通过横向比较，可以判断公开内容维度上政策执行的绝对差距（见图 3.1）。

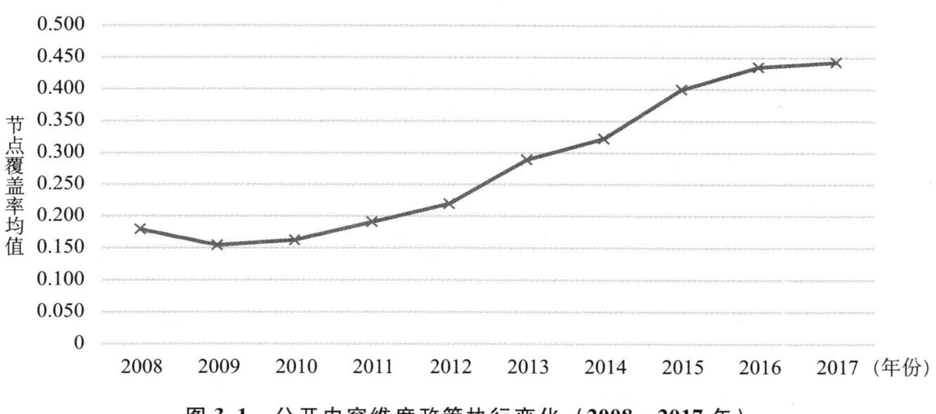

图 3.1　公开内容维度政策执行变化（2008—2017 年）

政府信息公开内容维度上政策执行情况变化如表 3.2 所示。从表 3.2 中可以看出，最大值从 2008 年的 0.4153 上升到 2017 年的 0.7402，呈现波动上升趋势；最小值基本保持在 0.1136 以内，变化趋势比较平稳；极差从 2008 年的 0.4153 上升到 2017 年的 0.6797，呈现波动式上升趋势；极值比在不同年间呈现剧烈波动的趋势。通过对这几项指标综合分析，省级政府在公开内容维度上政策执行绝对差距呈现扩大趋势。

表 3.2 公开内容维度上政策执行指标统计（2008—2017 年）

年份	N	最大值	最小值	极差	极值比
2008	28	0.4153（云南）	0（河北）	0.4153	—
2009	31	0.4166（海南）	0（河北）	0.4166	—
2010	31	0.3959（福建）	0（河北）	0.3959	—
2011	31	0.5123（上海）	0（河北）	0.5123	—
2012	31	0.4615（海南）	0.0276（河北）	0.4339	16.7210
2013	31	0.6258（浙江）	0.0491（河北）	0.5767	12.7454
2014	31	0.5934（浙江）	0.0252（云南）	0.5682	23.5476
2015	31	0.6907（海南）	0.0762（吉林）	0.6145	9.0643
2016	31	0.6329（湖北）	0.1136（河南）	0.5193	5.5713
2017	31	0.7402（河北）	0.0605（云南）	0.6797	12.2347

如果用节点覆盖率均值来代表省级政府在公开内容维度上政策执行情况，从时间轴上看，2008—2017 年省级政府在公开内容维度上政策执行过程呈“S”形曲线，如图 3.1 所示。从 2008 年的 0.1791 增长到 2017 年的 0.4430，年均增长率为 14.73%，说明省级政府在公开内容维度上政策执行整体呈现增长趋势。纵观公开内容维度上政策执行的变化过程，是存在波动的。

2008 年为《条例》实施的第一年，公开内容维度上政策执行存在初始爆发期。随着《条例》生效，中央政府以行政法规形式推行政府信息公开，省级政府政策执行反映了中央政府政策文件的权威性，符合政策扩散理论中“自上而下”垂直影响模式。

2009 年公开内容维度上政策执行呈现下降趋势，增长率为负。虽然我国在政府信息公开政策实施之前已经推行了政务公开，可以视为政府信息公开前期经验积累，但是《条例》出台和实施依然是史无前例的，在政府信息公开过程中存在着很多不确定性因素以及争议，导致省级政府政策执行行为上的谨慎，表现为 2009 年公开内容维度上政策执行的下降和增长率的负增加。

2010—2015 年，政府信息公开内容维度上政策执行持续增加，增长率整体呈现上升趋势。随着执行过程中不断摸索，省级政府积累了一定公开内容政策执行经验，积极推进政府信息公开。

2016—2017 年，公开内容维度上政策执行在增加，但是增长率呈现下降趋势。公开内容维度上政策执行达到了一定高度，进入了一个瓶颈期。这一时期争议比较多的问题是，政府信息公开内容维度上政策执行应该追求数量还是质量。通过对公开内容维度上政策执行进行分析，当执行数量达到一定程度时候，省级政府开始转向对公开内容质量的追求。

整体来说，省级政府在公开内容维度上政策执行过程呈现波动式增加的趋势，公开内容的广度和深度在提升，不断向纵深拓展，提高了省级政府透明度。

3.1.2 公开内容省际差异及变动

本书在对2008—2017年公开内容维度上政策执行进行分析基础上，深入探索公开内容省际差异及其变动趋势。由于不同差异衡量指标对不同水平上数据敏感程度不同，本书引入泰尔指数和基尼系数共同衡量公开内容省际差异及其变动，结果如图3.2所示。

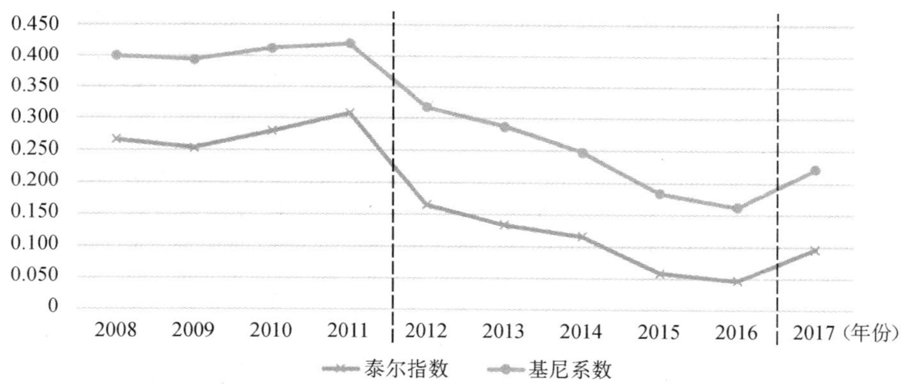

图3.2 公开内容省际差异变动（2008—2017年）

公开内容省际差异变动整体呈现波动式下降趋势，2008—2017年，泰尔指数从0.2663下降到0.0965，基尼系数从0.3993下降到0.2221，下降幅度分别为63.76%和44.38%。两个差异衡量指标的变动轨迹基本一致，转折点都出现在2012年和2017年。根据变动趋势转折时间点，公开内容省际差异变动过程可以分为三个阶段：2008—2011年在较高水平上波动，2012—2016年急剧下降，2017年又出现向上波动的特征。

第一阶段：2008—2011年，公开内容省际差异在较高水平上波动，可以视为政策执行试探阶段。公开内容维度政策执行标准是《条例》，《条例》只是以列举方式明确了规范性文件、发展规划、统计信息、财政预决算、行政收费、政府采购、行政许可、重大建设项目、公共服务、突发公共事件和公共监督共11种重点公开事项，除此以外对实际政策执行过程并没有一个更加明确标准，赋予了省级政府很大行政自由裁量范围，省级政府都处于自行摸索状态。因此公开内容省际差异处于较高水平，泰尔指数在0.2537～0.3083波动，基尼系数在0.3935～0.4196波动，在波动中差异有所上升。

第二阶段：2012—2016年，公开内容省际差异呈现明显下降趋势，可以视为国务院办公厅出台“工作要点”调控省级政府政策执行行为阶段。自2012年开始，国务院办公厅每年印发“工作要点”，安排当年政府信息公开重点工作。“工作要点”出台给了省级政府更明确的执行方向，省级政府按照“工作要点”要求执行，因此省际差异呈现下降趋势。省际差异从2012年开始持续下降到2016年，泰尔指数和基尼系数两个指标都降到了10年中最低值0.0475和0.1618。

第三阶段：2017年，公开内容省际差异出现扩大趋势。可以视为标准化试点阶段。2017年，国务院办公厅发布了《关于印发开展基层政务公开标准化规范化试点工作方案的通知》（国办发〔2017〕42号）（以下简称《标准化试点》），确定在北京市、安徽省、陕西省等15个省（区、市）的100个县（市、区），重点围绕城乡规划、重大建设项目、公共资源交易、财政预决算、安全生产、税收管理、征地补偿、拆迁安置、保障性住房、农村危房改造、环境保护、公共文化服务、公共法律服务、扶贫救灾、食品药品监管、城市综合执法、就业创业、社会保险、社会救助、养老服务、户籍管理、涉农补贴、义务教育、医疗卫生、市政服务等方面开展试点工作，同时还专门出台了针对重大建设项目和公共资源配置领域的公开政策。这些试点安排和公开事项政策文件出台导致2017年省际差异出现了扩大趋势。

结合公开内容维度政策执行过程和省际差异变动情况，公开内容维度上政策执行过程呈现增长趋势，但是省际差异呈现下降趋势。省际差异下降说明政策执行在整体增长过程中，不同省级政府政策执行趋势是趋于一致的。但同时极差和极值比所代表的绝对差距在扩大，说明中央政府“工作要点”出台给了省级政府明确执行方向，但是并不代表行政自由裁量范围缩小。根据卡尔弗特（Calvert）政策执行模型，省际差异真实存在是经过多方博弈结果，可以视为是在中央政府能够接受的潜在行政自由裁量范围内。如果中央政府希望缩小行政自由裁量范围，除了明确执行方向，还需要对超出潜在行政自由裁量范围的省级政府执行行为进行监督和控制，促使省级政府执行行为朝着中央政府期望方向发展。

3.2 公开内容省际差异地区分解

3.2.1 政策执行：东、中、西部地区分布均衡

将31个省级政府按照东、中、西部地区进行划分，对2008—2017年不同地区公开内容维度上政策执行变化进行分析，结果如图3.3所示。从地区分布上观察公开内容维度上政策执行，东、中、西部地区政策执行变动呈现“S”形曲线，与全国省级层面政策执行趋势曲线相似，说明区域性因素对于公开内容维度上政策执行变动并不起主要作用。

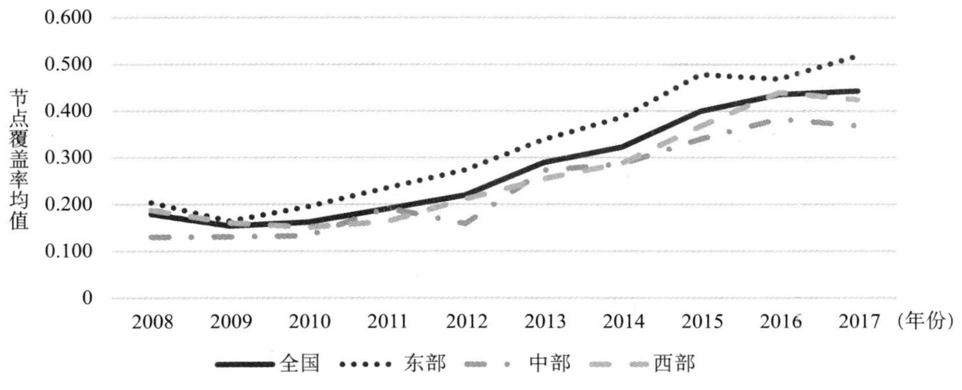

图 3.3 不同地区公开内容政策执行变化（2008—2017 年）

从横向对公开内容维度政策执行进行比较分析，东、中、西部地区之间存在一定差距。2008—2017 年，东部地区从 0.2040 增长到 0.5183，年均增长率为 15.41%，中部地区从 0.1301 增长到 0.3676，年均增长率为 18.26%，西部地区从 0.1876 增长到 0.4241，年均增长率为 12.61%。东部地区政策执行始终高于中西部地区，并且与中西部地区之间差距越来越大，不过在 2016—2017 年东部与西部地区政策执行差距有所降低。中西部地区在公开内容维度上政策执行在 2008—2014 年处于超越与被超越的互相赶超过程中，从 2015 年开始，西部地区政策执行超过了中部地区。

从东、中、西部地区具体省级政府政策执行分析，不同省份之间相差悬殊。2008—2017 年，最大值分别出现在云南、海南、福建、上海、浙江、湖北和河北共 7 个省（市），在地区分布上主要集中在东部地区，最小值分别出现在河北、江西、山西、内蒙古、云南、吉林和河南共 7 个省（区），其中云南省和河北省在最大值和最小值中都出现过，说明同一个省级政府在公开内容维度上政策执行在不同年份之间存在很大灵活性。本书选择 2009 年、2012 年和 2017 年 31 个省级政府公开内容维度上节点覆盖率数据以地图形式呈现，可以直观反映 31 个省级政府空间格局演变特征。

为了更科学地反映不同省级政府在公开内容维度上政策执行情况，本书采用自然断裂点法（Natural Breaks）[①] 将各省级政府政策执行划分为四个等级。从同一年份 31 个省级政府政策执行的空间分布状况可以直观地看出，空间分布从初始阶段的分散分布逐渐向东、中部地区集中扩散，同时东、中部地区政策执行逐渐高于西部

① "自然断裂点法"的类别是基于数据中固有的自然分组，对分类间隔加以识别，将相似值进行最恰当地分组，并可使各个类之间的差异最大化。对于这些类别，会在数据值差异相对较大的位置处设置其边界。

地区。总体而言，公开内容省际空间分布呈现明显空间非均衡性特征。为了验证东、中、西部地区之间空间非均衡特征是否显著，本书采用莫兰指数[①]进行验证。通过显著性检验发现，所有年份莫兰指数结果都不显著，说明空间非均衡性特征在统计学上不显著，接受31个省份之间不存在空间自相关假设，东、中、西部地区之间并没有形成明显区域集聚分布。

现有政策创新扩散理论研究表明，政策采纳过程基本模型主要包括全国性互动模型、区域传播模型、领导—跟进模型和垂直影响模型等。根据莫兰指数显著性检验结果，省级政府在公开内容维度上政策执行符合中央对地方“自上而下”垂直影响模型。当中央政府以行政法规形式出台《条例》，要求省级政府推动政府信息公开政策执行时，省级政府就失去了是否执行政策选择权，反映了中央权威对省级政府影响力，但是由于行政自由裁量权存在，省级政府在公开内容维度上政策执行存在程度上的差异。

3.2.2 中、西部地区内差异主导省际差异变动

目前已知公开内容维度上政策执行呈现增加趋势，省际差异呈现波动式下降趋势，本书希望从地区分解角度深入分析公开内容省际差异下降的原因，即公开内容省际差异下降是如何体现在不同地区之间分布上？究竟是发生在临近省份之间，还是东、中、西部三个地区之间？在此引入泰尔指数。本书在第2章介绍了泰尔指数，泰尔指数是从信息熵角度出发考察样本之间的差异。与其他差异衡量指标相比，泰尔指数优势是可以进行地区分解，将省际差异分解为地区内差异和地区间差异，观察和解释地区内差异和地区间差异变动和贡献率。因此，本书利用泰尔指数公式对公开内容省际差异进行地区分解，可以分解为东、中、西部地区内差异和三大地区之间差异，结果如表3.3所示。

表3.3 公开内容泰尔指数地区分解表（2008—2017年）

年份	泰尔指数	贡献率（%）				泰尔指数分解			
		东部	中部	西部	组间	东部	中部	西部	组间
2008	0.2663	0.2716	0.1822	0.2640	0.0141	41.49	12.43	40.80	5.28
2009	0.2537	0.3762	0.1267	0.1978	0.0041	56.01	10.95	31.41	1.63
2010	0.2801	0.3110	0.2246	0.2413	0.0125	47.53	16.95	31.06	4.46
2011	0.3083	0.2584	0.2076	0.4050	0.0187	36.62	17.49	39.84	6.06
2012	0.1645	0.1633	0.1684	0.1061	0.0215	43.90	19.02	24.00	13.07

① 莫兰指数用来衡量空间自相关性，通过p值来判定。如果结果显著，说明存在空间自相关，如果结果不显著，说明不存在空间自相关。

续表

年份	泰尔指数	贡献率（%）				泰尔指数分解			
		东部	中部	西部	组间	东部	中部	西部	组间
2013	0.1331	0.1659	0.0590	0.1216	0.0083	51.85	10.78	31.12	6.25
2014	0.1157	0.0998	0.0971	0.1168	0.0107	36.70	19.23	34.87	9.20
2015	0.0586	0.0240	0.0847	0.0534	0.0109	17.39	31.69	32.41	18.50
2016	0.0475	0.0139	0.1010	0.0417	0.0030	11.14	48.19	34.32	6.37
2017	0.0965	0.0545	0.1269	0.1012	0.0092	23.46	28.15	38.88	9.52

备注：计算公式详见第2章相关章节，由于篇幅有限，详细计算过程省略。

根据2008—2017年泰尔指数变化情况分析，东、中、西部地区内泰尔指数变动趋势和总泰尔指数变动趋势相似，都是呈现波动式下降趋势，地区间差异变动趋势比较平稳，说明导致省际差异变动关键性变量同样对东、中、西部地区内差异变动产生着主要影响，即中央权威导致东、中、西部地区内差异变动，各地区内部情境因素处于次要地位。从横向比较来看，《条例》实施以来，东、中、西部地区内差异变动趋势虽然相似，但是具体特征略有不同。

东部地区内差异和贡献率下降趋势最明显。2008年东部地区泰尔指数为0.2716，差异指数为地区内最大，在2009年泰尔指数突增到0.3762，然后快速下降，到2017年泰尔指数下降到0.0545，成为东、中、西部地区内差异最小地区。东部地区泰尔指数对整体差异贡献率也呈下降趋势，2008—2014年贡献率在36.70%~56.01%波动，对整体差异贡献率最高，2015—2017年贡献率下降到20%左右，在东、中、西部地区内贡献率中为最低。

中部地区内差异虽有波动，但下降趋势最平缓，贡献率明显上升。中部地区泰尔指数从2008年的0.1822下降到2017年的0.1269，中部地区内差异在10年间下降幅度并不大，但从2015年开始成为东、中、西部地区内差异最大地区。中部地区内差异贡献率从2008年的12.43%增加到2017年的28.15%，并且在2016年贡献率高达48.19%，贡献率排名从2008年排名最低到2016年和2017年排名第一和第二。

西部地区内差异在整体下降过程中波动最大，但是贡献率基本保持平稳。西部地区泰尔指数从2008年的0.2640下降到2009年的0.1978，又增长到2011年的0.4050，又下降到2016年的0.0417，然后增长到2017年的0.1012。虽然西部地区泰尔指数变动波动很大，但贡献率基本上维持在30%~40%，到2017年，西部地区内差异贡献率排名第一。

地区间差异在10年间处于低位水平，并呈现平稳波动的状态，在0.0030~0.0215波动。地区间差异对整体差异贡献率也比较低，贡献率最大为18.5%，依然远远小于地区内差异贡献率。

整体来看，公开内容省际差异贡献主要来自于地区内差异下降，并且从东、西部地区内差异向中、西部地区内差异主导转变。在《条例》实施初期，地区间差异对整体差异贡献率仅为5.28%，地区内差异对整体差异贡献率为94.72%。10年间，地区内差异贡献率始终保持在80%以上，起着决定性贡献作用。2008—2014年，虽然整体泰尔指数和东、中、西部地区内泰尔指数呈现波动式下降，但是差异贡献率格局并没有发生变化，东、西部地区内差异是造成公开内容省际差异的主要原因，而2015—2017年中、西部地区内差异成为主要原因。因此如果想要降低公开内容省际差异，中央政府应该考虑降低中、西部地区内部的差异水平。

3.3 公开内容省际差异结构分解

3.3.1 公开内容结构构成

政府信息公开内容包括规范性文件、发展规划、统计信息、财政预决算、行政收费、政府采购、行政许可、重大建设项目、公共服务、突发公共事件、公共监督和其他共12种公开事项。省级政府行使行政自由裁量权，在公开事项执行上存在偏重，这些公开事项在2008—2017年整体执行比重如图3.4所示。

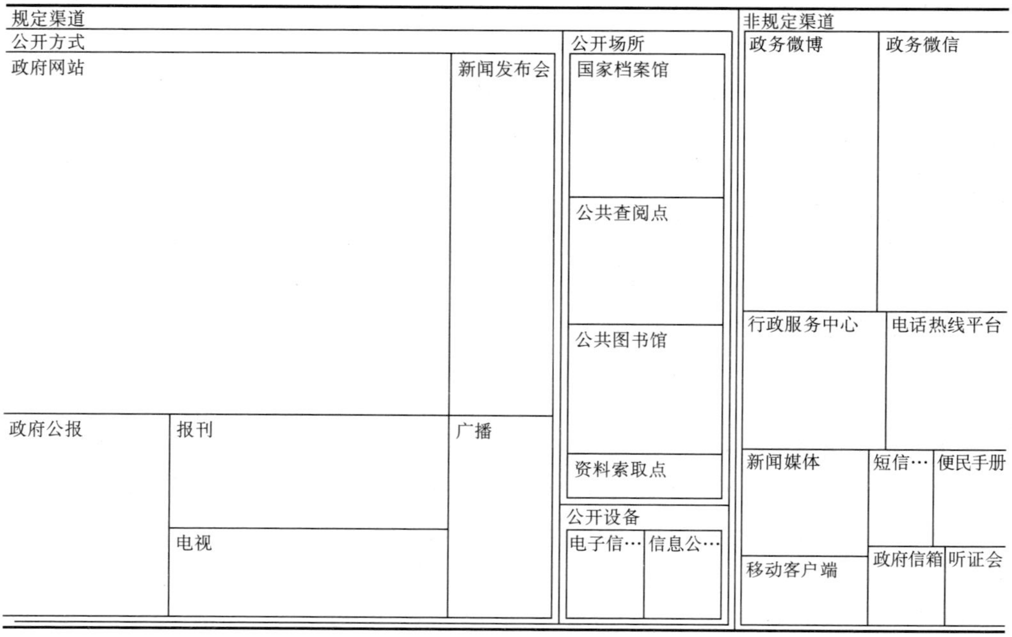

图3.4 公开内容结构比重

从图3.4可以看出，排在第一梯队是重大建设项目、规范性文件、公共监督和公共服务，占比分别为14.48%、13.87%、13.46%和13.29%；排在第二梯队是发展规划和财政预决算，占比分别为9.7%和8.77%；排在第三梯队是行政许可、其他和突发公共事件，占比分别为6.58%、5.97%和5.23%；排在第四梯队是行政收费、政府采购和统计信息，占比分别为3.66%、2.73%和2.26%。

为了探究不同公开事项在2008—2017年政策执行情况变化，本书在不区分省份情况下统计每一年不同公开事项上的节点覆盖率均值，代表当年公开事项政策执行情况，10年间不同公开事项政策执行变化如图3.5所示。

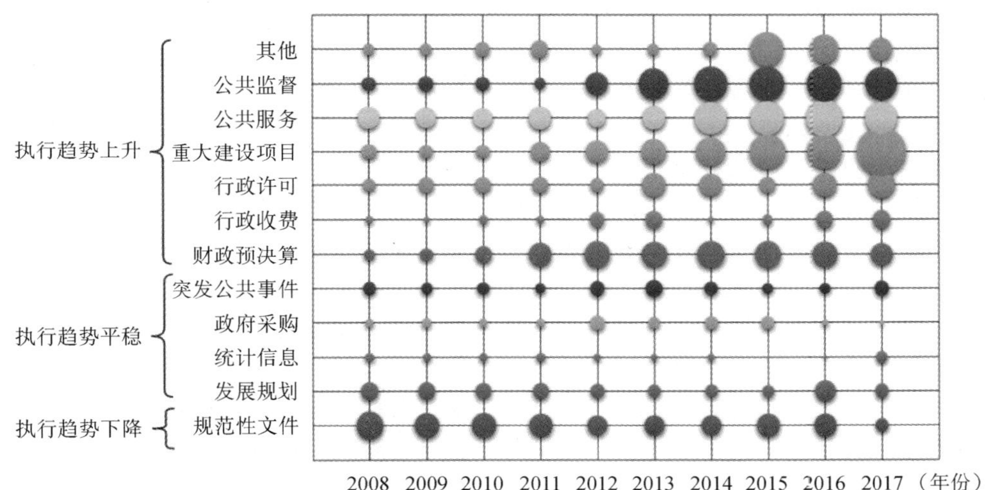

图3.5　不同公开事项执行变化（2008—2017年）

根据2008—2017年政策执行变化趋势，这12种公开事项可以分为三大类型，第一类是省级政府执行下降的公开事项，包括规范性文件；第二类是省级政府执行比较平稳的公开事项，包括发展规划、统计信息、政府采购和突发公共事件，第三类是省级政府在执行上增加的公开事项，包括财政预决算、行政收费、行政许可、重大建设项目、公共服务、公共监督和其他。省级政府对于不同公开事项的执行，从侧重规范性文件等结果类信息的公开，转向侧重于重大建设事项等非公文类信息以及征求意见等过程性信息的公开。重大建设项目、公共服务和公共监督等社会各界重点关注的公开事项政策执行力度越来越大，但是政府采购以及突发公共事件政策执行基本保持不变。

第一类公开事项执行呈现下降趋势，仅有规范性文件。规范性文件代表的是行政法规、规章和各种政策文件。规范性文件既包括对政府行政行为的规范，同时也对公民、企业法人和其他组织具有约束力，这些规范性文件需要向社会公开。规范性文件执行之所以会出现下降趋势，是因为在《条例》实施前期，省级政府信息公开工作重点是各种规范性文件的整理和公开，包括《条例》实施前各种政策文件。随着政策文件梳理工作完成和规范性文件公开常规化，规范性文件执行呈现下降趋势。

第二类公开事项执行趋势比较平稳，包括发展规划、统计信息、政府采购和突发公共事件共 4 种。发展规划是指国民经济和社会发展规划、专项规划、区域规划及相关政策。省级政府对规划编制充分发扬民主精神，广泛听取公民和专家学者意见，并经批准后及时公开。统计信息是指国民经济和社会发展统计信息。省级政府依据国家规定，定期公布统计资料。政府采购是指政府集中采购项目目录、标准及实施情况。突发公共事件是指突然发生、造成或者可能造成严重社会危害，需要采取应急处置措施予以应对自然灾害、事故灾难、公共卫生事件和社会安全事件，突发事件重在预防。这 4 种公开事项明显属于省级政府常规工作，因此在 10 年间政策执行趋势变化不明显。

第三类公开事项执行呈现增加趋势，包括财政预决算、行政收费、行政许可、重大建设项目、公共服务、公共监督和其他共 7 种。这 7 种公开事项执行增加，说明了省级政府在政策执行过程中越来越重视这 7 种公开事项。财政预决算是指财政预算、决算报告。省级政府将经过审批财政预算、决算报告及时向社会公开，促进人民群众对政府财政行为监督，保障人民群众知情权和参与权。行政收费是指行政事业性收费项目、依据和标准。收费单位在收费地点显著位置公示收费项目、收费标准、收费主体、收费文件依据、收费范围以及收费对象等，接受社会监督。行政许可不仅包括行政机关实施行政许可所依据法律、法规和规章，还包括行政机关制定为实施行政许可面对申请、受理和审查程序所作具体规定，其内容应该涵盖行政许可事项、依据、条件、数量、程序、费用以及需要提交全部材料目录、行政许可申请书示范文本等与申请行政许可有关全部信息。重大建设项目是指重大建设项目批准和实施情况。公共服务是指扶贫、教育、医疗、社会保障、促进就业等方面的政策、措施及其实施情况。省级政府通过优化公共资源配置，健全公共服务体系，为广大人民群众提供完善公共服务。公共监督是指环境保护、公共卫生、安全生产、食品药品、产品质量监督检查情况。省级政府在其职权范围内依法开展监督检查并公告检查结果，既保护了广大人民切身利益，也是履行行政管理职责。其他主要包括决策过程公开、建议提案办理结果公开、公民参与公开和政府自我督查公开等，促使政府职能转变以及管理水平提高。政府信息公开主体从政府向公共企事业组织和社会组织扩展，主动公开成为政府、公共企事业单位和社会组织塑造诚信形象的重要指标。

3.3.2 不同公开事项省际差异变动趋势

通过前文分析已知，公开内容省际差异呈现下降趋势，而公开内容是由规范性文件、发展规划、统计信息、财政预决算、行政收费、政府采购、行政许可、重大建设项目、公共服务、突发公共事件、公共监督和其他共 12 种公开事项组成，本书希望从结构来源角度分析公开内容省际差异下降原因，在此引入基尼系数。基尼系数能够进行结构分解，考察总基尼系数来源，有助于判断公开内容省际差异贡献项目是什么，哪些公开事项更有利于总基尼系数下降，这样不仅可以测算出各公开事项对总基尼系数贡献率，还可以利用各公开事项对总基尼系数的促进或阻碍作用，优化不同公开事项政策执行。对 2008—2017 年间不同公开事项省际差异变动进行分析，结果如表 3.4 所示。

表 3.4　　不同公开事项基尼系数表（2008—2017 年）

年份	2008	2009	2010	2011	2012	2013	2014	2015	2016	2017
总基尼系数	0.3993	0.3935	0.4119	0.4196	0.3171	0.2869	0.2479	0.1832	0.1618	0.2221
规范性文件	0.3586	0.4008	0.3916	0.5167	0.4381	0.5048	0.5067	0.2761	0.2856	0.6492
发展规划	0.5458	0.4886	0.4943	0.5022	0.5246	0.6576	0.6327	0.7166	0.5119	0.5597
统计信息	0.7244	0.8091	0.7903	0.7748	0.7841	0.8255	0.8134	0.7778	0.9535	0.5679
财政预决算	0.6837	0.6513	0.6054	0.5637	0.3891	0.3294	0.3508	0.2724	0.3075	0.3293
行政收费	0.7929	0.8407	0.7690	0.886	0.6037	0.5683	0.8927	0.7774	0.4096	0.4642
政府采购	0.7992	0.8629	0.8096	0.8318	0.6196	0.8286	0.5763	0.485	0.8067	0.8758
行政许可	0.6729	0.7152	0.7326	0.755	0.8118	0.5405	0.3623	0.6391	0.3879	0.4892
重大建设项目	0.6216	0.6119	0.5822	0.5604	0.5506	0.4505	0.3873	0.2757	0.3207	0.3283
公共服务	0.5995	0.6396	0.6525	0.6731	0.6948	0.4921	0.3411	0.2739	0.2553	0.3296
公共监督	0.6344	0.6232	0.6674	0.7053	0.4611	0.4570	0.3292	0.2794	0.2401	0.3417
突发公共事件	0.5981	0.6991	0.7284	0.7274	0.5844	0.5439	0.7368	0.5558	0.6471	0.5900
其他	0.8047	0.7541	0.7620	0.7642	0.8365	0.7713	0.7244	0.2809	0.4543	0.3428

备注：计算公式详见第 2 章相关章节，由于篇幅有限，详细计算过程省略。

从表 3.4 可以看出，2008 年所有公开事项基尼系数都在 0.3586 ~ 0.8047 内波动，经过了 10 年政策执行，2017 年公开事项基尼系数波动范围在 0.3283 ~ 0.8758，似乎并没有发生太大变化，但是聚焦到不同公开事项基尼系数变动趋势上，会发现存在明显不同。在 2008 年，规范性文件基尼系数最低，为 0.3586，发展规划基尼系数次低，为 0.5458。除此之外，统计信息、财政预决算、行政收费、政府采购、行政许可、重大建设项目、公共服务、突发公共事件、公共监督和其他这 10 种公开事项基尼系数都在 0.55 以上，处于很高差异水平。在 2017 年，基尼系数在 0.55 以下公开事项包括财政预决算、行政收费、行政许可、重大建设项目、公共服务、公共监督和其他共 7 种，在 0.55 以上公开事项包括规范性文件、发展规划、统计信息、政府采购和突发公共事件共5种，因此不同公开事项在10年间基尼系数存在不同变动趋势。

通过分析发现，不同公开事项基尼系数变动存在相似和相异趋势。公开事项基尼系数变动可以分为波动上升、平稳波动和波动下降3种趋势，将符合这3种变动趋势公开事项分别归入其中。第一类是基尼系数波动上升变动趋势，符合这一变动趋势公开事项只有规范性文件，在年度执行变化中都属于下降趋势。第二类是基尼系数平稳波动趋势，符合这一变动趋势公开事项包括发展规划、统计信息、政府采购和突发公共事件共4种，在年度执行变化中趋势都比较平稳。第三类是基尼系数波动下降变动趋势，符合这一趋势公开事项为统计信息、财政预决算、行政收费、行政许可、重大建设项目、公共服务、公共监督和其他共7种，在年度执行变化中都属于执行增加公开事项。将基尼系数变动趋势和执行变化趋势的公开事项进行匹配，发现两者归类结果是一致的。据此，本书对这三类公开事项变化趋势进行具体分析。

第一类是基尼系数波动上升、执行趋势下降的公开事项，即规范性文件。规范性文件在2008—2014年基尼系数波动式稍微上升。规范性文件基尼系数2008年为0.3586，处于最低水平，说明这一时期31个省级政府对规范性文件的执行存在一定共识，或者说规范性文件在进行信息公开难度系数上是最低的，成了省级政府信息公开政策执行最优首选。随着信息公开工作开展，省级政府对规范性文件执行开始下降，不同年份里都有一些省级政府忽视规范性文件公开工作开展，因此省际执行差异扩大，基尼系数出现上升趋势。到2015年和2016年基尼系数突然下降到0.2761和0.2856，反映了31个省级政府对于规范性文件公开工作的重新重视，但这种重视也仅维持了两年又重新被冷落，2017年基尼系数为0.6492，达到历史最高。

第二类是基尼系数平稳波动、执行变化比较平稳公开事项，包括发展规划、统计信息、政府采购和突发公共事件共4种。这4种公开事项执行在年度间变化不明显，但是基尼系数波动很大，波动范围在0.4850～0.9535。究其原因主要是省份数量影响，当不区分省份时这几个公开事项执行确实在年度变化上不明显，但是当具体到每一年不同省份执行上，很多省份对这几个公开事项执行处于很低水平。这些公开事项既是常规工作，也是省级政府在执行中可能会忽略的内容，说明省级政府在执行上存在一定随意性。

第三类是基尼系数波动下降、执行趋势上升的公开事项，包括财政预决算、行政收费、行政许可、重大建设项目、公共服务、公共监督和其他共7种。这些公开事项基尼系数2008—2011年在0.5604～0.8629高位波动，2012—2016年呈现明显下降趋势，2017年又有所上升，在0.3283～0.4982波动，整体下降幅度明显。基尼系数下降原因主要是这些公开事项在年度执行上增加，而且在同一年度不同省份之间执行都同时出现增长趋势，促进了基尼系数下降。

与总基尼系数变动趋势相比，只有执行增加的公开事项基尼系数趋势变动与其相似，呈现下降趋势，同时基尼系数下降的时间点是在 2012 年，并在 2017 年基尼系数有所上升。执行下降和执行平稳波动的公开事项基尼系数虽然和总基尼系数变动趋势不同，但是 2012 年也是变动更为明显的时间节点，说明国务院办公厅发布的“工作要点”和《标准化试点》对公开内容省际差异直接影响，是通过对构成公开内容具体公开事项的变动反映出来，集中体现在财政预决算、行政收费、行政许可、重大建设项目、公共服务、公共监督和其他共 7 种公开事项省际差异变动上。

在对 12 种公开事项基尼系数变动趋势分析的基础上，本书想深入了解不同公开事项对于总基尼系数的贡献率。12 种公开事项对总基尼系数贡献率 2008—2017 年变化如图 3.6 所示。图 3.6 中公开事项顺序是按照 2017 年度贡献率大小从上到下进行排序。通过排序发现，对于总基尼系数贡献率从大到小事项依次为重大建设项目、公共监督、公共服务、行政许可、行政收费、其他、财政预决算、发展规划、统计信息、突发公共事件、政府采购和规范性文件。这一顺序中，前 7 种正好属于执行增加而基尼系数减少的公开事项，接下来 4 种属于执行和基尼系数都平稳波动的公开事项，最后一种是执行下降而基尼系数上升的公开事项，即规范性文件。规范性文件在 2016 年和 2017 年贡献率为负，说明这一阶段对总基尼系数贡献是阻碍基尼系数增加。结合 12 种公开事项执行变化和基尼系数变动趋势可以看出，对总基尼系数贡献率不仅受到不同公开事项基尼系数影响，而且还会受到公开事项执行情况的影响。

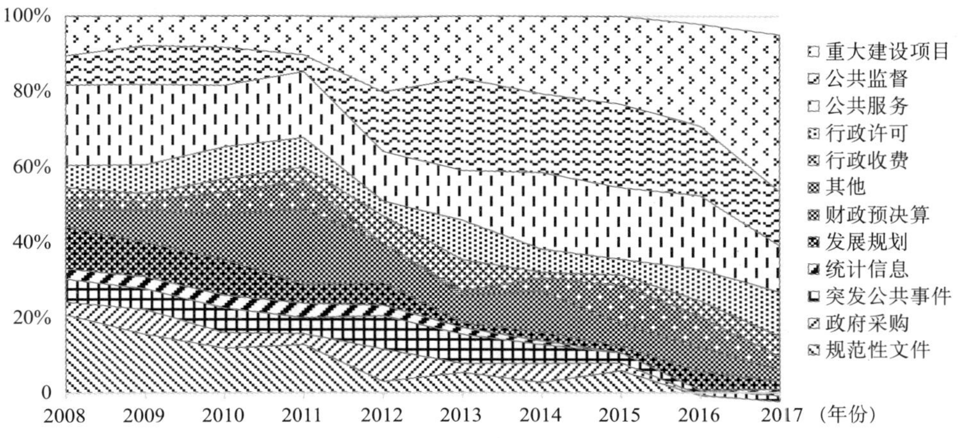

图 3.6　不同公开事项对总基尼系数的贡献率（2008—2017 年）

通过对不同公开事项执行变化趋势和执行差异变动趋势进行分析，可以将公开事项明确分为三类，结果如表 3.5 所示。2017 年对基尼系数贡献最大的是第三类公开事项，如果中央政府要降低公开内容省际差异，需要降低第三类公开事项执行差异，即重大建设项目、公共监督、公共服务、行政许可、行政收费、其他和财政预决算共 7 种公开事项执行差异。

表 3.5　　不同公开事项归类

类别	公开事项	执行趋势	执行差异变动趋势	2017 年对总基尼系数贡献率
一	规范性文件	下降	上升	最小
二	发展规划、统计信息、突发公共事件、政府采购	波动	波动	居中
三	重大建设项目、公共监督、公共服务、行政许可、行政收费、其他、财政预决算	增加	下降	最大

3.3.3　集中效应主导省际差异变动

通过对公开内容总基尼系数结构分解，已经了解到 12 种公开事项对总基尼系数的贡献率，但是由于总基尼系数呈现下降趋势，本书希望了解哪些公开事项是造成总基尼系数发生变动的重要原因。一些公开事项贡献率虽然不大，却有可能是造成总基尼系数发生变动重要原因。根据基尼系数特点，公开内容总基尼系数变动通过结构分解，可以分为“结构效应”“集中效应”和“综合效应”。“结构效应”是指由于不同公开事项结构比重发生调整所引起总基尼系数变动；“集中效应”是指由于不同公开事项空间集聚程度发生变化而引起总基尼系数变动；“综合效应”是指不同公开事项结构调整和集中程度变化两者综合引起总基尼系数变动。因此本书对于公开内容总基尼系数变动进行结构分解，通过分析各公开事项结构调整和空间集聚程度变化对总基尼系数变动影响，找到公开内容省际差异变动的构成原因，这一问题重要性体现在处理结构效应和集中效应的政策是不同的。

表 3.6 列出了公开内容总基尼系数变动结构分解因素分析。需要对表进行说明的是，表中第 2 行表示的是上下两年之间总基尼系数变动。第 3 行到第 5 行表示三类效应对总基尼系数变动的贡献大小和作用方向，第 6 行到第 29 行分别表示结构效应和集中效应中各公开事项对总基尼系数变动的贡献大小和作用方向。第 30 行到第 41 行表示各公开事项对总基尼系数变动的贡献大小和作用方向，其中各公开事项贡献大小数值是由结构效应和集中效应中相对应类别贡献大小加总而来。作用方向如果为正，则该公开事项对总基尼系数变动起促进作用，促进作用是指当基尼系数变动为正值时，促进作用体现为扩大差异；当基尼系数变动为负值时，促进作用体现为缩小差异，反之则是阻碍作用。

表 3.6　　公开内容基尼系数变动结构分解（2008—2017 年）

年份		2008	2009	2010	2011	2012	2013	2014	2015	2016	2017
ΔG		—	-0.006	0.018	0.008	-0.103	-0.030	-0.039	-0.065	-0.021	0.060
ΔG 结构分解（%）	结构效应	—	22	-6	126	-39	-25	-3	-13	-43	39
	集中效应	—	86	100	78	139	152	57	88	123	31
	综合效应	—	-8	6	-104	-1	-27	47	26	19	31
结构效应（%）	规范性文件	—	92	-21	-166	17	8	5	-1	7	2
	发展规划	—	-25	-30	-80	5	30	1	2	-28	-8
	统计信息	—	17	3	15	6	12	2	4	0	-5
	政府采购	—	-47	-35	-38	-21	49	-2	4	14	0
	突发公共事件	—	50	18	-153	-14	-3	28	9	2	4
	财政预决算	—	-76	98	423	-9	27	1	10	9	-4
	行政收费	—	34	36	-61	-30	-6	55	-8	-42	2
	行政许可	—	-107	-9	-36	13	-59	17	14	-38	7
	重大建设项目	—	82	3	312	-8	7	-24	-11	18	73
	公共服务	—	80	-52	108	31	-41	-68	7	-19	-14
	公共监督	—	-61	-39	-275	-52	-50	-17	11	7	-9
	其他	—	-16	21	77	22	0	-2	-54	27	-10
集中效应（%）	规范性文件	—	49	-51	311	39	-38	19	-4	58	-24
	发展规划	—	106	54	-195	-5	38	-6	2	1	6
	统计信息	—	-41	4	14	2	0	5	3	1	1
	政府采购	—	-36	-14	-36	2	43	-11	12	12	-2
	突发公共事件	—	-33	10	44	2	22	-3	5	11	-1
	财政预决算	—	-38	-9	33	52	20	-18	18	-7	-3
	行政收费	—	5	-1	97	7	4	-39	2	12	7
	行政许可	—	33	39	5	12	0	28	-5	4	12
	重大建设项目	—	50	16	-114	-10	45	12	21	-30	7
	公共服务	—	-17	-43	-17	-1	42	21	18	27	10
	公共监督	—	-14	53	-80	5	-12	59	7	42	16
	其他	—	23	43	15	33	-12	-10	8	-9	0
对 ΔG 贡献率（%）	规范性文件	—	141	-72	145	56	-30	24	-5	64	-22
	发展规划	—	80	23	-275	1	68	-5	5	-27	-2
	统计信息	—	-24	7	29	8	12	7	7	1	-4
	政府采购	—	-84	-49	-74	-19	91	-13	16	27	-2
	突发公共事件	—	17	28	-109	-12	19	24	14	13	3
	财政预决算	—	-114	89	456	44	47	-17	28	3	-6
	行政收费	—	39	35	36	-23	-1	17	-5	-29	9
	行政许可	—	-74	30	-31	24	-58	45	8	-34	19
	重大建设项目	—	131	19	199	-17	53	-12	10	-12	81
	公共服务	—	63	-95	90	30	1	-47	26	9	-4
	公共监督	—	-74	14	-354	-46	-62	42	18	49	8
	其他	—	7	63	93	55	-12	-12	-46	18	-10

备注：计算公式详见第 2 章相关章节，由于篇幅有限，详细计算过程省略。

根据结构效应和集中效应对总基尼系数变动的作用方向，可以将2008—2017年公开内容省际差异变动分为三个阶段：2008—2011年（结构效应方向变化不一，集中效应方向始终为正，结构效应和集中效应贡献大小变化不一）、2012—2016年（结构效应方向始终为负，集中效应方向始终为正，集中效应始终大于结构效应）、2017年（结构效应和集中效应方向都为正，集中效应大于结构效应），这一划分结果既符合省际差异变动趋势三个阶段，也符合国务院办公厅发布政策文件对地方政府信息公开进行调控的时间点。

2008—2011年，从集中效应和结构效应公开事项分布来看，具有以下特点：①结构效应方向变化不一，集中效应方向始终为正，集中效应和结构效应贡献大小变化不一。集中效应方向始终为正，说明所有公开事项空间集聚程度变化对总基尼系数变动起着促进作用。结构效应在2009年和2011年方向为正，说明这两年结构比重调整对于总基尼系数变动起着促进作用，2010年结构效应为负，说明结构调整对总基尼系数变动起着阻碍作用。2009年和2010年集中效应大于结构效应，到了2011年，结构效应影响大于集中效应。②从不同公开事项对总基尼系数变动贡献大小分析，2009—2010年贡献相对比较平均，在2011年起主要贡献作用的是规范性文件、发展规划、财政预决算、重大建设项目和公共监督，分别散落在第一、二、三类公开事项中。由于总基尼系数变动为正，规范性文件、财政预决算和重大建设项目对总基尼系数扩大起着促进作用，发展规划和公共监督对总基尼系数扩大起着阻碍作用。③从结构效应分析，在2009年和2010年不同公开事项结构调整对基尼系数变动影响相对比较平均，但到2011年不同公开事项结构比重调整贡献率差异较大。贡献率较大的是规范性文件、突发公共事件、财政预决算、重大建设项目和公共监督，分别散落在第一、二、三类公开事项。财政预决算和重大建设项目结构比重调整促进了总基尼系数扩大，而规范性文件、突发公共事件和公共监督结构比重调整阻碍了总基尼系数扩大。④从集中效应分析，各公开事项空间集聚程度变化对总基尼系数变动贡献率比较平均，除了2011年对总基尼系数变动贡献率比较突出的公开事项：规范性文件、发展规划和重大建设项目，分别散落在第一、二、三类公开事项。规范性文件在空间集聚程度上变化促进了总基尼系数扩大，发展规划和重大建设项目在空间集聚程度上变化阻碍了总基尼系数扩大。

2012—2016年，从集中效应和结构效应公开事项分布来看，具有以下特点：①结构效应方向始终为负，集中效应方向始终为正，集中效应始终大于结构效应，总基尼系数变动方向为负，和结构效应方向完全一致，和集中效应方向始终相反。对于总基尼系数变动，空间集聚程度变化影响要大于结构比重调整影响。②从不同公开事项对总基尼系数变动的贡献大小分析，同一年份贡献率差异并不会很大。将各公开事项年度贡献率综合起来分析，起主要贡献作用的是规范性文件、政府采购、财政预决算、行政许可和公共监督，分别散落在第一、二、三类公开事项，都促进了总基尼系数减少。③从结构效应分析，各公开事项在不同年份贡献率差异并不会很大。将各公开事项年度贡献率综合起来分析，贡献率比较大的公开事项是行政收费、行政许可、公共服务、公共监督和其他，完全属于第三类公开事项。这五种公开事项结构比重调整阻碍了总基尼系数下降。④从集中效应分析，各公开事项在不同年份贡献率差异并不会很大。将各公开事项年度贡献率综合起来，贡献率较大的公开事项是规范性文件、财政预决算、重大建设项目、公共服务和公共监督，分别散落在第一类和第三类公开事项。这五种公开事项在空间集聚程度上变化促进了基尼系数下降。

2017 年，从集中效应和结构效应公开事项分布来看，具有以下特点：①结构效应和集中效应方向都为正，且结构效应大于集中效应，总基尼系数扩大主要是由结构效应决定。②从不同公开事项对总基尼系数变动的贡献大小分析，重大建设项目贡献率最大，属于第三类公开事项。重大建设项目基尼系数变动促进了总基尼系数扩大，其他公开事项贡献率差异不大。③从结构效应分析，重大建设项目贡献率最大，属于第三公开事项。重大建设项目结构比重调整促进了总基尼系数扩大，其他公开事项贡献率差异不大。④从集中效应分析，规范性文件、公共服务、公共监督和行政许可贡献率最大，分别属于第一类和第三类公开事项。这些事项的空间集聚程度变化阻碍了总基尼系数扩大，其他公开事项贡献率差异不大。综合来说，2017 年省际差异变动主要是由于规范性文件空间分布不均衡和重大建设项目结构比重调整。

通过对总基尼系数变动结构分解，公开内容省际差异下降主要是由集中效应影响的。从集中效应阶段发展分析，从第一阶段（2008—2011 年）以三类公开事项共同主导到第二阶段（2012—2016 年）和第三阶段（2017 年）以第一类和第三类公开事项为主。目前，公开内容总基尼系数下降是由第一类和第三类公开事项空间集聚程度变化引起。对于结构效应值得注意的是，2011 年和 2017 年公开事项结构发生了重大调整，导致当年结构效应大于集中效应，并促进了总基尼系数扩大。因此在公开事项结构不进行大幅度调整前提下，中央政府更应该关注第一类和第三类公开事项，尤其是规范性文件和重大建设项目空间分布不均衡问题。通过对总基尼系数贡献和总基尼系数变动贡献分析发现，对二者起着主要贡献的公开事项并不完全相同，规范性文件对总基尼系数贡献率在 2017 年下降到最低，但其空间集聚程度变化对总基尼系数变动贡献率最大，反映了对总基尼系数变动结构分解分析的必要性和重要性。

3.4 本章小结

公开内容是政府信息公开的核心。本书通过 31 个省份 2008—2017 年面板数据对公开内容维度上政策执行过程及其省际差异进行实证分析，对省际差异进行地区分解和结构分解，探索公开内容省际差异演变规律。

省级政府在公开内容维度上政策执行过程呈现“S”形曲线，呈现不断增长趋势。2008 年，省级政府政策执行的爆发体现了中央政府“自上而下”垂直推动作用。在政策执行初期，虽然有《条例》作为执行依据，但是依然存在着很多不确定性因素以及争议，导致省级政府在公开内容维度上政策执行比较谨慎，表现为 2009 年政策执行的负增长。随着政策执行过程中不断摸索，公开内容维度政策执行有了一个明显的快速增长时期。随着执行上升到一定高度，增长速度开始下降。整体来说，政府信息公开内容维度上政策执行不断向纵深拓展，提高了政府工作透明度。

公开内容省际差异呈现波动式下降趋势。从《条例》实施以来，公开内容省际差异变动过程基本经历了三个阶段：2008—2011 年可以视为执行试探阶段，省际差异在高位波动；2012—2016 年为国务院办公厅出台“工作要点”调控省级政府政策执行行为的阶段，省际差异开始持续下降；2017 年为标准化试点阶段，省际差异呈现扩大趋势。2012 年“工作要点”出台以后，公开内容上省际差异迅速下降，说明“工作要点”出台给公开内容政策执行提供了明确方向。公开内容政策执行呈现增加趋势，省际差异呈现下降趋势，说明省级政府执行增长对省际差异下降起到了促进作用。虽然“工作要点”出台给了省级政府明确执行方向，但是并不代表行政自由裁量范围的缩小。如果中央政府要缩小行政自由裁量范围，除了制定明确的执行方向，还需要对超出潜在行政自由裁量范围的省级政府执行行为进行监督和控制，促使省级政府执行行为朝着中央政府期望的模式发展。

从地区分解角度分析，公开内容省际差异主要来源是地区内差异，并且从东、西部地区内差异主导向中、西部地区内差异主导转变。东、中、西部地区公开内容维度上政策执行都呈现增加趋势，东部地区政策执行要高于中西部地区，东、中、西部地区之间并没有形成明显区域集聚分布，其执行过程符合中央对地方“自上而下”垂直影响模式。东、中、西部地区内省际差异都呈现波动式下降趋势，东部地区差异和贡献率下降趋势最明显，中部地区内差异虽有波动，但下降趋势最平缓，贡献率明显上升，西部地区内差异在整体下降过程中波动最大，但是贡献率基本保持平稳。地区间差异在 10 年间在低位水平上平稳波动，贡献率最低。中央政府要想进一步降低公开内容省际差异，需要考虑降低中、西部地区内差异水平。

在公开内容结构上，不同公开事项执行变动和执行差异变动趋势不同，对公开内容省际差异贡献也不同。根据执行变动趋势和执行差异变动趋势，12 种公开事项可以分为三类。第一类公开事项是执行下降但执行差异扩大的公开事项，只有规范性文件，在 2017 年对公开内容省际差异贡献率最低。第二类是执行和执行差异都呈现波动趋势的公开事项，包括发展规划、统计信息、政府采购和突发公共事件共 4

种，在 2017 年对公开内容省际差异贡献率居中。第三类是执行在增加但执行差异在减少的公开事项，包括重大建设项目、公共监督、公共服务、行政许可、行政收费、财政预决算和其他共 7 种，在 2017 年对公开内容省际差异贡献率最大。过去 10 年省级政府在公开事项执行上，从侧重规范性文件等结果类信息，转向重大建设事项等非公文类信息以及征求意见等过程性信息的公开。重大建设项目、公共监督和公共服务等社会各界重点关注的公开事项政策执行力度越来越大，但是政府采购以及突发公共事件这一类信息公开保持稳定。与公开内容省际差异变动趋势对比，只有第三类公开事项执行差异趋势与其相似，呈现波动式下降趋势，说明“工作要点”和《试点通知》对公开内容省际差异的直接影响，是通过对构成公开内容具体公开事项变化反映出来，集中体现在财政预决算、行政收费、行政许可、重大建设项目、公共服务、公共监督和其他共 7 种公开事项省际差异变动上。

从结构分解角度分析，公开内容省际差异下降主要是由不同公开事项集中效应造成的，具体来说是从第一阶段（2008—2011 年）以三类公开事项共同主导到第二阶段（2012—2016 年）和第三阶段（2017 年）以第一类和第三类公开事项为主。从总基尼系数变动结构分解可知，大多数年份集中效应大于结构效应。2011 年和 2017 年各公开事项结构发生了重大调整，导致当年结构效应大于集中效应，且促进了总基尼系数扩大。在公开事项结构不进行大幅度调整前提下，中央政府更应该关注第一类和第三类公开事项，尤其是规范性文件和重大建设项目空间分布不均衡问题。

第4章　维度二：政府信息公开渠道省际差异及分解

公开渠道的选择不仅影响政府信息公开形式，也影响政府信息公开效率和效果。为了实现政府信息公开目标，必须建立和完善公开渠道。从公开渠道编码节点可知，公开渠道分为规定渠道和非规定渠道，规定渠道又可以分为公开方式、公开场所和公开设备。公开方式包括政府公报、政府网站、新闻发布会、报刊、广播和电视，公开场所包括公共图书馆、国家档案馆、公共查阅室和资料索取点，公开设备包括信息公告栏和电子信息屏。非规定渠道包括政务微博、政务微信、电话热线平台、移动客户端、短信平台、便民手册、新闻媒体、听证会、政府信箱和行政服务中心。本书引入泰尔指数和基尼系数作为差异衡量指标，分析公开渠道省际差异及其变动趋势，将省际差异进行地区分解和结构分解，研究不同地区和结构子项目对省际差异及其变动影响，探索公开渠道省际差异演变规律。

本书通过对31个省级政府2008—2017年政府信息公开工作年度报告中属于公开渠道内容进行编码，获得不同公开渠道节点覆盖率，以有效反映省级政府在不同公开渠道维度上政策执行情况。省级政府公开渠道及具体子项目政策执行描述性统计结果如表4.1所示。大多数公开渠道最小值都为零，说明部分省级政府在一些年份忽视特定公开渠道执行的现象存在。

表4.1　　　　公开渠道及其子项目描述性统计

分类	节点	材料数量	最大值	最小值	极差	极值比	均值	标准差
公开渠道		307	0.5106	0.0424	0.4682	12.0425	0.1995	0.0783
规定渠道		307	0.5071	0.0331	0.4740	15.3202	0.1721	0.0771
公开方式		307	0.5040	0.0307	0.4733	16.4169	0.1495	0.0718
	政府网站	307	0.4178	0.0168	0.4010	24.8690	0.0981	0.0565
	新闻发布会	281	0.1086	0	0.1086	—	0.0226	0.0190

续表

分类	节点	材料数量	最大值	最小值	极差	极值比	均值	标准差
公开方式	政府公报	290	0.1577	0	0.1577	—	0.0249	0.0220
	报刊	220	0.0296	0	0.0296	—	0.0030	0.0048
	电视	217	0.0331	0	0.0331	—	0.0022	0.0045
	广播	189	0.0399	0	0.0399	—	0.0016	0.0042
公开场所		256	0.1243	0	0.1243	—	0.0270	0.0268
	公共查阅点	217	0.1218	0	0.1218	—	0.0199	0.0231
	公共图书馆	197	0.0335	0	0.0335	—	0.0024	0.0054
	国家档案馆	216	0.0603	0	0.0603	—	0.0053	0.0105
	资料索取点	119	0.0673	0	0.0673	—	0.0052	0.0092
公开设备		157	0.0335	0	0.0335	—	0.0024	0.0049
	信息公告栏	115	0.0308	0	0.0308	—	0.0009	0.0028
	电子信息屏	128	0.0299	0	0.0299	—	0.0015	0.0040
非规定渠道		288	0.1605	0	0.1605	—	0.0349	0.0276
	政务微博	185	0.0721	0	0.0721	—	0.0084	0.0125
	政务微信	137	0.0401	0	0.0401	—	0.0038	0.0067
	新闻媒体	89	0.0286	0	0.0286	—	0.0017	0.0040
	移动客户端	87	0.0302	0	0.0302	—	0.0017	0.0043
	电话热线平台	159	0.0677	0	0.0677	—	0.0054	0.0099
	短信平台	89	0.0299	0	0.0299	—	0.0009	0.0028
	政府信箱	86	0.0469	0	0.0469	—	0.0015	0.0049
	便民手册	91	0.0268	0	0.0268	—	0.0013	0.0037
	听证会	81	0.0440	0	0.0440	—	0.0019	0.0056
	行政服务中心	200	0.1605	0	0.1605	—	0.0093	0.0193

4.1 2008—2017年公开渠道省际差异波动式下降

4.1.1 公开渠道维度政策执行过程

为了对2008—2017年公开渠道维度上政策执行情况有一个全面认识，本书通过最大值、最小值、极差、极值比和均值来进行分析，结果如表4.2所示。

表 4.2　　公开渠道维度上政策执行指标统计（2008—2017 年）

年份	N	最大值	最小值	极差	极值比
2008	28	0.3911（辽宁）	0.0648（重庆）	0.3263	6.0355
2009	31	0.3957（广东）	0.0768（河北）	0.3189	5.1523
2010	31	0.4440（广东）	0.0563（河北）	0.3877	7.8863
2011	31	0.4029（陕西）	0.0749（天津）	0.3280	5.3792
2012	31	0.4865（湖南）	0.0563（山西）	0.4302	8.6412
2013	31	0.3895（北京）	0.0920（河南）	0.2975	4.2337
2014	31	0.3898（新疆）	0.1030（天津）	0.2868	3.7845
2015	31	0.3067（新疆）	0.0753（上海）	0.2314	4.0730
2016	31	0.2591（甘肃）	0.0424（吉林）	0.2167	6.1108
2017	31	0.3330（湖南）	0.1106（青海）	0.2224	3.0108

最大值基本保持在 0.2591 ~ 0.4865；最小值基本保持在 0.0563 ~ 0.1106；极差从 2008 年的 0.3263 下降到 2017 年的 0.2224，下降幅度为 31.84%；极值比从 2008 年的 6.0355 下降到 2017 年的 3.0108，下降幅度为 50.12%，极差和极值比都呈现波动式下降趋势。

通过对这几项指标综合分析，政府信息公开渠道维度上政策执行绝对差距呈现下降趋势。公开内容和公开渠道所处外界环境是一致的，包括中央政府发布“工作要点”等政策文件，以及各省级政府面临同样政治、经济和社会环境，公开内容政策执行绝对差距是在增加的，而公开渠道政策执行绝对差距呈现下降趋势，同样环境却在行政自由裁量范围变化上出现完全相反结果，说明影响公开内容和公开渠道政策执行变动关键性变量是不一样的。

如果以 31 个省级政府在公开渠道维度上节点覆盖率均值来代表当年政策执行情况，2008—2017 年，公开渠道维度上政策执行过程呈现“N”形曲线，如图 4.1 所示。公开渠道政策执行过程可以分为三个阶段：2008—2012 年为上升阶段，2013—2016 年为下降阶段，2017 年为上升阶段。公开渠道从 2008 年的 0.1840 开始上升到 2012 年的 0.2158，然后又开始下降到 2016 年的 0.1614，到 2017 年增长到 0.2032。

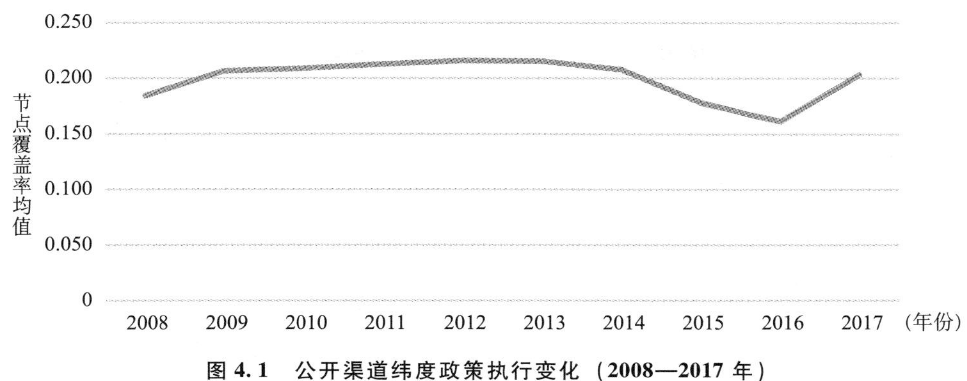

图 4.1 公开渠道纬度政策执行变化（2008—2017 年）

2008—2012 年，公开渠道维度上政策执行过程呈现上升趋势。从 2008 年《条例》实施起，这一阶段省级政府主要任务是建立和完善公开渠道。2008—2009 年政策执行增长率高达 11%，2009 年省级政府开始使用移动客户端，2010 年使用政务微博，2012 年使用政务微信，随着公开渠道不断建立和完善，政策执行整体水平在增加，但是增加速度开始放缓，到 2012 年省级政府公开渠道多样化探索完成，公开渠道种类稳定下来。

2013—2016 年，公开渠道维度政策执行过程呈现下降趋势。随着公开渠道种类稳定，省级政府工作重心不再是追求公开渠道多样化和全面发展。在这一时期，不同公开渠道结构比重发生了很大调整。中央网信办提出“两微一端一网”[①]，省级政府关注公开渠道信息化和网络化建设，以及不同公开渠道之间融合性发展。

2017 年，公开渠道维度上政策执行呈现上升趋势。2017 年公开渠道维度上政策执行突然上升的原因不仅在于中央政府 2017 年发布“工作要点”文件中强调了公开渠道建设，要求加强政务公开平台建设，这一年标准化试点工作安排也对公开渠道维度上政策执行产生了影响，可见中央政府政策文件可以直接调整地方政府政策执行行为。

4.1.2 公开渠道省际差异及变动

在对公开渠道维度上政策执行情况分析基础上，本书探索公开渠道省际差异及其变动趋势。由于不同差异衡量指标对不同水平上数据敏感程度不同，本书引入泰尔指数和基尼系数两个指标，综合衡量公开渠道省际差异，结果如图 4.2 所示。

---

① “两微一端一网”是指官方微博、微信、新闻客户端和政府网站。

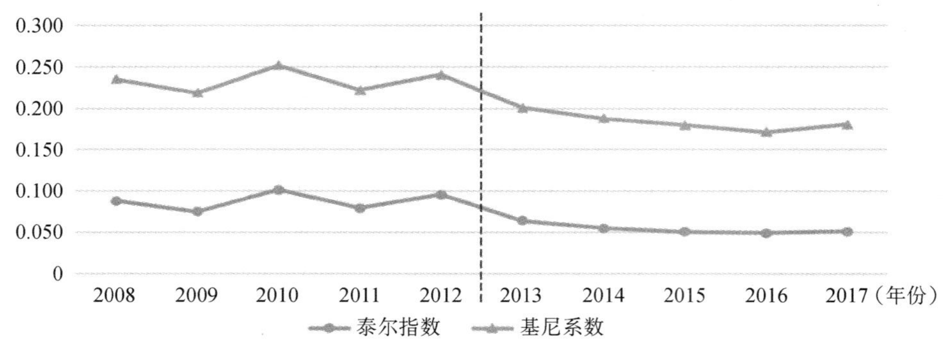

图 4.2 公开渠道省际差异变动（2008—2017 年）

从图 4.2 中可以看出，公开渠道省际差异整体呈现下降趋势。2008—2017 年，泰尔指数从 0.0875 下降到 0.0508，基尼系数从 0.2355 下降到 0.1807，下降幅度分别为 41.94% 和 23.27%。两个指标变动轨迹基本一致，转折点都基本出现在 2013 年。公开渠道省际差异在 2008—2012 年呈现平稳波动趋势，2013—2017 年呈现明显的下降趋势。公开渠道省际差异和公开内容省际差异变动趋势曲线虽然相似，但是转折时间点不一致，两者变动原因也不一样。

第一阶段：2008—2012 年，公开渠道省际差异呈现平稳波动趋势，可以视为省级政府自行探索阶段。在《条例》实施初期，公开渠道维度政策执行对省级政府来说是一项新工作，需要省级政府自行探索，表现为省际差异在高位水平上波动。公开渠道政策执行标准是《条例》，《条例》对公开渠道规定比较模糊，要求行政主体通过政府网站、政府公报、新闻发布会、报刊、广播、电视、公共图书馆、国家档案馆、公共查阅室、资料索取点、信息公告栏、电子信息屏共 12 种渠道对政府信息进行公开，但是政府信息公开渠道不仅限于《条例》规定渠道。随着信息通信技术发展，省级政府自行探索了政务微博、政务微信、电话热线平台、移动客户端、短信平台、便民手册、新闻媒体、听证会、政府信箱和行政服务中心共 10 种非规定渠道。截至 2012 年，公开渠道种类趋于稳定。

第二阶段：2013—2017 年，公开渠道省际差异呈现明显下降趋势。随着公开渠道种类稳定，省级政府工作重心不再是追求公开渠道多样化和全面发展。在这一时期，公开渠道结构比重发生了调整，省级政府重点建设信息化和网络化公开渠道，对不同公开渠道进行融合性建设。目前互联网已经成为政府信息公开的主要渠道。截至 2017 年 12 月底，我国网民规模达 7.72 亿人，互联网普及率为 55.8%[①]。互联网最大的特点是传播快速、信息共享方便，省级政府选择互联网作为公开渠道，便

① 数据来源：第 41 次中国互联网络发展状况统计报告［EB/OL］. 2018-03-05. http://www.cnnic.net.cn/hlwfzyj/hlwxzbg/hlwtjbg/201803/t20180305_70249.htm.

于公民最大程度上获取政府信息。政府网站因其承载信息能力强，不受时空限制等优点，成为政府信息公开第一大平台，是最重要且首选渠道，通过政府公报、新闻发布会、报刊、广播和电视等方式予以公开的信息，最终也通过政府网站进行更加广泛的传播。随着信息通信技术发展，以及公开经验增加，省级政府对于公开渠道维度政策执行形成了相对一致方向，公开渠道省际差异呈现下降趋势。

根据上述对公开渠道省际差异变动趋势分析，可知信息通信技术是导致公开渠道省际差异变动的原因。结合公开渠道维度上政策执行趋势和省际差异变动趋势来看，公开渠道政策执行过程呈现“N”形曲线，省际差异呈现下降趋势，两者下降转折时间点一致，说明政策执行下降对省际差异下降起到了一定促进作用。另外，代表公开渠道绝对差距的极差和极值比呈现下降趋势，说明省级政府行政自由裁量范围在缩小。公开内容和公开渠道所处外界环境是一致的，包括中央政府2012年发布“工作要点”，以及各省级同样政治、经济和社会环境，公开内容执行绝对差距呈现增加趋势，而公开渠道执行绝对差距呈现下降趋势，两者绝对差距变动方向相反，同样环境却在行政自由裁量范围变化上出现完全相反结果，更加验证了推动两者变动关键性变量是不一样的。

4.2 公开渠道省际差异地区分解

4.2.1 政策执行：东、中、西部地区分布均衡

将31个省级政府按照东、中、西部地区进行划分，并对其10年间不同地区公开渠道维度上政策执行变化进行分析，结果如图4.3所示。

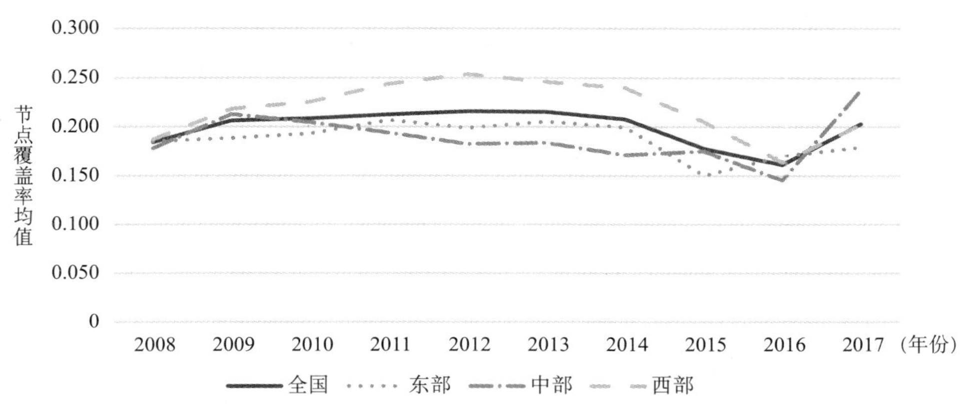

图4.3 不同地区公开渠道政策执行变化（2008—2017年）

在时间维度上，2008—2017年东、中、西部地区公开渠道政策执行呈现“N”形趋势，与全国省级层面政策执行趋势相似。但是不同地区政策执行趋势具体特征略有不同。从2008—2017年，东部地区从0.1851下降到0.1790，中部地区从

0.1778 上升到 0.2376，西部地区从 0.1870 上升到 0.2024。

从地区间横向比较上看，2008 年东、中、西部地区公开渠道维度上政策执行几乎处于同一水平，但是随着时间发展，东、中、西部地区之间政策执行差距逐渐拉开，西部地区在公开渠道维度上政策执行基本上高于东部和中部。东部和中部地区公开渠道维度上政策执行呈现高低交替变化，2017 年中部地区政策执行上迅猛增加，使得中部地区超过了东部和西部地区。在 2017 年公开渠道维度上政策执行排名上，中部地区 > 西部地区 > 东部地区。从整体上分析，中西部地区政策执行要高于东部地区。

对 31 个省级政府按照东、中、西部地区进行划分后发现，不同地区省级政府在公开渠道维度上政策执行相差悬殊。2008—2017 年，公开渠道维度上政策执行最大值分别出现在辽宁、广东、陕西、湖南、北京、新疆和甘肃共 7 个省份，在地区分布上比较均匀地分布在东、中、西部地区，最小值分别出现在重庆、河北、天津、山西、河南、上海、吉林和青海共 8 个省份，主要集中于东部地区。本书将 2009 年、2012 年、2016 年和 2017 年各省级政府公开渠道维度上政策执行数据以地图形式呈现出来，直观反映公开渠道空间格局演变过程。

为了更科学地区分不同省份公开渠道维度上政策执行情况，本书采用自然断裂点法（Natural Breaks）[①] 将各省级政府公开渠道维度上政策执行划分为四个等级，探讨公开渠道空间格局演变特征。从每年 31 个省级政府政策执行空间分布状况可以直观地看出，公开渠道省际分布呈现明显空间均衡性，不存在明显地区聚集特征。

为进一步验证东、中、西部地区之间空间均衡性是否显著，本书使用莫兰指数[②]进行验证。通过显著性检验发现，所有年份莫兰指数结果都不显著，接受 31 个省份之间不存在空间自相关假设，说明非均衡性在统计学上不显著，因此东、中、西部地区之间并没有形成明显区域集聚分布，在空间上处于比较均衡状态。当中央政府出台《条例》，以行政法规方式要求省级政府落实政策时，省级政府在公开渠道维度上政策执行上失去了是否执行选择权，但是由于行政自由裁量权的存在，省级政府在具体执行过程中存在着程度上的差异。

4.2.2 东、西部地区内差异主导省际差异变动

目前已知公开渠道省际差异呈现波动式下降趋势，那么这种省际差异下降是如

① “自然断裂点法”的类别是基于数据中固有的自然分组，对分类间隔加以识别，将相似值进行最恰当地分组，并可使各个类之间的差异最大化。对于这些类别，会在数据值差异相对较大的位置处设置其边界。

② 莫兰指数用来衡量空间自相关性，通过 p 值来判定。如果结果显著，说明存在空间自相关，如果结果不显著，说明不存在空间自相关。

何体现在地区分布上？究竟是发生在临近省份之间，还是东、中、西部三个地区之间？在此引入泰尔指数。本书在第2章介绍了泰尔指数，泰尔指数是从信息熵角度出发考察样本之间的差异。与其他差异衡量方法相比，泰尔指数优势是可以将差异分解为地区内差异和地区间差异，观察和解释地区内差异和地区间差异各自的变动和贡献率。因此，本书通过泰尔指数对公开渠道省际差异进行分解，可以分解为东、中、西部地区内差异和三大地区之间差异。按照泰尔指数公式对公开渠道省际差异进行分解计算，结果如表4.3所示。

表4.3　　公开渠道泰尔指数地区分解表（2008—2017年）

年份	泰尔指数	泰尔指数分解				贡献率（%）			
		东部	中部	西部	地区间	东部	中部	西部	地区间
2008	0.0875	0.0989	0.0721	0.0860	0.0002	40.60	19.91	39.25	0.23
2009	0.0748	0.1100	0.0403	0.0641	0.0022	47.62	14.34	35.13	2.92
2010	0.1014	0.1535	0.0441	0.0897	0.0023	49.71	11.01	37.03	2.26
2011	0.0788	0.0705	0.0388	0.1020	0.0025	30.89	11.58	54.26	3.15
2012	0.0954	0.0897	0.1889	0.0326	0.0100	30.77	43.18	15.54	10.51
2013	0.0642	0.0870	0.0460	0.0398	0.0071	45.84	15.73	27.41	11.01
2014	0.0547	0.0604	0.0322	0.0411	0.0090	37.64	12.48	33.51	16.37
2015	0.0507	0.0463	0.0713	0.0222	0.0088	27.39	35.71	19.54	17.34
2016	0.0488	0.0323	0.0652	0.0500	0.0018	24.79	31.14	40.30	3.75
2017	0.0508	0.0557	0.0290	0.0479	0.0061	34.33	17.23	36.37	12.05

备注：计算公式详见第2章相关章节，由于篇幅有限，详细计算过程省略。

对泰尔指数进行分析，东、中、西部地区内泰尔指数变化趋势和总泰尔指数变化趋势具有相似性，都是呈现波动式下降趋势，地区间泰尔指数变化趋势比较平稳，说明导致省际差异变动关键性变量同样对东、中、西部地区内差异变动起着主要作用。自《条例》实施以来，东、中、西部三个地区内差异变化趋势虽然相似，但是具体特征略有不同。

东部地区内差异下降最明显，但贡献率保持高位。2008年东部地区内泰尔指数为0.0989，到2017年下降为0.0557。其中，2008—2012年呈现波动趋势，2013—2017年呈现下降趋势，东部地区内省际差异整体呈现波动式下降趋势，但是在东、中、西部三大地区内差异的比较中，即便中间年份排名一度下降，但在2017年又成为泰尔指数最大的地区。从贡献率来说，东部地区内差异对省际差异贡献率基本上保持在30%~40%，说明省际差异主要来源之一是东部地区内差异。

中部地区内差异呈现波动式下降，贡献率基本保持稳定。中部地区内泰尔指数在0.0290~0.0721波动，贡献率基本稳定维持在20%左右。2012年中部地区内省际差异波动到0.1889，贡献率高达43.18%，究其原因，是湖南省在2012年公开渠道维度上政策执行突增变化造成。

西部地区内差异下降趋势明显，贡献率基本保持稳定。西部地区内泰尔指数从2008年的0.0860下降到2017年的0.0479。从下降过程分析，2008—2011年在0.0641~0.1020高位水平上波动，2012—2017年在0.0222~0.0479低位水平上波动。虽然西部地区内差异在下降，但是贡献率基本平稳保持在30%左右，并且贡献率在2017年排名第一。

地区间差异和贡献率呈现平稳上升趋势。地区间泰尔指数从2008年的0.0002上升到2017年的0.0061，但是和东、中、西部地区内差异相比较，差异水平依然是最低的。地区间差异贡献率从2008年的0.23%上升到2017年的12.05%，对整体差异水平贡献排名依然是最低。

从整体来看，公开渠道省际差异来源主要是地区内差异，具体是由东、西部地区内差异共同主导。地区间差异贡献率基本在12.05%以下，而地区内差异高达87.95%以上，地区内差异远远大于地区间差异。在地区内差异中，东、西部地区各自贡献率基本上在30%~40%，两个地区内差异贡献率相加高达80%。因此如果想要进一步降低公开渠道省际差异，中央政府需要考虑降低东、西部地区内差异水平。此外，虽然地区间差异很小，但一直呈现扩大趋势，这一点需要引起中央政府关注。

4.3 公开渠道省际差异结构分解

在公开渠道具体构成上，《条例》以列举方式提出12种公开渠道，并没有限制其他非规定渠道的使用，也没有明确规定不同公开渠道政策执行比重，这些都可以视为省级政府在公开渠道维度上政策执行过程中行政自由裁量的体现，尤其是非规定渠道的政策执行。各省级政府在《条例》基础上，可以根据所在地区实际情况因地制宜地选择公开渠道。

4.3.1 公开渠道结构构成

（1）公开渠道结构

从公开渠道节点可知，根据公开渠道是否属于《条例》规定以及对不同结构类别划分，最终形成公开渠道层次结构图，结果如图4.4所示。通过对政策执行数据分析，2008—2017年规定渠道政策执行比重为83.14%，非规定渠道政策执行比重为16.86%。

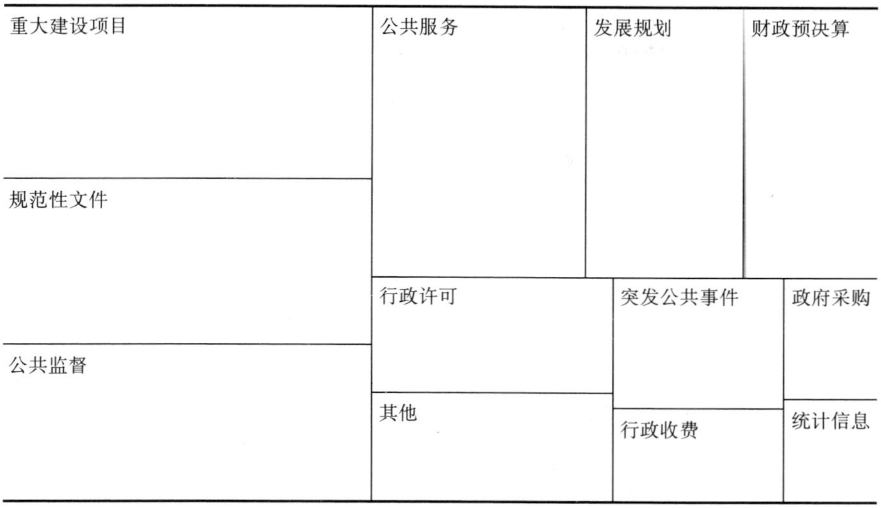

重大建设项目
公共服务
发展规划
财政预决算
规范性文件
行政许可
突发公共事件
政府采购
公共监督
其他
行政收费
统计信息

图 4.4　公开渠道层次结构

在规定渠道中，公开方式所占比重最大，为 77.54%，其次是公开场所（18%）和公开设备（4.46%）。公开方式是最多样化的，其中最主要的方式是政府网站，占公开方式 52.4%，是政府信息公开第一平台，其次是新闻发布会（12.2%）、政府公报（10.76%）和报刊（10.11%），广播和电视占公开方式比重分别为 7.91% 和 6.62%。在公开场所中，国家档案馆占比为 32.19%，公共查阅点占比为 28.98%，公共图书馆占比为 28.76%，资料索取点占比为 10.07%。在公开设备中，电子信息屏占比为 51.18%，信息公告栏占比为 48.82%。

在非规定渠道中，省级政府更多倾向于选择政务微博（24.3%）和政务微信（22.96%），行政服务中心、电话热线平台、新闻媒体、移动客户端、便民手册、短信平台、政府信箱和听证会占比分别为 12.96%、10.28%、8.56%、5.39%、4.26%、4.26%、3.84% 和 3.2%。

从行政自由裁量角度来说，《条例》对于省级政府在政策执行过程中选择规定渠道起着非常重要作用，省级政府会重点执行《条例》中所规定公开渠道。《条例》所规定公开渠道更多体现单向性，而非规定渠道更多体现双向性。单向性强调的是自上而下单向信息传播方式，双向性强调的是公民在政府信息公开过程中的参与性，体现了省级政府对公民知情权的重视，以及对于服务型政府目标的追求。由于各公开渠道特性不同，省级政府在公开渠道选择上存在着取舍。从 10 年间整体比重看，政府网站、新闻发布会、政府公报、国家档案馆、政务微博和政务微信是政府信息公开的主要渠道。

（2）差异与差异变动主要来源不同

从公开渠道分类可知，公开渠道分为规定渠道和非规定渠道，本书对规定渠道和非规定渠道在2008—2017年政策执行变化进行分析，结果如图4.5所示。

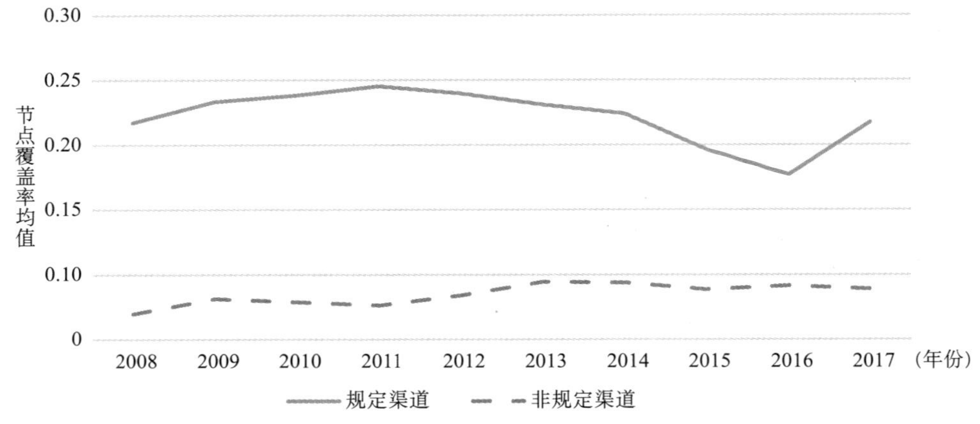

图4.5 规定渠道和非规定渠道政策执行变化（2008—2017年）

从政策执行情况分析，规定渠道政策执行趋势呈现先增后减再增“N”形曲线，非规定渠道政策执行呈现缓慢平稳增加的趋势，说明省级政府越来越重视非规定渠道的执行，但同时并未明显减少对规定渠道的执行。

①差异结构分解。根据前文分析已知，公开渠道省际差异呈现波动式下降趋势，本书希望从结构来源角度分析公开渠道省际差异，在此引入基尼系数。由于基尼系数能够进行结构分解，可以从结构分解角度考察总基尼系数下降原因，有助于判断公开渠道省际差异来源是什么，哪些渠道更有利于总基尼系数下降。这样不仅可以测算出各子项目对总基尼系数贡献率，还可以根据各子项目对总基尼系数促进或阻碍作用，进一步优化不同公开渠道政策执行，结果如表4.4所示。

表4.4 公开渠道基尼系数、结构比重和贡献率（2008—2017年）

年份		2008	2009	2010	2011	2012	2013	2014	2015	2016	2017
基尼系数	总基尼系数	0.236	0.219	0.252	0.222	0.241	0.201	0.188	0.180	0.171	0.181
	规定渠道	0.238	0.248	0.268	0.225	0.273	0.235	0.207	0.200	0.204	0.225
	非规定渠道	0.693	0.486	0.565	0.580	0.405	0.327	0.257	0.351	0.327	0.270
结构比重（%）	规定渠道	90.87	88.86	90.19	91.92	87.92	84.03	83.67	82.22	78.59	82.33
	非规定渠道	10.72	15.24	13.86	12.40	15.71	20.69	21.07	21.59	25.61	19.09
贡献率（%）	规定渠道	84.83	96.24	93.37	90.32	95.50	94.70	88.48	82.87	84.59	99.66
	非规定渠道	16.32	8.69	13.40	16.53	9.91	11.62	19.02	26.47	23.82	3.08

续表

年份		2008	2009	2010	2011	2012	2013	2014	2015	2016	2017
相对集中度	规定渠道	0.934	1.083	1.035	0.982	1.086	1.127	1.058	1.008	1.077	1.210
	非规定渠道	1.523	0.570	0.967	1.333	0.631	0.561	0.903	1.226	0.930	0.161

备注：计算公式详见第2章相关章节，由于篇幅有限，详细计算过程省略。

从表4.4可以看出，规定渠道和非规定渠道都呈现下降趋势，但是规定渠道基尼系数和总基尼系数变动趋势基本保持一致，呈现平稳波动式下降趋势，非规定渠道基尼系数下降幅度更大。2008—2017年，公开渠道基尼系数从0.236下降到0.181，规定渠道基尼系数从0.238下降到0.225，非规定渠道基尼系数从0.693下降到0.270，增长率分别为-23.31%、-5.46%和-61.04%。

规定渠道和非规定渠道基尼系数会对公开渠道总基尼系数产生影响。为了考察公开渠道省际差异来源，即分析规定渠道和非规定渠道对总基尼系数贡献，本书不仅测算了规定渠道和非规定渠道结构比重，还根据基尼系数因子贡献率和相对集中度公式计算规定渠道和非规定渠道对总基尼系数因子贡献率和相对集中度。因子贡献率反映了规定渠道和非规定渠道基尼系数对总基尼系数影响。相对集中度是用规定渠道和非规定渠道基尼系数分别除以总基尼系数，如果值大于1，则认为该年度规定渠道或者非规定渠道省际差异对总基尼系数具有扩大效应；如果值小于1，则认为该年度规定渠道或者非规定渠道省际差异对总基尼系数具有缩小效应。

从表4.4可以看出，不管是结构比重还是贡献率，规定渠道占据绝对地位。规定渠道比重在78.59%~91.92%波动，非规定渠道比重在10.72%~25.61%波动。从相对集中度数值分析，规定渠道自2009年以后都大于1，非规定渠道大多数年份都小于1，但是对于贡献率顺序变化并没有产生本质性影响。规定渠道贡献率在84.59%~99.66%波动，非规定渠道贡献率在3.08%~26.47%波动。综上所述，规定渠道对公开渠道省际差异贡献最大。

②差异变动结构分解。通过结构分项分解，已经了解到规定渠道和非规定渠道对总基尼系数贡献，但这些还不够深入。本书更希望进一步分析造成公开渠道省际差异变动原因，非规定渠道贡献率虽然不大，却有可能是造成总基尼系数变动的重要因素。为了解答这一问题，本书将两个相邻年份总基尼系数变动进行分解，分解为"结构效应""集中效应"和"综合效应"。"结构效应"是指规定渠道和非规定渠道结构比重发生调整引起总基尼系数变动；"集中效应"是指规定渠道和非规定渠道空间集聚程度发生变化引起总基尼系数变动；"综合效应"是指规定渠道和非规定渠道结构比重调整和空间集聚程度变化两者综合引起总基尼系数变动。本书通过对总基尼系数变动进行结构分解，分析规定渠道和非规定渠道结构比重调整和空间集聚程度变化对总基尼系数变动影响，用于寻找省际差异变动主要来源。这一问

题之所以重要是因为处理结构效应和集中效应政策是不同的。

表 4.5 列出了公开渠道总基尼系数变动因素分析。需要对表进行说明的是，表中第 2 行表示的是上下两个年份之间总基尼系数变动情况。第 3 行到第 5 行表示三类效应对总基尼系数变动贡献大小和作用方向。第 6 行到第 9 行分别表示结构效应和集中效应中规定渠道和非规定渠道对总基尼系数变动贡献大小和作用方向。第 10 行、第 11 行分别表示规定渠道和非规定渠道对总基尼系数变动贡献大小和作用方向，其中规定渠道和非规定渠道贡献大小数值是由结构效应和集中效应中相对应类别贡献率加总而来。如果数值为正，则规定渠道或者非规定渠道对总基尼系数变动起促进作用，促进作用是指当总基尼系数变动为正值时，促进作用体现为扩大差异，当总基尼系数变动为负值时，促进作用体现为缩小差异，反之则是阻碍作用。

表 4.5 公开渠道基尼系数变动结构分解表（2008—2017 年）

年份		2008	2009	2010	2011	2012	2013	2014	2015	2016	2017
ΔG		—	-0.017	0.033	-0.030	0.018	-0.039	-0.013	-0.008	-0.008	0.009
ΔG 结构分解（%）	结构效应	—	86.9	2.0	-1.7	2.6	2.9	1.4	8.3	-29.0	-72.3
	集中效应	—	-36.9	48.0	51.7	47.4	47.1	48.6	41.7	79.0	122.3
	综合效应	—	50.0	50.0	50.0	50.0	50.0	50.0	50.0	50.0	50.0
结构效应（%）	规定渠道	—	-32.6	4.4	-8.2	-21.4	11.4	2.9	11.9	83.6	142.9
	非规定渠道	—	119.5	-2.4	6.4	24.0	-8.5	-1.5	-3.6	-112.6	-215.2
集中效应（%）	规定渠道	—	113.5	29.5	69.2	96.6	34.2	83.5	60.5	-33.4	557.7
	非规定渠道	—	-184.9	25.2	-13.3	-43.8	6.8	-41.7	-44.1	167.6	-690.8
对 ΔG 贡献率（%）	规定渠道	—	80.9	33.9	61.0	75.3	45.5	86.4	72.4	50.2	700.6
	非规定渠道	—	-65.4	22.8	-6.9	-19.8	-1.6	-43.3	-47.8	54.9	-906.0

备注：计算公式详见第 2 章相关章节，由于篇幅有限，详细计算过程省略。

从表 4.5 可以看出，2010 年、2012 年和 2017 年总基尼系数变动为正，2009 年、2011 年和 2013—2016 年总基尼系数变动为负，总体分析，10 年公开渠道省际差异呈下降趋势。从总基尼系数变动贡献构成上看，2015 年以前，规定渠道贡献占主导地位，2016 年和 2017 年非规定渠道贡献占主导地位，说明总基尼系数与总基尼系数变动主要推动力是不同的，在一定程度上反映了基尼系数变动分解的重要意义，虽然非规定渠道对总基尼系数贡献率不高，但是对于总基尼系数变动贡献率不可忽略。

从引起总基尼系数变动效应分析，除了 2009 年以外，集中效应大于结构效应，是引起总基尼系数变动最重要的原因，且其贡献率均为正数，说明不论总基尼系数是上升还是下降，集中效应对总基尼系数变动都是起着促进作用。

在结构效应中，2009年非规定渠道贡献率更高，非规定渠道结构调整对总基尼系数变动起着促进作用。2010—2015年规定渠道和非规定渠道结构调整对总基尼系数变动贡献水平相差不大，但是两者对总基尼系数变动作用方向是完全相反的。2016年和2017年规定渠道结构调整促进了总基尼系数变动，非规定渠道结构调整阻碍了总基尼系数变动，非规定渠道对总基尼系数变动贡献率更高。

在集中效应中，2009年非规定渠道对总基尼系数变动贡献比较大，非规定渠道空间集聚程度变化阻碍了总基尼系数变动。2010—2015年规定渠道对总基尼系数变动贡献比较大，规定渠道空间集聚程度变化促进了总基尼系数变动。2016—2017年，非规定渠道对总基尼系数变动贡献比较大。规定渠道空间集聚程度变化促进了总基尼系数变动，而非规定渠道空间集聚程度变化阻碍了总基尼系数变动。

综合来说，公开渠道总基尼系数变动是由集中效应主导，在集中效应中，经历了从非规定渠道（2008—2009年）>规定渠道（2010—2015年）>非规定渠道（2016—2017年）主导的过程。由于规定渠道和非规定渠道空间集聚程度变化在不同时期分别对总基尼系数变动起着主要作用，因此有必要分别对规定渠道和非规定渠道省际差异进行深入研究。

4.3.2 公开方式主导规定渠道差异

规定渠道包括公开方式、公开场所和公开设备。根据前文分析已知，规定渠道省际差异呈现波动式下降趋势，本书希望从结构来源角度分析规定渠道省际差异下降原因，在此引入基尼系数。由于基尼系数能够进行结构分解，可以从结构分解角度考察规定渠道基尼系数来源，有助于判断哪些子项目更有利于规定渠道基尼系数下降，这样不仅可以测算出各子项目对规定渠道基尼系数贡献率，还可以根据各子项目对规定渠道基尼系数促进或阻碍作用，进一步优化不同规定渠道政策执行。结果如表4.6所示。

表4.6 不同规定渠道基尼系数及贡献率（2008—2017年）

年份	规定渠道基尼系数	基尼系数			贡献率（%）		
		公开方式	公开场所	公开设备	公开方式	公开场所	公开设备
2008	0.2381	0.2720	0.4204	0.6012	84.85	22.20	0.48
2009	0.2484	0.2661	0.3652	0.7192	84.56	26.19	-1.01
2010	0.2682	0.2975	0.3385	0.7567	86.90	19.89	0.80
2011	0.2253	0.2571	0.2884	0.7515	87.60	15.87	2.38
2012	0.2725	0.2965	0.3907	0.6460	91.10	14.34	0.04
2013	0.2354	0.2478	0.5067	0.7373	91.87	13.18	0.04
2014	0.2065	0.2004	0.5963	0.7531	83.90	20.77	2.65

续表

年份	规定渠道基尼系数	基尼系数			贡献率（%）		
		公开方式	公开场所	公开设备	公开方式	公开场所	公开设备
2015	0.2001	0.1975	0.5995	0.7614	92.24	9.60	1.78
2016	0.2039	0.2048	0.6581	0.7635	93.39	6.67	1.72
2017	0.2252	0.2315	0.7049	0.8333	98.90	2.38	-0.35

备注：计算公式详见第2章相关章节，由于篇幅有限，详细计算过程省略。

在规定渠道中，公开方式基尼系数呈现波动下降趋势，从2008年的0.2720下降到2007年的0.2315，增长率为-14.89%，和规定渠道基尼系数曲线相似。公开场所基尼系数整体上呈现先下降后上升“U”形趋势，从2008年的0.4204上升到2017年的0.7049，增长率为67.67%。公开设备基尼系数呈波动式上升趋势，从2008年的0.6012增长到2017年的0.8333，增长率为38.61%。从这几种规定渠道贡献率可以看出，公开方式贡献率在84%~99%，对规定渠道基尼系数贡献最大，公开场所基尼系数贡献率从20%左右下降到2%，公开设备基尼系数贡献率一直徘徊在1%。本书将分别对公开方式、公开场所和公开设备基尼系数进行结构分解，探究基尼系数如此变动的原因。

4.3.2.1 公开方式差异及其变动

政府信息公开方式包括政府网站、新闻发布会、政府公报、报刊、广播和电视，其执行情况如图4.6所示。政府网站呈现波浪式上升趋势，新闻发布会和政府公报在平稳中呈现先升后降的趋势，报刊、广播和电视执行变化比较平稳。从横向进行比较分析，第一梯队是政府网站，省级政府对政府网站执行要远远高于其他几种公开方式。第二梯队是新闻发布会和政府公报，这两种公开方式执行情况比较相似。第三梯队是报刊、广播和电视，省级政府对这三种公开方式执行是最低的。

图4.6 不同公开方式执行变化图（2008—2017年）

（1）差异结构分解

从前文分析已知，公开方式基尼系数在低位水平上呈现波动式下降趋势。在对公开方式结构构成进行简单描述性统计之后，本书希望从结构来源角度分析公开方式省际差异，在此引入基尼系数。由于基尼系数能够进行结构分解，可以从结构分解角度判断公开方式省际差异来源是什么，这样不仅可以测算出各子项目对公开方式基尼系数贡献率，还可以利用各子项目对公开方式基尼系数推动或阻碍作用，进一步优化不同公开方式政策执行。结果如表 4.7 所示。

表 4.7　　不同公开方式基尼系数（2008—2017 年）

年份	公开方式	政府网站	新闻发布会	政府公报	报刊	广播	电视
2008	0.2720	0.2488	0.6119	0.4380	0.7577	0.8253	0.7747
2009	0.2661	0.2836	0.4553	0.4012	0.7282	0.7103	0.7131
2010	0.2975	0.3224	0.4340	0.4264	0.7948	0.829	0.7631
2011	0.2571	0.3296	0.3884	0.3853	0.6808	0.8366	0.7751
2012	0.2965	0.3667	0.4444	0.3747	0.6785	0.7373	0.7348
2013	0.2478	0.2989	0.3651	0.4096	0.6584	0.813	0.6414
2014	0.2004	0.2441	0.4400	0.4468	0.7069	0.656	0.7302
2015	0.1975	0.2204	0.3979	0.4566	0.6218	0.8239	0.8107
2016	0.2048	0.2330	0.4339	0.4260	0.6336	0.803	0.7574
2017	0.2315	0.2868	0.4041	0.5178	0.6534	0.7274	0.7093

备注：计算公式详见第 2 章相关章节，由于篇幅有限，详细计算过程省略。

从时间上看，政府网站、新闻发布会、政府公报、报刊、广播和电视这 6 种方式基尼系数变动趋势各不相同。从横向进行比较分析，6 种方式明显分为两个梯队：第一梯队包括政府网站、新闻发布会和政府公报，基尼系数在 0.2204～0.6119 波动，基尼系数相对较低。第二梯队为报刊、广播和电视，在 0.6414～0.8366 波动，基尼系数较大。

不同方式基尼系数会对公开方式基尼系数产生影响。为了考察公开方式基尼系数构成来源，即考察政府网站、新闻发布会、政府公报、报刊、广播和电视这 6 种方式对公开方式基尼系数贡献，本书不仅测算了政府网站、新闻发布会、政府公报、报刊、广播和电视这 6 种不同方式结构比重，还根据基尼系数因子贡献率和相对集中度公式计算 6 种不同方式对公开方式基尼系数因子贡献率和相对集中度。因子贡献率反映了 6 种不同方式基尼系数对公开方式基尼系数的影响。相对集中度是用 6 种不同方式基尼系数除以公开方式基尼系数，如果值大于 1，则认为该方式基尼系数对公开方式基尼系数具有扩大效应；如果值小于 1，则认为该方式基尼系数对公开方式基尼系数具有缩小效应，结果如表 4. 8 所示。

表 4. 8　公开方式基尼系数结构比重、贡献率和相对集中度（2008—2017 年）

年份		2008	2009	2010	2011	2012	2013	2014	2015	2016	2017
结构比重（%）	政府网站	64. 45	60. 11	59. 90	60. 44	65. 20	64. 28	68. 56	70. 38	68. 58	74. 73
	新闻发布会	12. 33	16. 12	15. 58	15. 30	14. 56	15. 61	16. 78	14. 96	16. 32	13. 57
	政府公报	21. 26	22. 62	23. 08	20. 40	17. 52	16. 27	13. 44	11. 15	12. 54	8. 25
	报刊	2. 00	1. 05	1. 24	1. 96	2. 17	2. 38	1. 98	2. 10	2. 83	2. 59
	广播	1. 18	0. 68	0. 78	1. 51	1. 32	1. 59	0. 40	0. 99	0. 91	1. 07
	电视	1. 59	1. 12	1. 19	1. 92	1. 56	1. 3	1. 35	1. 96	1. 64	1. 26
贡献率（%）	政府网站	50. 7	57. 82	59. 85	70. 71	75. 85	70. 74	65. 44	73. 19	69. 35	88. 33
	新闻发布会	22. 23	15. 67	15. 36	12. 97	12. 64	11. 82	16. 2	15. 86	14. 64	4. 78
	政府公报	27. 85	26. 64	26. 34	14. 74	13. 21	15. 27	17. 34	12. 31	14. 53	8. 40
	报刊	2. 84	0. 94	1. 27	2. 66	1. 79	2. 97	3. 04	-0. 02	4. 81	0. 80
	广播	2. 23	0. 68	-0. 25	-0. 22	1. 62	1. 66	-0. 3	1. 70	-0. 70	0. 01
	电视	-0. 32	0. 18	0. 39	0. 26	-1. 89	-0. 57	1. 05	-0. 82	-0. 77	-1. 15
相对集中度	政府网站	0. 75	0. 94	0. 97	1. 16	1. 13	1. 08	0. 93	1. 02	0. 99	1. 17
	新闻发布会	1. 71	0. 95	0. 96	0. 84	0. 84	0. 74	0. 94	1. 04	0. 88	0. 35
	政府公报	1. 24	1. 16	1. 11	0. 71	0. 73	0. 92	1. 26	1. 08	1. 14	1. 01
	报刊	1. 34	0. 88	1. 00	1. 34	0. 80	1. 23	1. 49	-0. 01	1. 67	0. 31
	广播	1. 78	0. 98	-0. 31	-0. 14	1. 19	1. 03	-0. 74	1. 68	-0. 75	0. 01
	电视	-0. 19	0. 16	0. 32	0. 13	-1. 17	-0. 43	0. 76	-0. 41	-0. 46	-0. 9

备注：计算公式详见第 2 章相关章节，由于篇幅有限，详细计算过程省略。

从表 4. 8 可以看出，政府网站在公开方式中比例最高。政府网站因其承载信息能力强，不受时空限制等优点，成为政府信息公开第一大平台，是最重要且首选的公开方式和渠道。政府网站结构比重保持在 60% ~ 75%，由于其相对集中度在 2011 年、2012 年、2013 年、2015 年和 2017 年数值大于 1，使得它对公开方式基尼系数贡献率要高于其构成比重份额，2017 年贡献率高达 88. 33%，创历史最高。新闻发布会结构比重保持在 12. 33% ~ 16. 78%，但是由于其相对集中度大多数年份都小于 1，因此其贡献率从 2008 年的 22. 23% 下降到 2017 年的 4. 78%。政府公报结构比重从初始的 21. 26% 下降到 2017 年的 8. 25%，由于其相对集中度大多数年份大于 1，因此其对公开方式基尼系数贡献率相对有所提高。报刊、广播和电视结构比重加总不超过 5%，并且其相对集中度在大多数年份小于 1，导致其对公开方式基尼系数贡献率更少。值得注意的是，报刊、广播和电视相对集中系数和贡献率出现了负数，说明其对基尼系数下降有阻碍作用，这与报刊、广播和电视基尼系数增长相对应，不过由于这三者结构比重份额本来就很少，所以这种阻碍作用非常弱。综合来说，公开方式省际差异主要来源是政府网站。

（2）差异变动结构分解

通过结构分项分解，已经了解到不同方式基尼系数及其对公开方式基尼系数贡献。但这些还不够深入，本书希望了解公开方式基尼系数变动主要是由不同方式结构比重调整引起，还是由不同方式空间集聚程度变化引起，或者是由两者共同作用引起。因此为了解答这一问题，本书将两个相邻年份公开方式基尼系数变动进行分解，分解为“结构效应”“集中效应”和“综合效应”，用于寻找公开方式省际差异变动贡献来源。这一问题之所以重要是因为处理结构效应和和集中效应政策是不同的。

表4.9列出了公开方式基尼系数变动因素分析。需要对表进行说明的是，表中第2行表示的是上下两年之间公开方式基尼系数变动情况。第3行到第5行表示三类效应对公开方式基尼系数变动贡献大小和作用方向。第6行到第17行分别表示结构效应和集中效应中不同方式对公开方式基尼系数变动贡献大小和作用方向。第18行到第23行表示不同方式对公开方式基尼系数变动贡献大小和作用方向，其中不同方式贡献大小数值是由结构效应和集中效应中相对应类别贡献率加总而来。如果数值为正，则该方式对公开方式基尼系数变动起促进作用，促进作用是指当公开方式基尼系数变动为正值时，促进作用体现为扩大差异，当公开方式基尼系数变动为负值时，促进作用体现为缩小差异，反之则是阻碍作用。

表4.9　　　　公开方式基尼系数变动结构分解表（2008—2017年）

年份		2008	2009	2010	2011	2012	2013	2014	2015	2016	2017
ΔG		—	-0.006	0.031	-0.040	0.039	-0.049	-0.047	-0.003	0.007	0.027
ΔG结构分解（%）	结构效应	—	-52	1	13	17	2	-6	134	32	-13
	集中效应	—	95	100	97	80	97	108	13	25	80
	综合效应	—	57	-1	-10	3	2	-2	-48	43	32
结构效应（%）	政府网站	—	59	-2	-3	31	6	-25	-84	-55	50
	新闻发布会	—	-118	-4	2	-3	-5	-5	85	42	-20
	政府公报	—	-31	4	20	-12	5	14	144	45	-40
	报刊	—	23	1	-5	2	-1	3	-9	0	-3
	广播	—	16	1	2	0	-2	7	22	-4	-1
	电视	—	-2	0	-2	0	-2	0	-23	4	1

续表

年份		2008	2009	2010	2011	2012	2013	2014	2015	2016	2017
集中效应（%）	政府网站	—	-172	71	-4	58	88	112	-233	18	178
	新闻发布会	—	182	16	25	13	19	-2	-64	-57	-65
	政府公报	—	58	17	76	17	-3	-9	132	32	-1
	报刊	—	19	2	-1	-4	-3	0	148	109	-30
	广播	—	19	-7	-1	13	3	14	-48	-73	6
	电视	—	-10	2	2	-16	-7	-7	78	-4	-7
对 ΔG 贡献率（%）	政府网站	—	-113	69	-8	89	94	87	-318	-37	227
	新闻发布会	—	64	12	27	10	14	-7	21	-15	-84
	政府公报	—	27	21	96	5	2	5	275	77	-40
	报刊	—	42	3	-6	-3	-4	3	139	109	-34
	广播	—	35	-6	1	13	1	21	-26	-77	5
	电视	—	-11	2	0	-17	-9	-7	55	0	-6

备注：计算公式详见第 2 章相关章节，由于篇幅有限，详细计算过程省略。

从表 4.9 可以看出，2009 年、2011 年、2013—2015 年公开方式基尼系数变动为负，2010 年、2012 年、2016 年和 2017 年公开方式基尼系数变动为正，总体分析这 10 年来公开方式省际差异存在小幅下降趋势。从公开方式基尼系数变动子项目贡献构成上看，2008—2010 年和 2012—2014 年政府网站贡献占主导地位，2011 年政府公报贡献占主导地位，2015 年政府网站和政府公报共同占主导地位，2016 年报刊贡献占主导地位，2017 年依然是政府网站占主导地位。虽然政府网站对公开方式基尼系数贡献率在所有年份中占有绝对地位，但在公开方式基尼系数变动中，政府公报和报刊在一些年份也起着重要作用，说明公开方式基尼系数与基尼系数变动主要来源是不同的，这也在一定程度上反映了基尼系数变动分解重要意义。从引起公开方式基尼系数变动效应分析，可以发现：

集中效应在公开方式基尼系数变动结构分解贡献率中占据绝对主导地位，是引起公开方式基尼系数变动的最主要原因。除了 2015 年和 2016 年结构效应大于集中效应以外，其他年份集中效应大于结构效应，且其贡献率均为正，说明不论公开方式基尼系数是上升还是下降，不同方式空间集聚程度变化对公开方式基尼系数变动都起着促进作用。

在结构效应上，2009 年、2014 年和 2017 年结构效应贡献率数值为负，即结构比重调整阻碍了公开方式基尼系数变动，其余年份结构比重调整扩大了公开方式基尼系数变动。在结构效应中，政府网站、新闻发布会和政府公报结构比重调整对公开方式基尼系数变动起着重要影响。

在集中效应上，2008—2014 年对公开方式基尼系数变动贡献比较大是政府网站、新闻发布会和政府公报，2015—2017 年对公开方式基尼系数变动贡献比较大是政府网站、新闻发布会和报刊。2008—2017 年，政府网站和新闻发布会空间集聚程度变化对公开方式基尼系数变动起着主要贡献作用。

综上所述，影响公开方式省际差异变动结构性因素主要是集中效应，具体来说政府网站和新闻发布会空间集聚程度变化促进了公开方式总基尼系数缩小。因此如果要降低公开方式省际差异，中央政府应该考虑调整政府网站和新闻发布会空间分布不均衡问题。

4.3.2.2 公开场所差异及其变动

政府信息公开场所包括公共图书馆、国家档案馆、公共查阅室和资料索取点，其政策执行如图 4.7 所示。从时间上看，公共图书馆、国家档案馆、公共查阅室和资料索取点政策执行整体呈现先上升后下降的趋势。从横向上进行对比，4 个场所政策执行排序为公共查阅点 > 国家档案馆 ≈ 资料索取点 > 公共图书馆。公共查阅点政策执行在 2015 年以前其政策执行远远高于其他 3 个场所，在 2015 年出现了明显下降，和其他 3 个公开场所差距明显缩小。

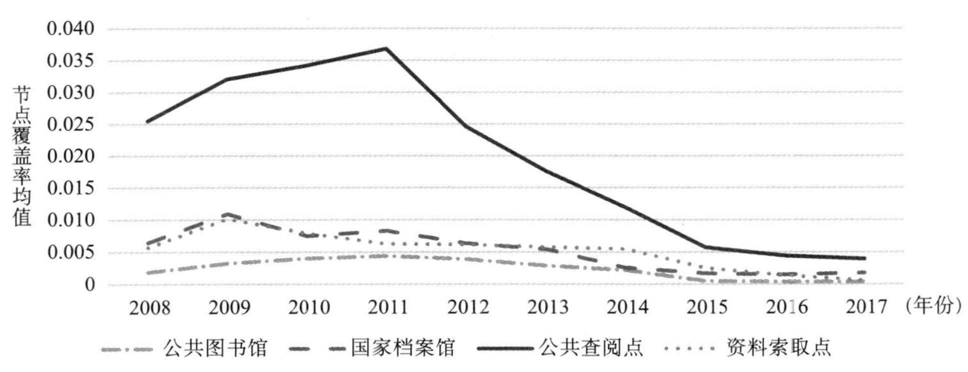

图 4.7 不同公开场所执行变化图（2008—2017 年）

（1）差异结构分解

从前文分析已知，公开场所基尼系数整体呈现先下降后上升“U”形趋势，这一趋势变化形成原因在于子项目结构贡献。在对公开场所结构子项目政策执行变化进行简单描述性统计之后，本书深入分析公开场所省际差异来源，在此引入基尼系数。由于基尼系数能够进行结构分解，可以从结构分解角度判断公开场所省际差异来源是什么，这样不仅可以测算出各子项目对公开场所基尼系数贡献率，还可以利用各子项目对公开场所基尼系数推动或阻碍作用，优化不同公开场所政策执行。

从表 4.10 可以看出，公共图书馆、国家档案馆、公共查阅室和资料索取点这 4 个场所基尼系数在高位水平上波动式增加。2008—2017 年，公共图书馆基尼系数从

0.5460 增加到 0.8187，增长率为 49.95%。公共图书馆基尼系数从 0.6738 增加到 0.8785，增长率为 30.38%。公共查阅点基尼系数从 0.4458 增加到 0.7701，增长率为 72.75%。资料索取点基尼系数从 0.7146 增加到 0.9250，增长率为 29.44%。省际差异从大到小排序为资料索取点 > 国家档案馆 > 公共图书馆 > 公共查阅点。

表 4.10　　不同公开场所基尼系数（2008—2017 年）

年份	公开场所	公共图书馆	国家档案馆	公共查阅点	资料索取点
2008	0.4204	0.5460	0.6738	0.4458	0.7146
2009	0.3652	0.6305	0.6238	0.4215	0.6363
2010	0.3385	0.7163	0.6932	0.4295	0.6984
2011	0.2884	0.7743	0.7019	0.3658	0.7028
2012	0.3907	0.7384	0.7322	0.4751	0.6019
2013	0.5067	0.7272	0.7775	0.6102	0.6438
2014	0.5963	0.7953	0.8081	0.6623	0.8317
2015	0.5995	0.7880	0.8552	0.6162	0.8440
2016	0.6581	0.7893	0.8848	0.7753	0.8148
2017	0.7049	0.8187	0.8785	0.7701	0.9250

备注：计算公式详见第 2 章相关章节，由于篇幅有限，详细计算过程省略。

为了考察公开场所省际差异来源，即考察公共图书馆、国家档案馆、公共查阅室和资料索取点这 4 个场所对公开场所基尼系数贡献，结果如表 4.11 所示。本书不仅测算了公共图书馆、国家档案馆、公共查阅室和资料索取点这 4 个场所结构比重，还根据基尼系数因子贡献率和相对集中度公式计算 4 个场所对公开场所基尼系数因子贡献率和相对集中度。因子贡献率反映了 4 个场所基尼系数对公开场所基尼系数影响。相对集中度是用 4 个场所基尼系数除以总基尼系数，如果值大于 1，则认为该场所对公开场所省际差异具有扩大效应；如果值小于 1，则认为该场所对公开场所省际差异具有缩小效应。

表 4.11　公开场所基尼系数结构比重、贡献率和相对集中度（2008—2017 年）

年份		2008	2009	2010	2011	2012	2013	2014	2015	2016	2017
结构比重（%）	公共图书馆	5.61	7.03	8.97	9.75	11.47	11.91	11.34	5.46	5.80	6.06
	国家档案馆	19.35	23.66	16.85	18.36	18.73	22.37	13.37	18.57	21.79	29.71
	公共查阅点	76.83	69.81	77.17	81.76	73.02	72.69	61.92	62.83	64.22	65.13
	资料索取点	17.14	21.98	17.81	13.90	18.18	23.75	28.24	27.71	20.17	9.79

续表

年份		2008	2009	2010	2011	2012	2013	2014	2015	2016	2017
贡献率（%）	公共图书馆	2.87	5.69	15.31	22.07	18.74	14.86	11.16	5.93	5.56	5.56
	国家档案馆	17.70	31.43	22.94	23.60	24.11	29.26	10.88	21.99	24.00	33.60
	公共查阅点	76.08	73.51	83.78	89.75	79.78	80.55	61.03	54.00	68.58	61.15
	资料索取点	16.60	19.08	12.53	8.87	9.14	20.30	32.65	34.71	14.98	10.02
相对集中度	公共图书馆	0.51	0.81	1.71	2.26	1.63	1.25	0.98	1.09	0.96	0.92
	国家档案馆	0.91	1.33	1.36	1.29	1.29	1.31	0.81	1.18	1.10	1.13
	公共查阅点	0.99	1.05	1.09	1.10	1.09	1.11	0.99	0.86	1.07	0.94
	资料索取点	0.97	0.87	0.70	0.64	0.50	0.85	1.16	1.25	0.74	1.02

备注：计算公式详见第 2 章相关章节，由于篇幅有限，详细计算过程省略。

从表 4.11 可以看出，不管是结构比重还是贡献率，公共查阅点都占据绝对地位。公共查阅点贡献率比例在 54%～89.75%，其次为公共图书馆、资料索取点和公共图书馆，并且国家档案馆贡献率明显增加，从 2008 年的 17.7% 上升到 2017 年的 33.6%。从相对集中度数值分析，不同场所在不同年份都存在大于或者小于 1 的情况，但是对于贡献率顺序变化并没有产生本质性影响。从这一分析可以看出，公共查阅点是构成公开场所省际差异的主要来源。

（2）差异变动结构分解

通过结构分项分解，可以了解到不同场所基尼系数对公开场所基尼系数贡献。但这些还不够深入，本书希望了解公开场所省际差异变动主要是由不同场所结构比重调整引起，还是由不同场所空间集聚程度变化引起或者是由二者共同作用引起。为了解答这一问题，本书将两个相邻年份公开场所基尼系数变动进行分解，分解为“结构效应”“集中效应”和“综合效应”，用于寻找公开场所省际差异变动主要来源。这一问题之所以重要是因为处理结构效应和集中效应政策是不同的。

表 4.12 列出了公开场所基尼系数变动因素分析。需要对表进行说明的是，表中第 2 行表示上下两年之间公开场所基尼系数变动情况。第 3 行到第 5 行表示三类效应对公开场所基尼系数变动贡献大小和作用方向。第 6 行到第 13 行分别表示结构效应和集中效应中不同场所对公开场所基尼系数变动贡献大小和作用方向。第 14 行到第 17 行表示不同场所对公开场所基尼系数变动贡献大小和作用方向，其中不同场所贡献大小数值是由结构效应和集中效应中相对应类别贡献率加总而来。如果数值为正，则该场所对公开场所基尼系数变动起促进作用，促进作用是指当基尼系数变动为正值时，促进作用体现为扩大差异；当基尼系数变动为负值时，促进作用体现为缩小差异，反之则是阻碍作用。

从表 4.12 可以看出，2008—2011 年公开场所基尼系数变动为负，说明省际差异在降低，2012—2017 年基尼系数变动为正，说明省际差异开始扩大，总体分析这 10 年来公开场所省际差异呈现先下降后增加趋势。从公开场所基尼系数变动的不同类别贡献构成上看，2009 年、2011—2013 年公共查阅点贡献占主导地位，对公开场所基尼系数变动起着促进作用，2010 年、2014—2015 年和 2017 年国家档案馆贡献占主导地位，对公开场所基尼系数变动起着促进作用，2016 年公共查阅点和资料索取点共同占主导地位。说明公开场所基尼系数构成与基尼系数变动主要推动力是不同的，这也在一定程度上反映了基尼系数变动分解的重要意义。从引起公开场所基尼系数变动的效应分析，可以发现：

表 4.12　　公开场所基尼系数变动结构分解表（2008—2017 年）

年份		2008	2009	2010	2011	2012	2013	2014	2015	2016	2017
ΔG		—	-0.055	-0.027	-0.050	0.102	0.116	0.090	0.003	0.059	0.047
ΔG 结构分解（%）	结构效应	—	-213	50	-49	-7	15	189	-146	-63	33
	集中效应	—	335	62	147	110	83	-63	191	120	85
	综合效应	—	-22	-12	2	-3	3	-26	55	42	-18
结构效应（%）	公共图书馆	—	-64	-24	-12	11	1	7	-665	6	4
	国家档案馆	—	-349	136	-18	1	9	108	486	59	131
	公共查阅点	—	615	-117	-43	-26	-1	109	103	18	15
	资料索取点	—	-414	54	24	8	5	-35	-70	-145	-115
集中效应（%）	公共图书馆	—	-95	-82	-17	-1	0	10	141	-3	2
	国家档案馆	—	-409	24	39	23	14	72	579	7	36
	公共查阅点	—	514	49	101	86	48	-35	-864	302	-60
	资料索取点	—	325	71	25	2	21	-110	335	-186	107
对 ΔG 贡献率（%）	公共图书馆	—	-159	-105	-29	9	1	16	-523	3	6
	国家档案馆	—	-758	160	21	25	23	180	1065	66	166
	公共查阅点	—	1128	-68	57	60	47	75	-761	321	-45
	资料索取点	—	-89	126	49	9	26	-145	265	-332	-9

备注：计算公式详见第 2 章相关章节，由于篇幅有限，详细计算过程省略。

除了 2014 年结构效应占主导地位以外，其他年份集中效应对公开场所基尼系数变动贡献率占据绝对地位，是引起公开场所基尼系数变动的主要原因，且其贡献率均为正数，说明除了 2014 年以外，不论公开场所基尼系数是上升还是下降，不同场所空间集聚程度变化对公开场所基尼系数变动都是起着促进作用。

在结构效应中，大多数年份公共查阅点对公开场所基尼系数变动起着最主要作用，促进了公开场所基尼系数变动。2014 年和 2015 年公共图书馆和国家档案馆结构调整对公开场所基尼系数变动起着重要作用，公共图书馆结构调整阻碍了公开场所基尼系数扩大，国家档案馆结构调整促进了公开场所基尼系数扩大。

在集中效应中，公共查阅点在不同年份对于公开场所基尼系数变动都起着主要影响，并且公共查阅点空间集聚程度变化对公开场所基尼系数变动主要起着促进作用。

综上所述，影响公开场所省际差异变动的结构性因素主要是集中效应。具体来说，除 2014 年外，公开场所基尼系数变动主要是由集中效应引起，其中在多数年份公共查阅点空间集聚程度变化对公开场所基尼系数变动有更大贡献率。因此如果要降低公开场所省际差异，中央政府应该考虑调整公共查阅点空间分布不均衡问题。

4.3.2.3 公开设备差异及其变动

政府信息公开设备包括信息公告栏和电子信息屏，其政策执行如图 4.8 所示。信息公告栏和电子信息屏政策执行呈现波动式变化曲线，并且在大多数年份里电子信息屏政策执行要高于信息公告栏。

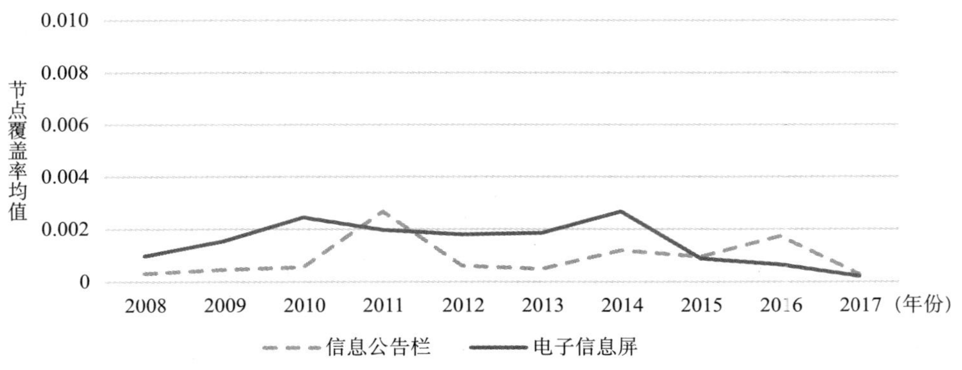

图 4.8 不同公开设备执行变化图（2008—2017 年）

（1）差异结构分解

从前文分析已知，公开设备基尼系数整体呈现波动式上升趋势，这一趋势变化形成原因在于子项目结构贡献。在对不同设备政策执行变化进行简单描述性统计之后，本书希望探讨公开设备省际差异来源，在此引入基尼系数。由于基尼系数能够进行结构分解，可以从结构分解角度判断公开设备省际差异来源是什么，这样不仅可以测算出各子项目对公开设备基尼系数贡献率，还可以利用各子项目对公开设备基尼系数的推动或阻碍作用，优化不同设备的政策执行。结果如表 4.13 所示。

表 4.13　　不同公开设备基尼系数（2008—2017 年）

年份	公开设备	信息公告栏	电子信息屏
2008	0.6012	0.7760	0.6541
2009	0.7192	0.7835	0.7655
2010	0.7567	0.7508	0.8077
2011	0.7515	0.8331	0.7884
2012	0.646	0.6995	0.7645
2013	0.7373	0.799	0.8432
2014	0.7531	0.8452	0.8231
2015	0.7614	0.795	0.8799
2016	0.7635	0.8376	0.8241
2017	0.8333	0.8730	0.8433

备注：计算公式详见第 2 章相关章节，由于篇幅有限，详细计算过程省略。

从表 4.13 可以看出信息公告栏和电子信息屏基尼系数变化趋势。信息公告栏和电子信息屏基尼系数处于高位水平，并呈现波动式上升趋势。2008—2017 年，信息公告栏基尼系数从 0.7760 增加到 0.8730，增长率为 12.50%，电子信息屏基尼系数从 0.6541 增加到 0.8433，增长率为 28.93%。信息公告栏基尼系数大于电子信息屏基尼系数。

为了考察公开设备省际差异来源，即考察信息公告栏和电子信息屏这两个设备对公开设备基尼系数影响，本书不仅测算了信息公告栏和电子信息屏这两个设备结构比重，还根据基尼系数因子贡献率和相对集中度公式计算不同设备对公开设备基尼系数因子贡献率和相对集中度。因子贡献率反映了不同设备基尼系数对公开设备基尼系数的影响。相对集中度是不同设备基尼系数分别除以公开设备基尼系数，如果值大于 1，则认为该设备对公开设备省际差异具有扩大效应；如果值小于 1，则认为该设备对公开设备省际差异具有缩小效应。结果如表 4.14 所示。

表 4.14　公开设备基尼系数结构比重、贡献率和相对集中度（2008—2017 年）

年份	结构比重（%）		贡献率（%）		相对集中度	
	信息公告栏	电子信息屏	信息公告栏	电子信息屏	信息公告栏	电子信息屏
2008	25.48	77.75	22.35	80.53	0.8773	1.0355
2009	22.93	78.12	18.29	81.90	0.7977	1.0484
2010	19.17	84.17	13.97	89.13	0.7288	1.0590
2011	57.91	42.75	60.24	40.15	1.0403	0.9392
2012	25.32	75.96	15.99	85.29	0.6314	1.1230
2013	20.81	79.19	11.98	88.02	0.5758	1.1114
2014	30.74	69.26	27.35	72.65	0.8895	1.0489
2015	51.80	48.20	48.54	51.46	0.9371	1.0677
2016	72.68	27.32	76.50	23.50	1.0527	0.8598
2017	58.09	41.91	60.72	39.28	1.0453	0.9371

备注：计算公式详见第 2 章相关章节，由于篇幅有限，详细计算过程省略。

从表 4. 14 可以看出，2008—2017 年，信息公告栏结构比重和贡献率从 20% 左右增加到 60% 左右，电子信息屏结构比重和贡献率从 80% 左右下降到 40% 左右。公开设备基尼系数主要贡献来源从电子信息屏向信息公告栏转变。从相对集中度数值进行分析，不同设备在不同年份都存在大于或者小于 1 的情况，但是对于贡献率变化并没有产生本质性影响。

（2）差异变动结构分解

通过结构分项分解，可以了解到不同设备对公开设备基尼系数贡献。但这些还不够深入，本书希望了解公开设备省际差异变动主要是由不同设备结构比重调整引起，还是由不同设备空间集聚程度变化引起，或者是由两者共同作用引起。因此为了解答这一问题，本书将两个相邻年份公开设备基尼系数变动进行分解，分解为“结构效应”“集中效应” 和 “综合效应”，用于寻找公开设备省际差异变动主要来源。这一问题之所以重要是因为处理结构效应和和集中效应政策是不同的。

表 4. 15 列出了公开设备基尼系数变动因素分析。需要对表进行说明的是，表中第二行表示上下两年之间公开设备基尼系数变动情况。第 3 行到第 5 行表示三类效应对公开设备基尼系数变动贡献大小和作用方向。第 6 行到第 9 行分别表示结构效应和集中效应中不同设备对公开设备基尼系数变动的贡献大小和作用方向。第 10 行、第 11 行表示不同设备对公开设备基尼系数变动的贡献大小和作用方向，其中不同设备贡献大小数值是由结构效应和集中效应中相对应类别贡献率加总而来。如果数值为正，则该设备对公开设备基尼系数变动起促进作用，促进作用是指当基尼系数变动为正值时，促进作用体现为扩大差异；当基尼系数变动为负值时，促进作用体现为缩小差异，反之则是阻碍作用。

表 4. 15　　公开设备基尼系数变动结构分解表（2008—2017 年）

年份		2008	2009	2010	2011	2012	2013	2014	2015	2016	2017
ΔG		—	0. 118	0. 038	-0. 005	-0. 106	0. 091	0. 016	0. 008	0. 002	0. 070
ΔG 结构分解（%）	结构效应	—	-11	40	460	20	6	-248	-301	-995	-31
	集中效应	—	112	53	141	208	91	175	349	-1374	119
	综合效应	—	-1	6	-500	-128	3	173	52	2468	12
结构效应（%）	信息公告栏	—	-13	-36	-830	254	-22	267	1679	7139	-168
	电子信息屏	—	2	77	1290	-234	28	-515	-1980	-8134	137
集中效应（%）	信息公告栏	—	12	-9	-172	216	5	323	160	2240	70
	电子信息屏	—	100	62	312	-8	86	-148	190	-3614	49
对 ΔG 贡献率（%）	信息公告栏	—	-2	-45	-1002	471	-17	590	1839	9379	-98
	电子信息屏	—	102	139	1602	-242	114	-663	-1790	-11747	186

备注：计算公式详见第 2 章相关章节，由于篇幅有限，详细计算过程省略。

从表4.15可以看出，除了2011年和2012年公开设备基尼系数变动为负以外，2009—2010年、2013—2017年公开设备基尼系数变动为正，总体分析，公开设备省际差异呈现波动式上升趋势。从公开设备基尼系数变动的不同子项目贡献构成上看，信息公告栏和电子信息屏对公开设备基尼系数变动作用方向相反。除2012年和2015年信息公告栏贡献占主导以外，电子信息屏贡献在大多数年份占主导地位。说明公开设备基尼系数构成与基尼系数变动主要推动力是不同的，这也在一定程度上反映了基尼系数变动分解的意义。

从引起公开设备基尼系数变动的效应分析，可以发现：除了2011年结构效应大于集中效应外，其他年份集中效应大于结构效应，集中效应在公开设备基尼系数变动贡献率中占据绝对主导地位，是引起公开设备基尼系数变动最重要原因。

在结构效应中，每年信息公告栏和电子信息屏结构调整的影响水平差异不大，两者仅在2011年、2015—2016年经历了比较大的结构比重调整。2011年信息公告栏结构比重调整阻碍了公开设备基尼系数变动，电子信息屏结构比重调整促进了公开设备基尼系数变动。2015—2016年信息公告栏结构比重调整促进了公开设备基尼系数变动，电子信息屏结构比重调整阻碍了公开设备基尼系数变动。

在集中效应中，2008—2011年电子信息屏对公开设备基尼系数变动影响比较大，电子信息屏空间集聚程度变化起着促进作用。2012—2014年信息公告栏对公开设备基尼系数变动影响比较大，信息公告栏空间集聚程度变化起着促进作用。2015—2017年两者共同对公开设备基尼系数变动起促进作用。

综上所述，影响公开场所省际差异变动结构性因素主要是集中效应，在集中效应中，经历了从电子信息屏主导（2008—2011年）>信息公告栏主导（2012—2014年）>电子信息屏和信息公告栏（2015—2017年）共同主导的过程。因此如果要降低公开设备省际差异，中央政府需要考虑调整信息公告栏和电子信息屏在空间集聚程度上的不平衡。

4.3.3 政务新媒体主导非规定渠道差异变动

从前文分析可知，虽然非规定渠道对公开渠道省际差异贡献率不大，但对省际差异变动有着很大贡献，因此有必要对非规定渠道基尼系数进行结构分解研究。非规定渠道包括政务微博、政务微信、电话热线平台、移动客户端、短信平台、便民手册、新闻媒体、听证会、政府信箱和行政服务中心共10种。从时间维度上看，2008—2012年非规定渠道种类在不断增加。2008年省级政府在执行《条例》规定的公开方式、公开场所和公开设备基础上，行使行政自由裁量权采取了听证会、便民手册、电话热线平台、短信平台、新闻媒体、政府信箱和行政服务中心共7种渠道，2009年增加了移动客户端，2010年增加了政务微博，2012年增加了政务微信，至此非规定渠道种类稳定下来。

非规定渠道政策执行如图 4.9 所示。行政服务中心政策执行从初始高位水平不断下降，新闻媒体政策执行从低位水平持续增加。政务微博和政务微信政策执行起点不同，但都经历了从无到有的快速增长然后下降过程，2017 年两者政策执行保持在同一水平上。电话热线平台也是省级政府信息公开执行中相对比较偏好的一种公开渠道。移动客户端、短信平台、政府信箱、便民手册和听证会几种渠道政策执行一直稳定保持在低位水平。

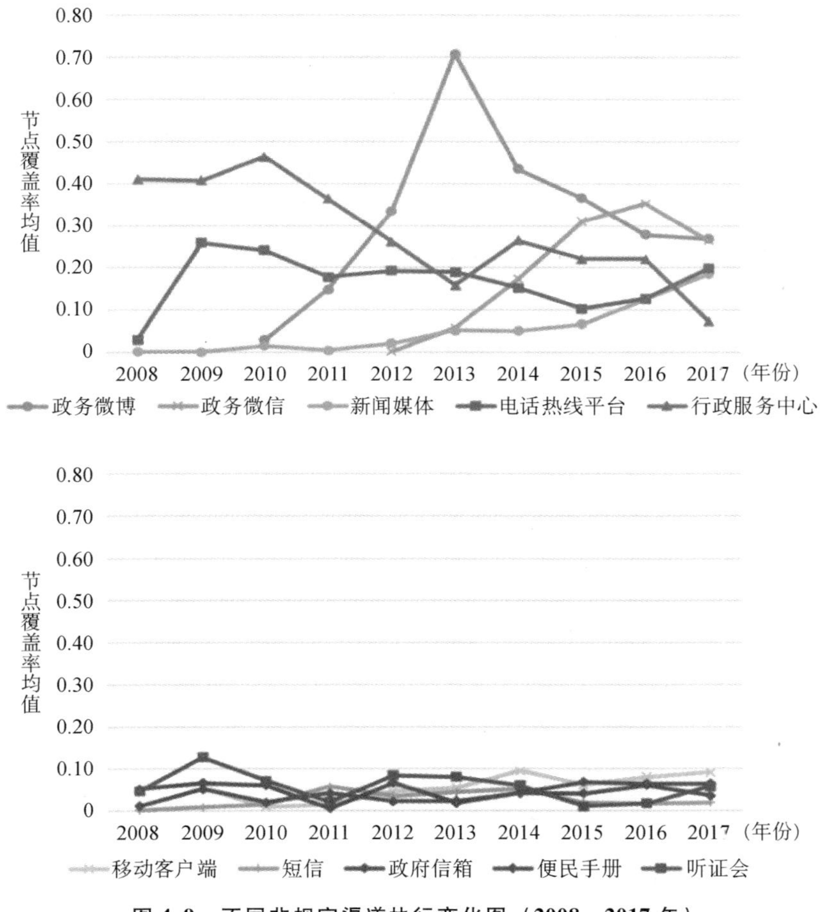

图 4.9　不同非规定渠道执行变化图（2008—2017 年）

（1）差异结构分解

从前文分析已知，非规定渠道省际差异呈现明显下降趋势，这一趋势变化形成原因在于子项目结构贡献。在对不同非规定渠道政策执行变化进行简单描述性统计之后，本书希望探讨非规定渠道省际差异来源，在此引入基尼系数。由于基尼系数能够进行结构分解，可以从结构分解角度判断非规定渠道省际差异来源是什么，这样不仅可以测算出各子项目对非规定渠道基尼系数贡献率，还可以利用各子项目对非规定渠道基尼系数的推动或阻碍作用，优化不同非规定渠道政策执行。

从表 4.16 可以看出，非规定渠道不同子项目基尼系数变动可以分为两类。一类是基尼系数变动呈现平稳下降趋势，包括政务微博、政务微信和新闻媒体，当然下降幅度各有不同。政务微博基尼系数从 2010 年的 0.940 下降到 2017 年的 0.470，增长率为 -50.00%。政务微信基尼系数从 2012 年的 0.968 下降到 2017 年的 0.403，增长率为 -58.37%。新闻媒体基尼系数从 2008 年的 0.964 下降到 2017 年的 0.520，增长率为 -46.06%。另一类是基尼系数在高位水平上保持平稳，10 年几乎没有什么变化，包括移动客户端、电话热线平台、短信平台、便民手册、听证会、政府信箱和行政服务中心，这些非公开渠道基尼系数始终保持在 0.7 以上，最高高达 0.97。

表 4.16　　不同非规定渠道基尼系数（2008—2017 年）

年份	2008	2009	2010	2011	2012	2013	2014	2015	2016	2017
非规定渠道	0.693	0.486	0.565	0.580	0.405	0.327	0.257	0.351	0.327	0.270
政务微博	—	—	0.940	0.772	0.699	0.503	0.439	0.465	0.416	0.470
政务微信	—	—	—	—	0.968	0.792	0.628	0.457	0.363	0.403
新闻媒体	0.964	0.968	0.968	0.968	0.866	0.883	0.797	0.722	0.682	0.520
移动客户端	—	0.915	0.919	0.943	0.932	0.818	0.780	0.737	0.806	0.715
电话热线平台	0.905	0.702	0.774	0.778	0.763	0.709	0.712	0.731	0.767	0.715
短信平台	0.948	0.910	0.857	0.862	0.849	0.827	0.815	0.856	0.896	0.855
政府信箱	0.857	0.855	0.905	0.933	0.932	0.874	0.787	0.827	0.883	0.916
便民手册	0.893	0.879	0.885	0.851	0.778	0.802	0.852	0.864	0.833	0.859
听证会	0.898	0.884	0.907	0.923	0.782	0.833	0.844	0.940	0.893	0.813
行政服务中心	0.791	0.681	0.726	0.771	0.756	0.704	0.690	0.748	0.654	0.821

备注：移动客户端在 2009 年开始使用，政务微博在 2010 年开始使用，政务微信在 2012 年开始使用；计算公式详见第 2 章相关章节，由于篇幅有限，详细计算过程省略。

由于各子项目对非规定渠道基尼系数贡献不仅受到其自身基尼系数大小的影响，还受各子项目比重的影响。为了考察非规定渠道基尼系数来源，即考察子项目结构对非规定渠道基尼系数的影响，本书不仅测算了非规定渠道不同子项目结构比重，还根据基尼系数因子贡献率和相对集中度公式计算不同子项目对非规定渠道基尼系数因子贡献率和相对集中度。因子贡献率反映了不同子项目基尼系数对非规定渠道基尼系数的影响。相对集中度是用子项目基尼系数除以非规定渠道基尼系数，如果值大于1，则认为该子项目对非规定渠道省际差异具有扩大效应；如果值小于1，则认为该子项目对非规定渠道省际差异具有缩小效应。

从表4.17中可以看出，在结构比重上，政务微博、政务微信、新闻媒体和电话热线平台结构比重在增加，2017年总和达到75%以上，行政服务中心比重则从2008年的74.24%下降到2017年的6.08%。对相对集中度数值进行分析发现，不同子项目在不同年份都存在大于或者小于1的情况，但是对于贡献率变化影响并没有产生本质性差异，除移动客户端这一公开渠道外。移动客户端结构比重一直在5%左右波动，但由于其相对集中度在2012年以后数值大于1，对总基尼系数变动产生扩大效应，因此其贡献率在2017年增加到13.36%。综上所述，非规定渠道基尼系数主要来源从行政服务中心向政务微博、政务微信、新闻媒体、移动客户端和电话热线平台转变。

表4.17　非规定渠道基尼系数结构比重、贡献率和相对集中度（2008—2017年）

	年份	2008	2009	2010	2011	2012	2013	2014	2015	2016	2017
结构比重（%）	政务微博	—	—	3.25	18.11	31.77	51.21	32.05	30.72	21.77	22.36
	政务微信	—	—	—	—	0.10	4.18	12.70	26.05	27.53	22.09
	新闻媒体	0.27	0.06	1.68	0.51	1.96	3.75	3.74	5.53	9.75	15.30
	移动客户端	—	5.62	1.07	1.73	4.48	4.00	7.00	5.17	6.27	7.63
	电话热线平台	5.31	26.55	26.97	21.74	18.33	13.69	11.22	8.60	9.84	16.51
	短信平台	0.27	0.84	1.76	7.10	3.31	3.20	3.84	1.60	1.29	1.58
	政府信箱	9.33	6.84	6.77	0.63	6.31	1.34	3.15	3.49	4.73	3.04
	便民手册	2.03	5.28	2.29	5.13	2.12	1.71	3.07	5.75	5.04	5.34
	听证会	8.55	13.11	7.93	2.56	8.05	5.85	4.46	0.87	1.34	4.79
	行政服务中心	74.24	41.77	51.59	44.49	24.94	11.43	19.56	18.58	17.24	6.08
贡献度（%）	政务微博	—	—	3.30	15.34	27.10	61.85	21.03	27.45	13.75	12.27
	政务微信	—	—	—	—	0.00	6.90	15.43	23.47	16.89	6.34
	新闻媒体	0.15	0.00	1.92	0.23	2.68	1.10	-0.42	0.20	10.41	12.92
	移动客户端	—	4.46	0.43	1.10	7.18	4.45	2.65	6.33	10.93	13.36
	电话热线平台	4.27	25.32	26.14	21.10	20.03	20.31	19.37	13.51	15.65	26.21
	短信平台	0.08	0.85	1.85	6.30	-0.16	1.42	-3.00	-0.63	-0.44	1.45
	政府信箱	5.73	0.90	3.32	0.77	6.05	0.32	-0.23	5.15	7.78	2.69
	便民手册	1.08	1.31	2.17	3.05	0.38	-1.23	2.88	5.09	6.54	4.98
	听证会	6.33	19.65	6.73	2.50	6.47	0.19	9.26	0.03	1.62	5.08
	行政服务中心	82.35	47.63	59.64	52.93	32.80	5.03	33.18	25.09	21.27	4.99

续表

年份		2008	2009	2010	2011	2012	2013	2014	2015	2016	2017
相对集中度	政务微博	—	—	1.02	0.85	0.85	1.21	0.66	0.89	0.63	0.55
	政务微信	—	—	—	—	0.00	1.65	1.22	0.90	0.61	0.29
	新闻媒体	0.57	0.00	1.14	0.44	1.37	0.29	-0.11	0.04	1.07	0.84
	移动客户端	—	0.79	0.40	0.64	1.60	1.11	0.38	1.23	1.74	1.75
	电话热线平台	0.80	0.95	0.97	0.97	1.09	1.48	1.73	1.57	1.59	1.59
	短信平台	0.29	1.00	1.05	0.89	-0.05	0.44	-0.78	-0.39	-0.34	0.92
	政府信箱	0.61	0.13	0.49	1.23	0.96	0.24	-0.07	1.48	1.64	0.88
	便民手册	0.53	0.25	0.95	0.60	0.18	-0.72	0.94	0.88	1.30	0.93
	听证会	0.74	1.50	0.85	0.98	0.80	0.03	2.08	0.04	1.21	1.06
	行政服务中心	1.11	1.14	1.16	1.19	1.32	0.44	1.70	1.35	1.23	0.82

备注：计算公式详见第2章相关章节，由于篇幅有限，详细计算过程省略。

（2）差异变动结构分解

通过结构分项分解，可以了解到不同子项目对非规定渠道基尼系数省际差异的贡献。但这些还不够深入，本书希望了解非规定渠道省际差异，主要是由结构比重调整引起，还是由各种非规定渠道空间集聚程度变化引起，或者是由两者共同作用引起。因此为了解答这一问题，本书将两个相邻年份非规定渠道基尼系数变动进行分解，分解为“结构效应”“集中效应”和“综合效应”，用于寻找省际差异变动的主要因素。这一问题之所以重要是因为处理结构效应和和集中效应政策是不同的。

表4.18列出了非规定渠道基尼系数变动因素分析。需要对表进行说明的是，表中第2行表示上下两年之间非规定渠道基尼系数变动情况。第3行到第5行表示三类效应对非规定渠道基尼系数变动贡献大小和作用方向。第6行到第25行分别表示结构效应和集中效应中不同子项目对非规定渠道基尼系数变动贡献大小和作用方向。第26行到第35行表示不同子项目对非规定渠道基尼系数变动贡献大小和作用方向，其中不同子项目贡献大小数值是由结构效应和集中效应中相对应的类别贡献率加总而来，如果数值为正，则该子项目对非规定渠道基尼系数变动起促进作用，促进作用是指当基尼系数变动为正值时，促进作用体现为扩大差异；当基尼系数变动为负值时，促进作用体现为缩小差异，反之则是阻碍作用。

表 4.18　　非规定渠道基尼系数变动结构分解表（2008—2017 年）

年份		2008	2009	2010	2011	2012	2013	2014	2015	2016	2017
ΔG		—	-0.206	0.079	0.015	-0.175	-0.078	-0.070	0.095	-0.025	-0.057
ΔG 结构分解（%）	结构效应	—	52	2	258	17	52	28	11	42	-13
	集中效应	—	90	55	1415	96	161	123	79	141	128
	综合效应	—	-41	44	-1573	-13	-113	-51	10	-83	-15
结构效应（%）	政务微博	—	0	0	2610	-36	-77	107	-2	92	-1
	政务微信	—	0	0	0	0	0	-65	36	-15	11
	新闻媒体	—	0	0	-231	-2	-11	0	0	-2	-20
	移动客户端	—	0	-16	46	-6	4	-15	-2	-16	-8
	电话热线平台	—	-57	2	-876	10	23	17	-10	-22	-36
	短信平台	—	-1	4	968	11	0	-1	4	-1	0
	政府信箱	—	5	0	-520	-22	22	-2	0	-21	9
	便民手册	—	-6	-3	466	6	0	5	6	7	-1
	听证会	—	-11	-35	-787	-17	8	0	-17	0	-14
	行政服务中心	—	121	50	-1418	73	82	-17	-4	21	46
集中效应（%）	政务微博	—	0	0	-83	14	-18	164	41	109	13
	政务微信	—	0	0	0	0	-1	13	1	99	35
	新闻媒体	—	1	0	-199	-1	10	7	1	-61	12
	移动客户端	—	0	-8	47	-3	15	15	20	-24	6
	电话热线平台	—	2	20	126	14	-9	8	11	9	9
	短信平台	—	0	1	-42	21	-6	16	2	-1	-5
	政府信箱	—	16	13	905	1	22	2	15	-2	15
	便民手册	—	2	20	-134	8	7	-12	2	-21	9
	听证会	—	-9	-30	212	3	29	-43	-20	-11	2
	行政服务中心	—	77	38	582	38	111	-47	7	44	32
对 ΔG 贡献率（%）	政务微博	—	0	0	2527	-22	-95	271	39	201	12
	政务微信	—	0	0	0	0	-1	-52	37	84	46
	新闻媒体	—	1	0	-430	-3	-1	7	1	-63	-8
	移动客户端	—	0	-24	92	-8	18	0	19	-39	-2
	电话热线平台	—	-55	22	-749	25	15	25	0	-13	-26
	短信平台	—	-1	5	926	31	-6	14	6	-3	-4
	政府信箱	—	22	13	385	-21	44	0	15	-23	24
	便民手册	—	-3	17	332	13	8	-7	8	-14	8
	听证会	—	-20	-65	-574	-14	37	-43	-37	-11	-13
	行政服务中心	—	198	88	-836	111	193	-64	3	65	78

备注：计算公式详见第 2 章相关章节，由于篇幅有限，详细计算过程省略。

从表 4.18 可以看出，2010 年、2011 年和 2015 年非规定渠道基尼系数变动为正，2009 年、2012—2014 年和 2016—2017 年非规定渠道基尼系数变动为负，从总体分析，这 10 年来非规定渠道省际差异呈现下降趋势。从非规定渠道基尼系数变动不同子项目贡献构成上看，2010 年以前，行政服务中心对非规定渠道基尼系数变动影响最大，2011 年，政务微博对非规定渠道基尼系数变动影响最大，2012 年及以后，政务微博、政务微信和行政服务中心对非规定渠道基尼系数变动影响最大。说明非规定渠道基尼系数与基尼系数变动主要推动力是不同的，这也在一定程度上反映了基尼系数变动分解的重要意义。

从引起非规定渠道基尼系数变动的效应分析，可以发现：10 年间，结构效应方向除了 2017 年以外都为正，集中效应方向始终为正，说明不论非规定渠道基尼系数变动是上升还是下降，结构效应（除了 2017 年）和集中效应共同起着促进作用。集中效应始终大于结构效应，说明集中效应是引起非规定渠道基尼系数变动最主要原因。

在结构效应中，2010 年以前行政服务中心结构比重调整贡献率最大，2011—2013 年，行政服务中心和政务微博结构比重调整贡献率最大，2014—2017 年，政务微博、政务微信和行政服务中心结构比重调整贡献最大。

在集中效应中，2008—2013 年行政服务中心空间集聚程度变化对非规定渠道基尼系数变动贡献更大，同时 2011 年政府信箱空间集聚程度变化对非规定渠道基尼系数变动也有很大影响。2014—2017 年政务微博、政务微信空间集聚程度变化共同影响着非规定渠道基尼系数变动。

综合来说，非规定渠道基尼系数变动主要是由集中效应主导，结构效应影响较小。集中效应影响从行政服务中心主导（2008—2013 年）向政务微博和政务微信主导（2014—2017 年）转变，因此，如果想要降低非规定渠道省际差异，主要关注点应该放在政务微博和政务微信在空间集聚程度上的不平衡。

4.4 本章小结

本章利用 2008—2017 年面板数据对公开渠道省际差异进行实证分析，并对省际差异进行地区分解和结构分解，了解省级政府行政自由裁量权运用，探索公开渠道省际差异演变规律。

公开渠道执行呈“N”形曲线，省际差异呈波动式下降趋势。公开渠道执行和省际差异变动的转折时间点一致，说明执行下降对省际差异下降起到了一定推动作用。公开渠道省际差异变动主要是由信息通信技术发展推动的。2008—2012 年公开渠道省际差异波动是由于技术创新带来渠道多样化探索，随着公开渠道完善，2013 年以后省级政府不再追求公开渠道多样化，而是关注公开渠道重点建设，以及不同公开渠道之间的融合性。信息通信技术发展使公开渠道政策执行形成了一致执行方向，导致省际差异下降。

在公开渠道结构上，省级政府基本严格执行《条例》，在此基础上从全面铺开到重点建设。从公开渠道种类和比重上看，省级政府执行是以《条例》规定为依据，《条例》对于省级政府选择公开渠道具有很大约束性，规定渠道政策执行占有绝对比重。除了严格执行《条例》规定渠道，省级政府不断增加非规定渠道。微信和微博是《条例》出台后信息技术发展的产物，是中央政府在当时无法预见的，行政自由裁量权赋予了省级政府在实际政策执行中的应对能力，是其对现实世界的适应和调整。

从地区分解角度分析，公开渠道省际差异是由东、西部地区内差异共同主导。在10年间，公开渠道维度上政策执行在政策扩散理论上符合中央对地方“自上而下”垂直影响模型，地区之间没有形成明显的区域集聚分布，在空间分布上比较均衡。东、中、西部地区内差异呈现波动式下降趋势，东、西部地区内差异对省际差异贡献率高达70%~80%，因此如果想要进一步降低公开渠道省际差异，中央政府需要考虑降低东、西部地区内部差异水平。虽然地区间差异很小，但一直呈现扩大趋势，需要引起中央政府关注。

从结构分解角度分析，公开渠道省际差异变动是由规定渠道和非规定渠道共同影响的。规定渠道和非规定渠道省际差异在10年间呈现下降趋势，两者空间集聚程度变化共同导致公开渠道省际差异下降。在规定渠道上，公开方式差异贡献率要远远高于公开场所和公开设备。在公开方式上，政府网站、新闻发布会和政府公报省际差异水平较低，报刊、广播、电视省际差异水平比较高，政府网站和新闻发布会空间集聚程度变化对公开方式基尼系数变动贡献率最高。在公开场所上，公共图书馆、国家档案馆、公共查阅室、资料索取点省际差异在高位水平上波动式增加，公共查阅点对公开场所基尼系数及其变动有更大贡献率。在公开设备上，信息公告栏和电子信息屏省际差异呈现增加趋势，并且差异水平处于高位，交替影响着公开设备基尼系数变动。在非规定渠道上，政务微博、政务微信和新闻媒体省际差异从高位下降到低位水平，移动客户端、电话热线平台、短信平台、便民手册、听证会、政府信箱和行政服务中心省际差异在高位水平波动，非公开渠道省际差异变动贡献来源从行政服务中心空间集聚程度影响向政务微博和政务微信空间集聚程度共同影响转变。总体来说，如果想要降低公开渠道省际差异，中央政府需要考虑调整政府网站、新闻发布会、政务微博和政务微信在空间集聚程度上不平衡。

第5章 维度三：政府信息公开政策工具省际差异及分解

为了实现政府信息公开政策目标，省级政府必须选择具体政策工具来完成执行任务，政策执行可以视为政策工具选择的管理过程。“条条大路通罗马”，政策工具范围非常广泛，省级政府的选择具有很大灵活性。从政策工具节点可知，政策工具被分为强制类、激励类、能力类、价值类和创新类五种类型。本书引入泰尔指数和基尼系数作为差异衡量指标，分析政策工具省际差异及其变动趋势，将省际差异进行地区分解和结构分解，研究不同地区和结构子项目对省际差异及其变动的贡献，探索政策工具省际差异及其变动演变规律。

本书通过对31个省级政府2008—2017年政府信息公开工作年度报告中属于政策工具及具体子项目进行编码，获得不同政策工具及具体子项目节点覆盖率，以有效反映省级政府政策工具及具体子项目执行情况。省级政府对政策工具及具体子项目描述性统计结果如表5.1所示。每一类政策工具最小值都为零，说明部分省级政府在一些年份忽视特定类型政策工具执行现象存在。

表5.1 政策工具及子项目描述性统计

类型	材料来源	最大值	最小值	极差	极值比	均值	标准差
政策工具	307	0.5762	0.0074	0.5688	77.8649	0.2066	0.0944
强制类	304	0.2994	0	0.2994	—	0.0951	0.0540
激励类	56	0.0680	0	0.0680	—	0.0019	0.0064
能力类	267	0.2148	0	0.2148	—	0.0483	0.0428
价值类	252	0.1792	0	0.1792	—	0.0364	0.0324
创新类	138	0.2634	0	0.2634	—	0.0250	0.0386

5.1 政策工具省际差异平稳波动

5.1.1 政策工具维度政策执行过程

为了全面地分析2008—2017年政策工具维度上政策执行，本书采用最大值、最小值、极值比、极差和均值几个指标来衡量。通过纵向比较，可以判断政策工具执行发展变化趋势。通过横向比较，可以判断政策工具执行绝对差距变化趋势。

2008—2017年，省级政府在政策工具维度上政策执行如表5.2所示。最大值在0.2974～0.5762波动，波动幅度比较大。最小值基本保持在0.0963以下，呈现波动式下降趋势。极差呈现先降低后上升趋势，从2008年的0.3963下降到2013年的0.2826，再上升到2017年的0.4141。极值比变化呈现明显波动式上升趋势，从2008年的5.1153上升到2017年的22.4560。在2014年，最大值和最小值达到历史最低值，极值比达到历史最高值。通过对这几项指标综合分析，省级政府在政策工具维度上政策执行绝对差距存在扩大趋势。

表5.2 政策工具维度上政策执行指标统计（2008—2017年）

年份	N	最大值	最小值	极差	极值比
2008	28	0.4926（河北）	0.0963（海南）	0.3963	5.1153
2009	31	0.4775（山西）	0.0680（辽宁）	0.4095	7.0221
2010	31	0.3567（河北）	0.0637（天津）	0.2930	5.5997
2011	31	0.4134（河北）	0.0619（湖南）	0.3515	6.6785
2012	31	0.3576（山西）	0.0503（河南）	0.3073	7.1093
2013	31	0.3204（山西）	0.0378（海南）	0.2826	8.4762
2014	31	0.2974（山西）	0.0074（新疆）	0.2900	40.1892
2015	31	0.3875（陕西）	0.0295（海南）	0.3580	13.1356
2016	31	0.5762（河南）	0.0798（重庆）	0.4964	7.2206
2017	31	0.4334（河南）	0.0193（河北）	0.4141	22.4560

如果以每年31个省级政府在政策工具维度上节点覆盖率均值来反映当年整体政策执行情况，从时间上分析，省级政府在政策工具维度上政策执行过程呈现“U”形曲线，即先下降后上升趋势，如图5.1所示。如果以“U”形的下降和上升阶段为标准可以把政策工具维度上政策执行变化过程分为两个阶段：2008—2014年和2015—2017年。

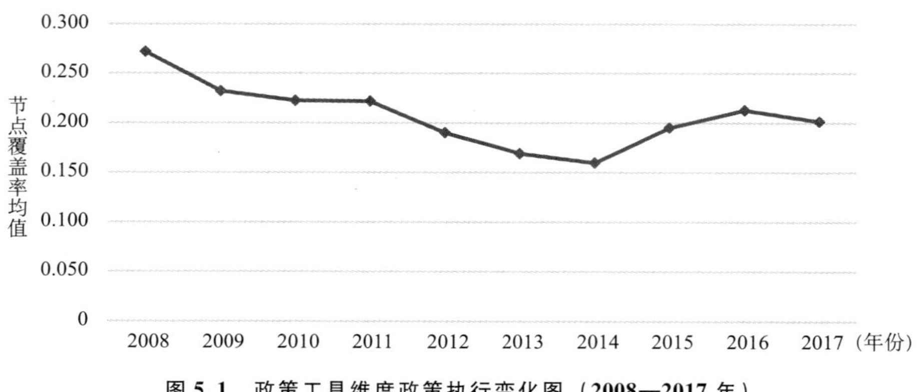

图 5.1　政策工具维度政策执行变化图（2008—2017 年）

2008—2014 年为政策执行下降阶段。2008 年政策工具维度上政策执行是 10 年间历史最高点。在《条例》实施初期，各省级政府需要通过政策工具来推动政府信息公开工作。但随着政府信息公开政策执行推进，政策工具维度上政策执行呈现下降趋势。

2015—2017 年，政策工具维度上政策执行处于上升阶段。2014 年是政策工具结构调整幅度最大的一年，2014 年以后省级政府工作重心是对不同类型政策工具结构比重进行调整，加速对创新类工具的采纳和执行，创新类工具政策执行增加超过了其他政策工具执行减少程度，使得政策工具维度上政策执行在增加，但是这一阶段增加幅度最终并没有超过 2008 年初始水平。

5.1.2　政策工具省际差异变动

本书在对 2008—2017 年政策工具政策执行过程分析基础上，进一步探索政策工具省际差异变动趋势。由于不同差异衡量指标对不同水平上数据敏感程度不同，本书引入泰尔指数和基尼系数两个指标，综合衡量政策工具省际差异变动，具体如图 5.2 所示。

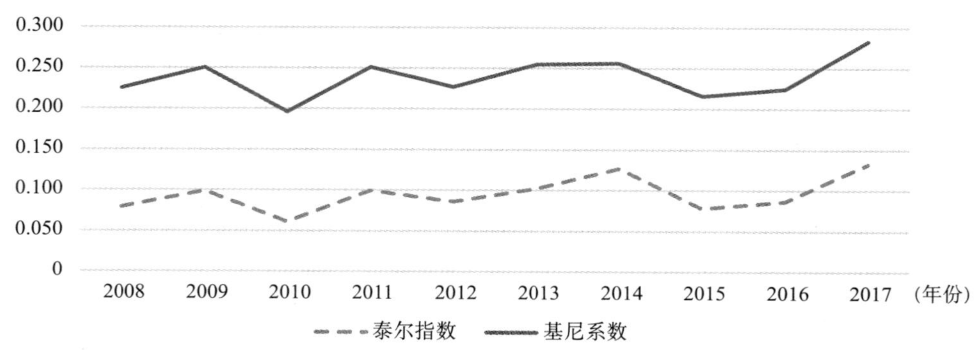

图 5.2　政策工具省际差异变动图（2008—2017 年）

从图 5.2 中可以看出，泰尔指数和基尼系数变化趋势基本一致。2008—2017 年，泰尔指数从 0.0788 增长到 0.1322，基尼系数从 0.2249 增长到 0.2836。省际差异最低点出现在 2010 年，泰尔指数和基尼系数分别为 0.0611 和 0.1956。结合 2008—2017 年整体变动趋势分析，政策工具省际差异呈现平稳波动趋势。

结合政策工具政策执行趋势和省际差异变动趋势来看，2014 年政策执行处于历史最低点，而省际差异却处于一个波峰点，说明政策执行下降并没有阻碍省际差异上升。但是 2015—2017 年政策执行趋势增加促进了省际差异上升。政策工具和公开内容、公开渠道省际差异变动趋势不同，说明导致政策工具省际差异变动关键性变量是不一样的。由于政策工具省际差异变动趋势没有明显时间点，即“工作要点”及《标准化试点》等政策文件对政策工具、政策执行并没有产生直接而明显影响。从“工作要点”规定可知，中央政府对地方政府政策工具有着明确规定，要求加强制度规范和领导队伍建设等，但是政策工具省际差异并没有出现明显而连续下降趋势。中央政策文件发布并不必然会降低政策工具省际差异，这在一定程度上反映了中央政府对不同政策执行要素的认知差异。从“工作要点”对公开内容、公开渠道和政策工具三者之间的比重分析，中央政府更偏重于强调公开内容，对公开渠道和政策工具强调力度比较低。同样，作为执行主体，省级政府对政策文件的解读和认知会影响实际政策执行以及政策执行产生差异。如果中央政府希望控制省级政府政策工具执行的行政自由裁量范围，需要借助除发布政策文件以外的其他手段。

5.2 政策工具省际差异地区分解

5.2.1 政策执行：东、中、西部地区分布均衡

根据东、中、西部地区划分，对 2008—2017 年不同地区政策工具执行情况变化进行分析，结果如图 5.3 所示。

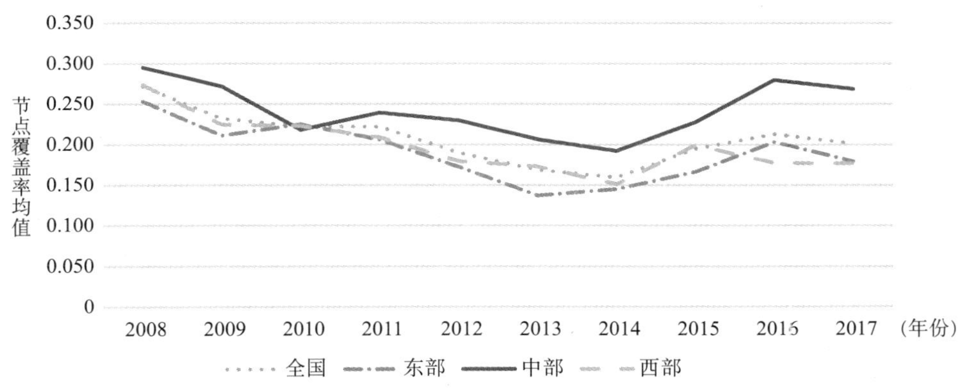

图 5.3 不同地区政策工具的执行变化图（2008—2017 年）

从纵向比较分析，2008—2017 年东、中、西部地区政策工具执行呈现先减后增"U"形曲线，和全国省级层面政策执行趋势曲线相似，说明区域性因素对于政策工具执行变动影响并不起主要作用。2008—2017 年，东部地区从 0.2532 下降到 0.1796，中部地区从 0.2956 下降到 0.2687，西部地区从 0.2735 下降到 0.1769，下降幅度分别为 29.07%、9.10% 和 35.32%。2013 年东部地区政策工具执行达到历史最低点，2014 年中、西部地区政策工具执行也相继达到历史最低点。

从横向进行比较分析，中部地区政策工具执行要明显高于东、西部地区，西部地区政策工具执行在大多数年份高于东部地区。2010 年东、中、西部地区政策工具执行重合于 0.22 附近，反映了不同地区对于政策工具执行偏好一致性。2010 年以后不同地区之间政策执行差距逐渐拉开。在不同地区之间，政策工具执行整体呈现中部 > 西部 > 东部地区的发展趋势。

从东、中、西部地区具体省份分析，不同省级政府之间政策执行相差悬殊。2008—2017 年，政策工具执行情况最大值分别出现在河北、山西、陕西和河南 4 个省份，在地区分布上主要集中于中部地区，最小值分别出现在海南、辽宁、天津、湖南、河南、新疆、重庆和河北 8 个省份，主要集中于东部地区。河北省、河南省在最大值和最小值中都出现过，在一定程度上反映了省级政府在政策工具执行上变化波动和随意性。本书将 2009 年、2014 年、2016 年和 2017 年政策工具执行数据以地图形式进行呈现，可以直观反映 31 个省级政府政策工具空间格局演变特征。

为了更科学地区分不同省级政府政策工具执行情况，本书采用自然断裂点法（Natural Breaks）[①] 将各省级政府政策工具执行情况划分为 4 个等级，以探讨政策工具空间格局演变特征。从每年 31 个省级政府政策执行空间分布情况可以直观地看出，执行前期，政策工具执行情况呈现一定区域集聚特征，执行后期，政策工具执行情况呈现明显空间均衡性特征，因此政策工具执行空间分布动态演进是从区域集聚转向空间均衡分布过程。

为了进一步验证东、中、西部地区政策工具执行从区域集聚转向空间均衡分布过程是否显著，本书使用莫兰指数[②]进行验证。通过显著性检验发现，所有年份的莫兰指数结果都不显著，接受 31 个省份之间不存在空间自相关假设，说明区域集聚在统计学上不显著，因此东、中、西部地区之间在政策工具执行上分布比较均衡。当中央政府出台《条例》，以行政法规方式要求省级政府执行政府信息公开政策，

① "自然断裂点法"的类别是基于数据中固有的自然分组，对分类间隔加以识别，将相似值进行最恰当地分组，并可使各个类之间的差异最大化。对于这些类别，会在数据值差异相对较大的位置处设置其边界。

② 莫兰指数用来衡量空间自相关性，通过 p 值来判定。如果结果显著，说明存在空间自相关，如果结果不显著，说明不存在空间自相关。

省级政府在政策工具执行上就失去了是否采纳的选择权，但由于省级政府行政自由裁量权存在，在具体执行过程中存在程度上差异。

5.2.2 东部地区内差异主导省际差异变动

通过对不同地区政策工具执行情况变化趋势进行分析发现，不同地区政策执行变化曲线和省级政府政策执行变化曲线基本一致，那么政策工具省际差异波动是如何体现在地区分布上？是发生在临近省份之间，还是东、中、西部三个地区之间？本书引入泰尔指数。本书在前面章节介绍了泰尔指数，泰尔指数是从信息熵角度出发考察样本之间的差异。与其他衡量方法相比，泰尔指数优势是可以将这种差异分解为地区内差异和地区间差异，观察和解释地区内差异和地区间差异各自的变动和贡献率。因此，本书利用泰尔指数公式对政策工具省际差异进行地区分解，可以分解为东、中、西部地区内差异和三大地区之间差异。结果如表 5.3 所示。

表 5.3 政策工具泰尔指数地区分解表（2008—2017 年）

年份	泰尔指数	泰尔指数分解				贡献率（%）			
		东部	中部	西部	地区间	东部	中部	西部	地区间
2008	0.0788	0.1311	0.0496	0.0503	0.0018	55.36	17.12	25.24	2.28
2009	0.0986	0.1433	0.0634	0.0744	0.0053	46.93	19.44	28.24	5.39
2010	0.0611	0.0897	0.0558	0.0379	0.0001	52.68	23.09	24.10	0.13
2011	0.0992	0.1024	0.0918	0.0974	0.0018	33.98	25.74	38.52	1.76
2012	0.0860	0.0693	0.0952	0.0728	0.0074	25.94	34.51	30.97	8.58
2013	0.1021	0.1264	0.0837	0.0668	0.0128	35.65	25.85	25.97	12.53
2014	0.1267	0.1896	0.0762	0.0947	0.0072	48.23	18.70	27.37	5.70
2015	0.0781	0.0942	0.0508	0.0676	0.0075	36.56	19.58	34.23	9.63
2016	0.0863	0.0550	0.1028	0.0471	0.0177	21.57	40.37	17.58	20.48
2017	0.1322	0.1726	0.0860	0.0879	0.0182	41.29	22.39	22.59	13.73

备注：计算公式详见第 2 章相关章节，由于篇幅有限，详细计算过程省略。

从 2008—2017 年泰尔指数变动情况分析，东、中、西部地区内泰尔指数变动趋势和总泰尔指数变动趋势相似，都是呈现波动式变化趋势，说明对政策工具省际差异变动产生影响的关键性变量也对东、中、西部地区内差异变动产生着同样影响。《条例》实施以来，地区间差异变动趋势在平稳中出现小幅度上升，东、中、西部三个地区内差异变动趋势虽然相似，但是具体特征略有不同。

东部地区泰尔指数在高位差异水平上波动，波动幅度最大，贡献率最高。东部地区内差异相比于中、西部地区是最大的。东部地区泰尔指数从 2008 年的 0.1311

上升到2017年的0.1726。泰尔指数于2014年达到历史最高点0.1896，这时东部地区政策执行处于最低水平，政策执行下降反而扩大了地区内差异，说明东部地区内不同省级政府之间政策执行差距不断扩大。泰尔指数最低下降到2016年的0.0550。东部地区贡献率从2008年的55.36%下降到2017年的41.29%，2016年贡献率最低为21.57%，但在大部分年份贡献率都维持在40%以上，高于中、西部地区贡献率，对政策工具省际差异贡献率最大。

中部地区泰尔指数较低，呈现小幅度波动，贡献率较低。中部地区泰尔指数从2008年的0.0496上升到2017年的0.0860，在0.0496~0.1028波动。从贡献率分析，中部地区贡献率从2008年的17.12%上升到2017年的22.39%，波动区间维持在17.12%~40.37%。2016年泰尔指数和贡献率都达到历史最高的0.1028和40.37%。从地区内差异贡献率分析，中部地区泰尔指数对政策工具省际差异贡献率比较低。

西部地区泰尔指数较低，呈现小幅度波动，贡献率较低，和中部地区内差异变动最为相似。西部地区泰尔指数从2008年的0.0503上升到2017年的0.0879，在0.0471~0.0974波动，波动幅度和中部地区类似。从贡献率分析，西部地区贡献率从2008年的25.24%下降到2017年的22.59%，在17.58%~38.52%波动，2016年贡献率达到历史最低。从地区内差异贡献率分析，西部地区泰尔指数对政策工具省际差异贡献率基本上维持在第二位。

地区间差异和贡献率呈现小幅上升趋势。地区间泰尔指数从2008年的0.0018上升到2017年的0.0182，贡献率从2.28%上升到13.73%，虽然地区间泰尔指数和贡献率都呈现上升趋势，不过和地区内泰尔指数以及贡献率相比较，依然处于最低水平。

通过对省际差异进行地区分解发现，政策工具省际差异主要贡献来源是地区内差异，而对省际差异贡献最大的是东部地区内差异。东部地区内差异和贡献率要大于中、西部地区。如果中央政府希望降低政策工具省际差异，应该需要考虑降低东部地区内差异。同时地区间差异也存在扩大趋势，需要引起中央政府关注。

5.3 政策工具省际差异结构分解

在政策工具执行过程中，政策工具类型不是单一的，也并非一经选定就固定不变，而是具有多样性和动态性特征。一种政策工具并不能适应和实现所有政策目标，当政策执行目标发生变化时，执行主体运用政策工具方式、策略也需要进行调整。省级政府需要对不同政策工具进行组合并综合运用，不断地调整以跟上社会经济发展和公共治理需要。政策工具选择、应用和组合是政策工具研究最基本的主题和归宿（陈振明，2004），因此本书对政策工具省际差异结构进行了深入研究。

5.3.1　不同政策工具采纳和执行

对于政策工具选择和分类，既需要具备理论解释力，也同时指向实践经验，成为进一步探索政府信息公开政策执行新视角。本书依据施耐德与英格拉姆（Schneider 和 Ingram，1990）对政策工具的划分，并参考倪永品（2017）对这一分类的应用，结合政府信息公开政策领域的执行过程，将政策工具分为强制类、激励类、能力类、价值类和创新类5种类型，具体如表5.4所示。在不同政策工具类型中，包含了具有这种类型属性政策措施。

表5.4　政策工具分类

强制类	激励类	能力类	价值类	创新类
制度规范	表彰	学习培训	思想重视	政策解读
保密审查	典型示范	考察调研	工作部署	舆情回应
绩效考核	经费保障	工作交流	统筹协调	公民参与
责任追究	……	专家座谈	舆论宣传	社会评议
……		……	……	……

强制类工具是指政府以合法性权威为基础所作出对政策执行者的要求，用以在特定情境下许可、禁止或要求作出某些行为。强制类工具不仅适用于政府不同层级之间，也适用于政府以外目标群体。根据政策目标和政策对象不同，强制性程度也有所不同。在政府信息公开领域，强制类工具主要发生在政府上下级之间，用于规范执行主体行为，主要包括制度规范、目录指南、保密审查、绩效考核、责任追究等。

激励类工具是指实质报偿，不论是正面或负面的，其效果在于要求顺服或鼓励某些行为。此类工具假定人是最大效用的追求者，除非有金钱、自由、生命等诱因来强制或鼓励，否则不可能参与到那些需要通过强制性政策来督促人们从事的活动中。在政府信息公开领域，激励类工具包括表彰、典型示范和经费保障等。

能力类工具是指提供资讯、训练、教育与资源给能力不足的个人或团体，让其可以从事某些活动。采纳能力类工具深层次原因是政府认为造成政策执行难以推进并非是缺乏诱因，而是缺乏资讯或没有能力和资源去落实政策。在政府信息公开领域，能力类工具主要包括学习培训、考察调研、工作交流和专家座谈等。

价值类工具是指通过赋予和强调政策目标重要性而增加目标群体顺服度。价值类工具使用逻辑是，目标群体会根据自己所秉持的价值观和信仰决定作为或不作为，因此政府可以通过价值层面引导而增加目标群体顺服度。在政府信息公开领域，价值类工具包括思想重视、工作部署、统筹协调和舆论宣传等。在具体决策情境中，执行主体的主观价值判断，例如好与坏、平等或者正义等要素，往往会超越激励类工具所能控制范畴。当政策目标与执行主体价值观相符时，执行主体会自然地顺服，而不需要借助任何外界手段，所以政府应该强调政策目标的重要性，加强执行主体对政策目标的认同度。

创新类工具是指政府采取一些方式使目标群体有更多选择机会和行政自由裁量空间，通过长时间学习增进对政策问题了解，提高政府与目标群体之间决策共识。在政府信息公开领域，创新类工具是指政府鼓励公民在信息公开政策执行过程中互动与交流，主要包括政策解读、舆情回应、公民参与和社会评议等。

这5类政策工具在2008—2017年执行比重。强制类工具比重为46%，能力类工具比重为23%，价值类工具比重为18%，创新类工具比重为12%，激励类工具比重为1%，对于省级政府来说，政策工具执行情况排序为：强制类 > 能力类 > 价值类 > 创新类 > 激励类。

政策工具执行研究并不仅仅停留在政策工具总体构成层面，而是要深入研究不同政策工具优化组合。政府信息公开政策工具多样性拓展了实现目标路径。在政府信息公开政策执行特定情境中，面临特定问题，并非是要在不同政策工具之间做出非此即彼的选择，而是在不同类型政策工具之间进行组合匹配。不同类型政策工具优化组合，对于政府信息公开政策执行目标达成至关重要（熊烨，2016）。对于政策工具的采纳和执行，可以通过不同政策工具执行变化来考察政策工具执行的一般性规律。不同政策工具在2008—2017年政策执行变化如图5.4所示。

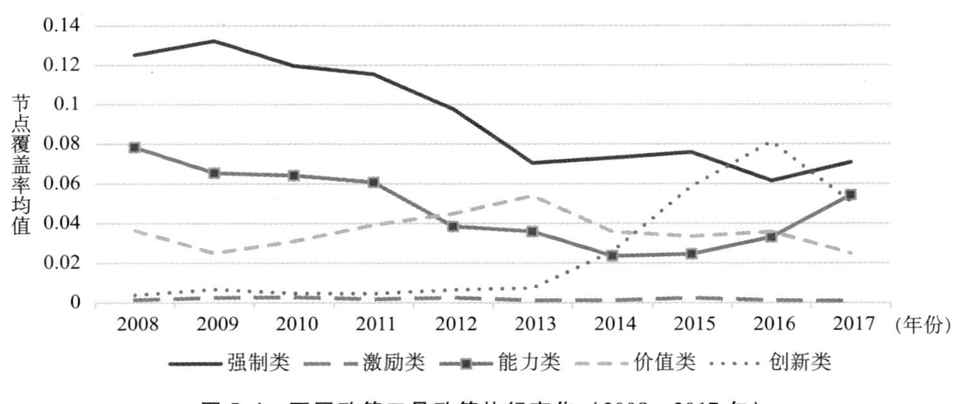

图5.4 不同政策工具政策执行变化（2008—2017年）

从图5.4可以看出，政策工具执行经历了从以强制类为主导向强制类和创新类共同推进的演变趋势。不同政策工具随着时间演变呈现出了不同执行特征。从时间上分析，强制类工具执行最初处于绝对主导地位，呈现先下降后平稳趋势，能力类工具处于波动式下降后又有所上升趋势，价值类和激励类工具执行基本保持稳定，而创新类工具执行从2013年开始增加，并在2016年超越强制类工具，在2017年与强制类工具执行基本持平。

不同政策工具执行趋势变化原因是什么？是由于同一年份内执行省份数量变化造成的，还是所有省份执行统一发生了变化。政策工具采纳省份数量变化其实涉及不同政策工具执行扩散研究。根据政策创新扩散理论，政府创新是指地方政府首次采纳某一政策或项目，而无论这一政策或项目已出现多久或者其他政府是否采纳（Walker，1969）。本书通过统计不同政策工具采纳省份数量年度变化发现，强制类工具是 31 个省级政府从 2008 年开始 10 年内持续采纳，不存在省份数量减少。激励类工具采纳省份数量一直保持在 10 个以下，能力类工具采纳省份数量在 23～30 个波动，价值类工具采纳省份数在 20～30 个波动，说明省级政府在政策工具选择上不可持续性。创新类工具采纳省份数量从 2008 年 6 个上升到 2015 年 30 个，又下降到 2017 年 25 个，基本上符合政策扩散曲线。通过对不同政策工具采纳省份数量分析可知，不同政策工具执行情况变化并不是主要由省份数量变化造成，而是因为所有省级政府对于政策工具执行发生了变化。

政策工具优化组合离不开评价标准的建构，对于政策工具的评价应当贯穿于政策工具采纳与执行全过程（陈振明、张敏，2017）。政策工具结构调整应该要有一个评价标准，政府信息公开政策工具结构调整能够反映政策工具背后代表的价值目标。目前政策工具的评价主要有经济学、政治学等不同标准。

从经济学视角分析，基于提高效率或者效能标准，政策工具采纳目标是为了纠正市场失灵。政府信息可以视为政府提供的一种公共产品，公共产品的提供只能依靠强制性，而不能依靠自愿性，强调政策工具技术性。政策工具目标是为了实现政府信息公开，激励类工具 1% 执行比重说明省级政府认为不需要或者不能借助于激励类工具。强制类工具执行占比绝对优势说明政府认为这是实现信息公开最直接的手段。同时能力类和价值类政策工具的使用都是为了更好地实现政府信息公开水平。

从政治学视角分析，政策工具采纳需要政治上考量。政策工具采纳并非是一种技术上的操作，而是“一种信仰上或是政治上的事务”（杨宏山，2014），会受到意识形态等政策环境影响。面对全球化、信息化挑战和冲击，各国政府都在努力进行政府治理创新，特别是政策工具的创新，以增强政府治理能力和国家综合竞争力。不同类型政策工具选择背后都有着潜在行为假设，强制类工具意味着政府认为信息公开是政府内部事情，不需要公民参与，但近年来随着公开渠道多样化建设和互动性增强，以及公民参与意识觉醒，政府在有意识地鼓励公民参与到政府信息公开政策执行过程中，体现为创新类工具执行呈现增加趋势。

5.3.2　不同政策工具省际差异变动趋势

通过前文分析可知政策工具省际差异呈现平稳波动趋势。政策工具包括强制类、激励类、能力类、价值类和创新类五种类型。本书希望从结构分解角度分析政策工具省际差异，在此引入基尼系数。由于基尼系数能够进行结构分解，可以从结构分解角度考察总基尼系数平稳波动原因，这样不仅可以测算出不同政策工具对总基尼系数贡献率，还可以利用不同政策工具对总基尼系数促进或阻碍作用，有助于优化不同政策工具执行组合。

通过基尼系数结构分解公式，可以计算不同政策工具基尼系数以及对总基尼系数贡献率，结果如表 5.5 所示。总基尼系数维持在 0.1956 ~ 0.2836，虽然总基尼系数在 10 年间比较平稳，但是通过结构分解分析，不同政策工具基尼系数变动趋势各不相同。根据基尼系数水平及其变动，不同政策工具可以分为四个梯队。

表 5.5　　不同政策工具基尼系数（2008—2017 年）

年份	总基尼系数	政策工具基尼系数				
		强制类	激励类	价值类	能力类	创新类
2008	0.2249	0.2346	0.9175	0.5225	0.3086	0.8393
2009	0.2504	0.2736	0.9170	0.5457	0.3609	0.8102
2010	0.1956	0.2412	0.8998	0.5261	0.3544	0.8211
2011	0.2512	0.2442	0.8846	0.4564	0.4711	0.8735
2012	0.2268	0.2660	0.9572	0.4996	0.4530	0.9135
2013	0.2549	0.3168	0.9407	0.3753	0.5246	0.8731
2014	0.2564	0.2491	0.8391	0.4908	0.4156	0.6133
2015	0.2158	0.2805	0.7883	0.3423	0.5164	0.3116
2016	0.2246	0.2571	0.8387	0.3154	0.4455	0.3605
2017	0.2836	0.3442	0.8340	0.5322	0.3964	0.4049

备注：计算公式详见第 2 章相关章节，由于篇幅有限，详细计算过程省略。

第一梯队是强制类工具，基尼系数最低，呈现平稳波动趋势。对于政府行政机关来说，强制类工具是最古老、最习惯、最方便使用的政策工具，是政府信息公开政策执行首选政策工具，因此在所有年份上省际差异处于最低水平，基尼系数在 0.2346 ~ 0.3442 波动。结合前文可知，强制类工具执行在 2013 年开始下降，但执行变化并没有使基尼系数发生明显增加或者下降趋势，说明执行变化不是个别省级政府行为，而是所有省级政府共同行为。

第二梯队是价值类和能力类工具，基尼系数在中间水平平稳波动。价值类工具代表省级政府重视程度和动员水平，能力类工具代表省级政府关注执行主体能力建设，两者都是不可或缺的政策工具。价值类和能力类工具基尼系数在 0.3086 ~

0.5457 波动。10 年间，价值类和能力类工具在执行情况和省际差异波动水平上都非常类似，说明两者对于省级政府来说地位是一样的。

第三梯队是激励类工具，基尼系数在最高水平平稳波动。结合激励类工具执行占所有政策工具执行比重不到 1%，可知大多数省级政府在信息公开执行中忽略了激励类工具使用。激励类工具基尼系数在 0.7883 ~ 0.9572 波动，说明不同省级政府对激励类工具认知差异最大，共识度最低。

第四梯队是创新类工具，基尼系数呈现波动式下降趋势。创新类工具基尼系数在 2012 年以前平稳保持在 0.8102 ~ 0.9135 高水平，2013—2017 年呈现下降趋势，到 2017 年下降为 0.4099。根据这一变化趋势，再结合 2013 年之后创新类政策工具执行情况的增加，反映了执行增加是所有省级政府的共同行为，并非个别省级政府执行增加造成。

综合分析，对不同政策工具省际差异进行对比，总基尼系数 < 强制类 < 能力类≈价值类 < 激励类，同时创新类政策工具省际差异下降明显。除了创新类政策工具以外，政策工具总基尼系数和不同政策工具基尼系数并无明显时间节点变化。从前文对政策工具总基尼系数变动趋势可知，中央政策文件出台不仅对政策工具省际差异没有起到主要影响，并且对不同类型政策工具执行也没有产生主要影响。但创新类工具省际差异变动时间点和公开渠道重点建设和融合性发展时间一致，说明公开渠道互动性特征推动了公民参与政策工具增加。

在对不同政策工具基尼系数变动趋势分析基础上，探究不同攻策工具对总基尼系数贡献率，即寻找政策工具省际差异来源，考察不同政策工具执行对总政策工具省际差异影响。本书不仅测算了强制类、激励类、价值类、能力类和创新类结构比重，还根据基尼系数因子贡献率和相对集中度公式计算不同政策工具对总基尼系数因子贡献率和相对集中度。因子贡献率可以反映不同政策工具基尼系数对总基尼系数影响。相对集中度是用不同政策工具基尼系数除以总基尼系数，如果值大于 1，则认为该年度该政策工具对总政策工具省际差异具有扩大效应；如果值小于 1，则认为该年度该政策工具对总政策工具省际差异具有缩小效应，结果如表 5.6 所示。

表 5.6 政策工具基尼系数结构比重、贡献率和相对集中度（2008—2017 年）

年份		2008	2009	2010	2011	2012	2013	2014	2015	2016	2017
构成比重（%）	强制类	50.99	57.03	53.79	52.03	51.35	41.69	45.79	38.90	28.92	35.13
	激励类	0.62	1.10	1.27	0.84	1.34	0.75	0.79	1.28	0.63	0.46
	价值类	14.84	10.74	13.93	17.63	23.62	31.89	22.45	17.12	16.81	12.35
	能力类	31.94	28.20	28.86	27.41	20.22	21.23	14.78	12.57	15.51	26.94
	创新类	1.61	2.93	2.15	2.09	3.48	4.45	16.20	30.12	38.13	25.30

续表

年份		2008	2009	2010	2011	2012	2013	2014	2015	2016	2017
贡献率（%）	强制类	42.67	54.60	46.11	41.58	44.35	34.49	34.03	37.98	18.18	34.80
	激励类	0.20	1.22	2.10	-0.62	3.37	0.99	0.08	0.11	0.74	0.25
	价值类	20.46	9.91	15.42	17.63	31.65	35.04	32.51	16.31	9.73	7.88
	能力类	35.06	30.48	32.75	38.89	15.18	31.48	11.74	20.02	19.56	30.84
	创新类	1.61	3.79	3.61	2.51	5.45	-2.00	21.63	25.58	51.80	26.32
相对集中度	强制类	0.837	0.957	0.857	0.799	0.863	0.828	0.743	0.976	0.629	0.990
	激励类	0.327	1.106	1.652	-0.736	2.524	1.326	0.108	0.086	1.169	0.552
	价值类	1.379	0.922	1.108	1.000	1.340	1.099	1.448	0.952	0.579	0.638
	能力类	1.098	1.081	1.135	1.419	0.751	1.483	0.795	1.592	1.262	1.145
	创新类	0.996	1.295	1.682	1.200	1.568	-0.449	1.335	0.849	1.359	1.040

备注：计算公式详见第2章相关章节，由于篇幅有限，详细计算过程省略。

从表5.6可以看出：强制类工具贡献率最高。强制类工具作为省级政府执行首选，在所有政策工具构成中比例最高，在执行前期对总基尼系数贡献率高达50%以上。但由于强制类政策工具相对集中度始终小于1，对总基尼系数具有缩小效应，使得它对总基尼系数贡献率要小于其构成占比份额。即便如此，强制类工具贡献率也基本保持在34%以上，在所有政策工具贡献率中排名第一。

能力类工具贡献率呈现波动状态。能力类工具是省级政府通过提供信息、培训、教育等资源提高执行主体信息公开能力，其结构比重在13%~32%波动，其比例构成在2013年以前排第二，但到2014年开始，排名下降到第三，2017年上升到第二。由于能力类工具省际差异对总基尼系数变动起着促进作用（除2014年外，其他年份相对集中度都大于1），因此其对总基尼系数贡献率要大于构成占比份额，其贡献率在11%~35%波动。

价值类工具贡献率水平波动较大。价值类工具是省级政府鼓励行政人员采纳并执行《条例》及相关政策。在2014年以前，结构比重在11%~32%波动，相对集中度基本上大于1，因此对总基尼系数变动是促进作用，贡献率在10%~35%波动。从2015年以后结构比重下降到12%~17%，同时由于相对集中度小于1，对总基尼系数变动具有缩小作用，贡献率在7%~17%。价值类政策工具对总基尼系数贡献率在2015年及以后从第三名下降到第四名。

创新性工具贡献率在增加。省级政府在《条例》实施初期并没有广泛采纳创新类工具，但是从2014年开始高度重视，这一点可以从结构比重增长反映出来，2008—2013年结构比重在2%~4%波动，2014—2017年结构比重在16%~38%波动，同时由于其相对集中度基本上大于 1（除了 2008 年、2013 年和 2015 年），所以其贡献率要高于构成占比份额，2014 年以后贡献率排名上升到第二位，2016 年贡献率高达 52%，在当年对总基尼系数贡献率中排名第一。

激励类工具贡献率最低。激励类工具是最不受重视政策工具，省级政府几乎很少通过激励手段来鼓励执行主体公开政府信息，这一行为背后反映了省级政府认为信息公开政策执行不需要通过激励手段就可以实现，强制类工具能够满足省级政府要求。10 年间激励类工具结构比重和贡献率都只有 1% 左右，在贡献率排名中处在最后。

综合来说，2008—2017 年政策工具省际差异来源从以强制类和能力类工具共同主导向强制类和创新类工具共同主导转变。因此如果要改变政策工具省际差异，中央政府关注点应该放在强制类和创新类政策工具上。

5.3.3 强制类和创新类共同主导省际差异变动

通过上节对总基尼系数结构分解，本书已经了解到不同政策工具基尼系数以及对总基尼系数百分比贡献率。在此基础上，本书更希望探索造成总基尼系数变动主要工具类型。一些政策工具百分比贡献率虽然不高，却有可能是造成总基尼系数变动重要原因。根据基尼系数特点，政策工具总基尼系数变动通过结构分解，可以分为“结构效应”“集中效应”和“综合效应”，“结构效应”是指由于不同政策工具结构比重发生调整引起总基尼系数变动；“集中效应”是指不同政策工具空间集聚程度发生变化引起总基尼系数变动；“综合效应”是指不同政策工具结构调整和空间集聚程度变化两者综合引起总基尼系数变动。本书通过对政策工具总基尼系数变动进行结构分解，分析不同政策工具结构比重调整和空间集聚程度变化对总基尼系数变动影响，找到政策工具省际差异变动结构性来源，这一问题重要性体现在处理结构效应和集中效应政策不同。

表 5.7 列出了政策工具总基尼系数变动结构分解因素分析。需要对表进行说明的是，表中第 2 行表示上下两年之间总基尼系数变动情况。第 3 行到第 5 行表示三类不同效应对总基尼系数变动贡献大小和作用方向。第 6 行到第 15 行分别表示结构效应和集中效应中不同政策工具对总基尼系数变动贡献大小和作用方向。第 16 行到第 20 行表示不同政策工具对总基尼系数变动贡献大小和作用方向，其中不同政策工具贡献大小数值是由结构效应和集中效应中相对应类别贡献率加总而来。如果数值为正，则该政策工具对总基尼系数变动起促进作用，促进作用是指当总基尼系数变动为正值时，促进作用体现为扩大差异，当总基尼系数变动为负值时，促进作用体现为缩小差异，反之则是阻碍作用。

表 5.7　　　　政策工具基尼系数变动结构分解表（2008—2017 年）

年份		2008	2009	2010	2011	2012	2013	2014	2015	2016	2017
ΔG		—	0.026	-0.055	0.056	-0.024	0.028	0.002	-0.041	0.009	0.059
ΔG 结构分解（%）	结构效应	—	-28.5	1.2	0.5	35.6	28.5	-3699.2	-25.5	34.0	-7.2
	集中效应	—	97.8	101.6	97.9	151.1	87.7	106.5	81.8	-87.2	86.1
	综合效应	—	30.4	-2.9	1.7	-86.5	-16.0	3689.2	43.9	154.3	21.4
结构效应（%）	强制类	—	44.6	14.2	-5.3	5.6	-67.3	576.6	32.3	-238.9	14.9
	激励类	—	1.4	-0.9	-2.5	3.8	-12.0	9.0	-0.3	-1.4	-0.8
	价值类	—	-49.9	-13.4	14.4	-61.7	89.4	-1763.1	48.8	-7.2	-9.8
	能力类	—	-36.2	-3.3	-5.8	105.0	6.1	-1625.1	11.1	114.8	54.9
	创新类	—	11.6	4.6	-0.4	-17.2	12.3	-896.6	-117.4	166.7	-66.4
集中效应（%）	强制类	—	102.8	74.9	32.1	10.7	27.6	-567.6	-22.7	-307.2	68.5
	激励类	—	4.9	-0.9	-11.6	-26.1	-11.2	-155.2	0.2	35.5	-1.1
	价值类	—	-46.0	2.8	8.7	-38.0	-19.9	1939.5	91.7	-146.9	14.5
	能力类	—	29.8	25.0	69.8	209.1	149.4	-2465.4	-50.9	-86.0	10.9
	创新类	—	6.3	-0.3	-1.1	-4.6	-58.2	1355.2	63.5	417.4	-6.6
对 ΔG 贡献率（%）	强制类	—	147.4	89.1	26.8	16.3	-39.7	9.1	9.6	-546.1	83.3
	激励类	—	6.3	-1.8	-14.1	-22.3	-23.2	-146.1	-0.2	34.1	-1.9
	价值类	—	-95.9	-10.7	23.1	-99.7	69.5	176.3	140.5	-154.1	4.7
	能力类	—	-6.4	21.8	64.0	314.2	155.5	-4090.5	-39.8	28.8	65.7
	创新类	—	17.9	4.4	-1.4	-21.8	-46.0	458.6	-53.9	584.1	-72.9

备注：计算公式详见第 2 章相关章节，由于篇幅有限，详细计算过程省略。

从表 5.7 可以看出，2009 年、2011 年、2013 年、2014 年、2016 年和 2017 年总基尼系数变动为正值，说明政策工具省际差异在扩大，2010 年、2012 年和 2015 年总基尼系数变动为负值，说明政策工具省际差异在缩小。总体分析，这 10 年来政策工具省际差异是平稳波动趋势。从引起总基尼系数变动结构效应和集中效应进行分析，可以发现：

总基尼系数变动主要是由集中效应决定的。在大多数年份，集中效应在总基尼系数变动结构分解的贡献率中占据绝对主导地位，是引起总基尼系数变动主要原因。只有 2014 年，结构效应是引起总基尼系数变动主要原因，而且其贡献率远远超过了集中效应。从结构效应分析，2009 年、2010 年、2012 年、2014 年和 2017 年结构效应作用方向与总基尼系数变动方向相反，即政策工具结构调整阻碍了总基尼系数变动，2011 年、2013 年、2015 年和 2016 年结构效应促进了总基尼系数变动。从集中效应分析，集中效应作用方向除 2016 年为负以外，其他年份均为正数，说明不论总基尼系数变动是扩大或者缩小，不同政策工具集中效应对总基尼系数变动都起着促进作用。整体分析，不同政策工具集中效应对总基尼系数变动起着促进作用，而结构效应对总基尼系数变动起着阻碍作用。

根据结构效应和集中效应对总基尼系数变动贡献大小排序，可以将政策工具省际差异变动分为三个阶段：①2008—2013 年：结构效应方向变化不一，集中效应方向为正，集中效应始终大于结构效应；②2014 年：结构效应为负，集中效应为正，结构效应大于集中效应；③2015—2017 年：结构效应和集中效应方向相反，集中效应始终大于结构效应。

2008—2013 年，从集中效应和结构效应政策工具分布分析，具有以下特点：结构效应方向变化不一，集中效应方向为正，集中效应始终大于结构效应。说明不同政策工具空间集聚程度变化对总基尼系数变动贡献占主导地位，并且对总基尼系数变动起着促进作用。结构效应在 2009 年方向为负，说明不同政策工具结构调整对总基尼系数变动起着阻碍作用；2010—2013 年方向为正，说明不同政策工具结构调整对总基尼系数变动起着促进作用。综合结构效应和集中效应，强制类和能力类工具对总基尼系数变动贡献最大。从结构效应分析，不同政策工具结构效应贡献方向变化复杂，并没有明显规律。从整体贡献率分析，强制类、价值类和能力类政策工具结构调整对总基尼系数变动贡献率最大。强制类和价值类工具对总基尼系数变动起着阻碍作用，能力类工具对总基尼系数变动起着促进作用。从集中效应分析，强制类和能力类工具对总基尼系数贡献率最大，强制类和能力类工具空间集聚程度变化对总基尼系数变动起着促进作用。综合来讲，在这一阶段总基尼系数变动主要是由强制类和能力类空间集聚程度主导。

2014 年，从集中效应和结构效应政策工具分布分析，具有以下特点：结构效应为负，集中效应为正，结构效应大于集中效应。说明不同政策工具结构调整对总基尼系数变动起着阻碍作用，空间集聚程度变化对总基尼系数变动起着促进作用。总基尼系数变动主要是由不同政策工具结构调整引起。综合结构效应和集中效应，能力类工具对总基尼系数变动贡献最大。从结构效应分析，价值类、能力类和创新类工具贡献率最高，价值类和能力类工具结构比重调整对总基尼系数变动起着相当大阻碍作用，创新类工具结构比重调整对总基尼系数变动起着促进作用。从集中效应分析，价值类、能力类和创新类工具贡献率最高，价值类和创新类工具空间集聚程度变化对总基尼系数变动起着促进作用，能力类工具空间集聚程度变化对总基尼系数变动起着阻碍作用。综合分析，2014 年对总基尼系数变动贡献最大的是价值类、能力类和创新类工具结构调整。

2015—2017 年，从集中效应和结构效应政策工具分布分析具有以下特点：结构效应和集中效应方向相反，集中效应始终大于结构效应，说明不同政策工具空间集聚程度变化对总基尼系数变动贡献率更高。从结构效应分析，强制类和创新类工具贡献率最高。强制类和创新类工具结构比重调整对总基尼系数变动起着阻碍作用。从集中效应分析，强制类和创新类工具贡献率最高。强制类工具空间集聚程度变化对总基尼系数变动起着阻碍作用，创新类工具空间集聚程度变化对总基尼系数变动起着促进作用。综合分析，这一阶段对总基尼系数变动贡献最大的是强制类和创新类工具在空间集聚程度上变化。

综上所述，影响政策工具总基尼系数变动结构性因素主要是集中效应。在集中效应中，经历了从强制类和能力类工具主导转向强制类和创新类工具共同主导过程。因此如果要降低政策工具省际差异，中央政府应该关注强制类和创新类工具空间集聚程度不均衡问题。

5.4 本章小结

政策工具并不具有“自我实施性”，政策工具选择可以揭示政策执行过程（顾建光、吴明华，2007）。本章利用2008—2017年面板数据对政策工具进行实证分析，探索政府信息公开政策执行及其省际差异演变规律。

政策工具省际差异呈现平稳波动趋势。政策工具执行随着时间变化呈“U”形曲线，但是下降后再上升的最高点并没有超过2008年初始水平。2014年为政策工具执行最低点，2014年以后主要重心并不在于执行增加，而在于不同政策工具执行结构调整。国务院办公厅下发“工作要点”及《标准化试点》等文件对政策工具执行并没有产生直接而明显影响。说明中央政府政策文件发布并不必然会降低省级政府执行差异。作为执行主体，省级政府对政策执行要素的认知会影响实际执行以及执行所带来的省际差异。从绝对差距分析行政自由裁量范围整体上是扩大的。如果中央政府希望控制省级政府政策工具执行行政自由裁量范围，需要借助除发布政策文件以外的其他手段。

从地区分解角度分析，政策工具省际差异主要来源是地区内差异，而对省际差异贡献最大的是东部地区内差异。2008—2017年，东、中、西部地区政策工具执行呈现先减后增的“U”形曲线，在地区间横向比较上呈现中部 > 西部 > 东部地区趋势，东、中、西部地区之间分布比较均衡。东、中、西部地区内差异和省际差异波动曲线相似，东部地区省际差异和贡献率要大于中、西部地区。如果中央政府希望降低政策工具省际差异，需要考虑降低东部地区内差异。同时地区间差异存在扩大趋势，需要引起中央政府关注。

在结构构成上，政策工具从以强制类为主导转向强制类和创新类共同推进。政策工具包括强制类、激励类、能力类、价值类和创新类五种类型，不同政策工具随着时间演变呈现出了不同执行特征。从时间上分析，强制类工具执行最初处于绝对主导地位，呈现先下降后平稳趋势；能力类工具呈现波动式下降后又有所上升趋势；价值类和激励类工具执行基本保持稳定；创新类工具执行从2013年开始增加，并在2016年超越强制类工具，在2017年与强制类工具执行基本持平。政策工具采纳不仅是一种技术上操作，更需要政治上考量。近年来随着公开渠道多样化建设和互动性增多，以及公民参与意识增加，政府在有意识地鼓励公民参与到信息公开执行中，体现为创新类工具执行增加趋势。

从结构分解角度分析，2008—2017年政策工具省际差异变动主要是由集中效应引起，经历了从强制类和能力类工具共同主导转向强制类和创新类政策工具共同主导的过程。10年间，不同政策工具省际差异变动趋势各不相同，省际差异水平排序为强制类<能力类≈价值类<创新类，这几类政策工具省际差异基本呈现平稳波动趋势，而创新类工具省际差异呈现明显下降趋势。2014年作为政策工具结构调整最大的一年，价值类、能力类和创新类工具结构调整主导了政策工具省际差异变动。除此以外，不同政策工具空间集聚程度变化才是影响省际差异变动主要原因。如果要降低政策工具省际差异，中央政府应该关注强制类和创新类工具空间分布不均衡问题。

第 6 章　政府信息公开省际差异变动逻辑分析

本书在对公开内容、公开渠道和政策工具三个维度省际差异及其变动进行分析基础上，深入探索省际差异变动逻辑。2008—2017 年，公开内容和公开渠道省际差异呈现下降趋势，但是下降时间点不一样，政策工具省际差异呈现平稳波动趋势，没有呈现出明显上升或下降趋势。在相同中央权威、执行主体和社会环境背景下，为什么不同维度省际差异变动趋势不一样，什么因素导致了这种省际差异及其变动？为了回答这些问题，本书在马特兰德模糊冲突模型的基础上构建解释性框架，寻找不同维度上关键性变量，分析省际差异变动逻辑，为深入推进政府信息公开提供理论支撑，并为控制行政自由裁量行为提供依据。

6.1　逻辑起点：模糊冲突模型

6.1.1　对模糊性和冲突性关注

学者们对模糊性和冲突性的关注，最早可以追溯到组织理论研究。致力于组织理论学者们在“模糊性和冲突性对于行为的影响”方面做了大量研究。

在经典组织理论中，法约尔（Fayol，1930）提出了 14 条管理原则，其中包括组织应该符合等级链、统一指挥和统一方向原则。等级链原则要求组织设立一个基本层级关系，权威从上到下应该有着清晰直线流程，可以保证组织更有效率产出。统一指挥原则要求组织成员所有行动必须只能来自于一位直接主管的命令。统一方向原则要求组织所有行动必须有着相同目标。尽管这些原则对于现代组织来说并不陌生，但是在复杂组织体系中，当这些原则被打破时候，就会面临着组织成员角色的模糊性和冲突性。

角色理论（Role Theory）认为角色模糊性是由于组织岗位必要性信息缺乏而产生，可能会导致组织成员为了逃避压力来源而去解决问题，或者使用防御机制扭曲现实（Kahn 等，1965），因此模糊性会让组织成员产生焦虑，从而降低行动效率。另外，根据经典组织理论，正式组织结构中每一个岗位都应该有清楚的岗位职责设定。如果组织成员不了解他拥有的权力、承担的责任以及绩效考核标准等信息时，就会犹豫如何行动，他将依靠以往经验和试错来满足上级期望。对于冲突性，角色理论认为，当组织对成员期望和要求存在不一致时，就会产生角色冲突，组织成员会生出不满情绪，行动效率同样会降低。关于模糊性和冲突性对组织影响的重要程度，豪斯（House，1972）通过研究发现在组织中模糊性比冲突性能够更好地作为对行为结果进行预测或者调节变量。

在意识到模糊性和冲突性重要性后，学者们致力于对模糊性和冲突性进行测量开展量化研究（Rizzo 和 Lirtzman，1970），以及验证在不同组织结构中两者对组织绩效等方面带来影响（Miles 和 Perreault，1976），展开组织学领域更深入研究。

6.1.2 模糊冲突模型及争议

作为政策执行典型代表，马特兰德（Matland，1995）将组织理论中模糊性和冲突性引入到政策执行领域，根据政策模糊性和冲突性构建了政策执行模糊冲突模型（Ambiguity - Conflict Model），这一模型是建立在对“自上而下”和“自下而上”政策视角进行批判分析基础上。

马特兰德认为学者们对“自上而下”和“自下而上”研究视角进行简单整合努力是不够的，因为这两种研究视角存在着根本性差异，将不同视角中影响因素整合到一个框架中经常是失败的。虽然政策执行是被“自上而下”和“自下而上”两种视角所有因素影响，但是肯定存在特定变量对政策执行起着关键性作用。对于政策执行理论来说，政策执行过程需要的不是更多解释变量，而是在对解释变量进行整合过程中说明“那些使特定变量成为关键性变量前提条件以及解释它们之所以重要的原因”，因此整合结构尤为重要。马特兰德从“自上而下”和“自下而上”这两个视角分别提炼出政策模糊性和冲突性，作为研究公共政策执行的两个重要属性。

政策模糊性是基于“自上而下”倾向于选择“比较清晰的政策”视角提出来。政策模糊性可以分为政策目标模糊性和政策工具模糊性。政策目标模糊性直接影响着政策执行成功与否，因此在政策制定过程中，政策制定者总是试图去明确政策目标。政策目标模糊性使得政策执行主体和其他利益相关者对政策目标以及衡量标准理解上存在差异，在政策执行过程中相互博弈，出现不同政策执行结果。当实现政策目标技术不存在的情况下，或者不同组织在政策执行中扮演角色不确定时，以及复杂执行环境导致选择确定政策工具存在困难时，意味着政策工具存在模糊性。

政策冲突性是基于“自下而上”倾向于选择“具有较强内在不确定性政策”视角提出来的，在政策执行过程中扮演着重要角色。政策冲突性可以分为政策目标冲突性和政策工具冲突性。理性官僚制理论认为政策目标应该是实现个人或者社会利益最大化结果（Allison 和 Zelikow，1999），但是达成一致同意目标是不存在的。政策目标模糊性会产生不确定性，当不同组织将该政策视为与其利益直接相关，并且所持观点不同的时候，就会出现政策冲突，并且伴随着利益相关者在政策执行过程中讨价还价、互相监督或者联盟等行为。马特兰德认为，“当不止一个组织将政策视为与自己利益相关，并且对政策解读出现不同的时候，就会出现政策冲突性”。不同执行主体对于冲突解决方式是不一样的，从而导致执行行为差异性。

根据公共政策模糊性和冲突性程度的高和低，建立二维组合矩阵，政策执行过程可以分为行政性执行、政治性执行、试验性执行和象征性执行四种模式，并且每一种政策执行模式关键性变量呈现差异化特点，如图 6.1 所示。行政性执行是低模糊性和低冲突性的政策执行模式，政策目标和政策工具都是非常确定的，行政性执行主要原理是：政策执行结果是由资源决定。因此只要政策执行有充足资源支持，预期结果就可以实现。政治性执行是低模糊性和高冲突性政策执行模式，政策执行主体都有明确目标，但是政策目标之间是相互冲突的，政治性执行主要原理是：政策执行结果是由权力决定的。试验性执行是高模糊性和低冲突性的政策执行模式，政策执行结果是由政策情境状况决定的，高度依赖于微观执行环境下利益相关者和所拥有的资源。象征性执行是高模糊性和高冲突性政策执行模式，高模糊性会导致不同地区政策结果差异很大，象征性政策执行依靠的是地方联盟。

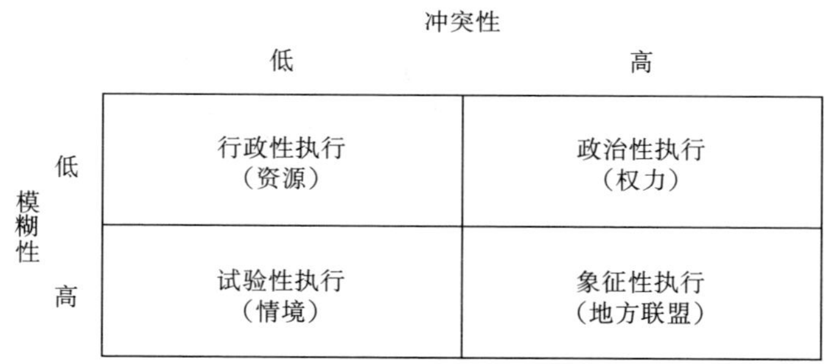

图 6.1 模糊冲突模型（Matland，1995）

模糊冲突模型在一定程度上突破了“自上而下”和“自下而上”视角局限性，不再单独强调政策制定者或者街头官僚，而是从政策模糊性和冲突性属性出发，识别不同类型政策执行模式以及关键性变量，从而实现政策有效执行。虽然不同政策执行模式存在必然有其合理性，但是对于官僚制组织来说，行政性执行与其是完美匹配，这归结于马特兰德对“成功执行”认知。他认为，“基于民主理论，当政策目标能够被明确陈述，那么政策执行者价值认知就有一个更高优先级，在这种情况下，‘成功执行’标准就是忠诚于被明确陈述政策目标，但是当一个政策没有被明确陈述时，‘成功执行’标准选择就会变得困难，那么一般性社会规范和价值观就会发挥作用”。

“自上而下”研究者认为政策冲突性是危险的，应该采取措施来降低政策冲突水平，但是“自下而上”研究者认为政策冲突性水平是不能被操控的（Berman，

1978）。马特兰德认为通过政策模糊性降低，在一定程度上可以降低政策冲突性，但是政策模糊性是否可以降低是不确定的，取决于很多条件，因此他更愿意将政策模糊性和冲突性看做固定因素。“自上而下”研究者将模糊性和冲突性视为消极和负面的，但是模糊性也是有其存在积极性意义，即政策制定者可以通过政策模糊性妥协，降低相关利益主体之间冲突性并尽可能达成一致，在一定程度上有助于推动政策在制定阶段尽快得以通过。

马特兰德的模糊冲突模型被国内外学者应用于不同政策执行领域中进行学术研究。在象征性执行模式中，Molasgallart 和 CastroMartínez（2007）对比了英国和西班牙在高校推行“第三使命”政策执行过程，认为这一政策执行主要依靠地方利益相关者联盟进行推进，与象征性执行模式完全契合。冉冉（2014）基于田野调查数据分析，将我国环境政策执行解读为“象征性执行”，从而解释政策执行偏差存在。对于行政性执行，朱玉知（2013）以行政性执行模式分析环境监理标准化建设逻辑。对于政治性执行，竺乾威（2012）通过对“拉闸限电”这一政治性政策执行模式分析，认为中央和地方之间权力关系是推动政策执行的主要力量。对于试验性执行，Mccreadie 和 Mathew 等（2008）分析英国成人保护政策执行过程，属于明显高模糊性和低冲突性的试验性执行模式。周芬芬（2006）研究我国农村中小学布局调整政策执行过程，认为其中地方政府对公平和效率冲突的处理是一种试验性执行模式。

相比于行政性执行、象征性执行和政治性执行，试验性执行由于情境高度不确定性，导致关键性变量不可获得性（胡业飞、崔杨杨，2015），本书认为这一观点有些悲观，政策制定者和执行者都是具有主观能动性的个体，如果目前政策执行超出了制定者和执行者控制范围，是可以采取措施来改变情境甚至直接改变情境所带来的结果。这些研究证明了模糊冲突模型对现实中不同领域政策执行过程都有很好解释力，但同时也招致了一些批评和质疑。

①政策冲突性的质疑。政策内部冲突性是最常见的，例如教育政策执行中效率与公平目标之间的冲突。但是在一些政策领域，政策本身目标是很明确的，但依然会存在冲突，这种冲突性体现在，这一政策与所处更大政策体系内其他政策之间发生矛盾和冲突，例如节能减排、环境保护和经济发展之间的冲突。这意味着马特兰德对政策冲突性定义的局限性。朱玉知（2013）提出对政策冲突性进行重新定义，将政策内部冲突扩展到政策之间冲突。

②模糊冲突模型是一个静态模型，忽略了政策执行模式动态转化性。政策执行本身是一个动态过程，当政策在执行过程中进行调整时，执行模式可能会发生改变。胡业飞和崔杨杨（2015）认为，我国社会化养老政策本身属于“试验性执行”，但在实际执行过程中执行主体将其转化为“行政性执行”模式，从而完成执行任务。

并且，即使是在同一种执行模式下，关键性变量不同也会导致执行结果存在差异。

③政策本身不同特征或者政策涉及不同利益主体特征会存在不同政策执行模式。Howard 等（2010）认为，政策执行过程中不同利益主体特征差异程度会产生不同执行模式，将政策本身执行模式拓展为不同利益主体特征执行模式。吴昊岱（2017）从政策不同特征研究视角出发，发现同一政策不同特征会产生执行模式差异，进而每个特征决定性影响因素都不同。

④模糊冲突模型与执行结果关系较弱。虽然对政策执行过程进行分类，但是这一模型并没有具体说明在不同政策模式下政策执行者行动逻辑。模糊冲突模型是对政策执行过程分析，但是并没有明确不同执行模式下存在什么样执行差异，在执行差异和执行模式之间没有建立起足够联系，因此不能对执行结果和差异进行假设和预测（殷华方等，2007）。

6.1.3 模糊冲突模型修正

从《条例》实施到2012年开始“工作要点”出台，国务院办公厅多次发文推动政府信息公开工作发展，但是我国幅员辽阔，各省份都有自己独特省情，政策执行行为及效果存在着较大差异，这一差异存在不能简单地认定为“成功”或者“失败”。政府信息公开对政府来说是一项比较新的政策，在政策执行过程中出现了各种问题。如果仅仅从政策宏观层面，将问题归结于政府信息公开制度不完善，那么改革很难找到着力点；如果将问题归结于微观层面不同行政机关具体执行情境，那最终得到的是一个又一个独立个案解决办法，对于政策改革推进整体性帮助不大。

马特兰德模糊冲突模型不仅将宏观与微观比较好的进行了融合，同时聚焦于政策本身特征属性，根据模糊性和冲突性程度来研究政策执行过程。政策执行是以公共政策规范为依据，地方政府要依法依章办事。如果只关注政策执行而忽略了政策本身，会陷入狭隘实证主义，模糊冲突模型对于政策执行分析视角和本书比较契合，对于政策执行省际差异分析以及政策本身完善都具有理论指导意义。

①冲突性重新界定。马特兰德所定义的冲突性，是指如果不止一个组织将政策视为和自身利益相关，并且这些组织对于政策执行存在不同态度和观点时，政策冲突就产生了。但是现实世界中政策冲突性不仅表现在政策内部不同组织之间冲突，还会表现在政策之间冲突。尤其是在政府信息公开领域，《条例》与《保密法》《档案法》之间存在着直接冲突，会对政策执行者行为产生影响，并且这种政策之间冲突性重要性不亚于政策内冲突性。因此本书对政策冲突性进行重新界定，认为政策冲突性既包括政策内冲突，也包括政策间冲突。

②将政策本身模糊和冲突属性拓展到政策执行要素模糊和冲突属性，分析政府信息公开不同维度政策执行过程。从目前现有文献可以看出，很多学者对于政策模

糊性和冲突性分析只是从整体上进行判断并确定执行模式，而没有严格地按照马特兰德对这两个属性的分析。马特兰德将政策执行作为一个完整整体，但是在特定政策领域，不同政策执行要素执行是相对独立的。在政府信息公开领域，公开内容、公开渠道和政策工具作为三个最重要的政策执行要素，其政策执行模式和关键性变量存在差异。

③高模糊性和高冲突性的象征性执行中关键性变量为权力。单一制体制下，地方政府在政策执行中自主性并不能像联邦制体制下那么大，必须听从中央政府政策安排，很难形成强有力地方联盟，因此在单一制体制下，上级政府是象征性政策执行的重要推动力，因此象征性政策执行结果是由权力决定的。

④模糊冲突模型动态过程研究。政府信息公开政策执行作为一个动态过程，本书关注模糊性和冲突性对政策执行模式的影响。已有政策执行研究力图穷尽影响政策执行因素，但是这种研究忽略了影响因素适用条件以及忽略了政策执行模式。政府信息公开政策执行过程中体现出省际差异虽然是一个受到多种因素影响过程，但是目前对于政策执行研究已经不需要更多或者试图穷尽所有解释变量，而是要寻找影响政府信息公开省际差异关键性因素，分析省际差异变动逻辑。

6.2 公开内容

政府信息公开内容政策属性是高模糊性和高冲突性，在此前提下，中央权威是导致省际差异变动关键性变量。中央权威表现方式为中央政府出台的各种行政命令和政策文件，尤其是当一项新政策出台时，如果没有中央权威推动将很难实施。政府信息公开内容政策执行中，中央权威表现形式主要包括2008年《条例》实施，2012年开始每年出台“工作要点”以及2017年出台《标准化试点》等文件，要求省级政府落实政府信息公开政策。

我国政府组织结构属于典型等级官僚制，权威是上下级关系直接体现。根据组织等级链原则，下级应该服从于直接上级命令，甚至是当直接上级和跨层上级命令之间存在冲突时，也应该听从直接上级命令。各省级政府在公开内容政策执行上呈现明显中央对地方“自上而下”垂直影响模式，在地区之间空间分布比较均衡。因此在单一制下，中央权威是导致政府信息公开内容省际差异变动关键性变量。

《条例》实施是政府信息公开内容政策执行起点。在2008—2011年，由于《条例》在公开内容规定上高模糊性和高冲突性，所有公开事项政策执行差异都在高位水平波动，导致公开内容省际差异在高位水平波动，其中最主要贡献者是规范性文件。在2012—2016年，由于中央政府“工作要点”出台，降低了公开内容政策模糊性，部分公开事项省际差异开始下降，导致公开内容省际差异下降。2017年中央政府出台《标准化试点》等相关文件，使得规范性文件和重大建设项目执行差异扩大，从而导致公开内容省际差异扩大。由于公开内容东、中、西部地区内差异变动趋势和省际差异变动趋势保持一致，地区间差异贡献很小，说明地区性变量并不起关键性作用，导致地区内差异和省际差异变动关键性变量是一致的。

6.2.1 高模糊性和高冲突性

6.2.1.1 《条例》高模糊性

《条例》作为公开内容政策执行依据，决定了省级政府公开内容的行政自由裁量范围，是研究公开内容政策执行和省际差异逻辑起点，因此有必要对《条例》中关于公开内容政策属性进行分析。公开内容高模糊性，主要包括政府信息和原则模糊性、公开内容执行标准模糊性以及政策文本语言模糊性三个方面。

政府信息和原则模糊性。省级政府公开的内容是政府信息，《条例》第二条对“政府信息”概念做了界定：“本条例所称政府信息，是指行政机关在履行职责过程中制作或者获取的，以一定形式记录、保存的信息。”这个概念界定的内涵和外延非常宽泛。“政府信息”概念界定不清，俨然已经成了我国政府信息公开制度建设中的重大难题，理论界对此提出了很多意见和建议，司法实务界将其视为“令人头疼的问题”，广大行政机关也迫切希望能有一个可操作性界定（后向东，2017b）。关于政府信息公开原则，在很多国家政府信息公开法律法规中，都非常明确地规定了“以公开为原则，不公开为例外”，而《条例》中并没有明确指出这一点，仅在第五条提到“行政机关公开政府信息，应当遵循公正、公平、便民的原则”。另外，我国《保密法》和《档案法》也对政府信息公开做了一些规定，但是这些规定更多成为了行政机关执行主体在实施过程中拒绝公开政府信息的理由，导致内容公开存在很大保守性和模糊性。

公开内容执行标准模糊性。对于政府信息公开内容而言，强制公开和禁止公开的政府信息由法律进行约束。《条例》规定了 23 类必须公开的政府信息，3 类属于禁止公开的政府信息。对于省级政府应该公开的政府信息，《条例》规定了 11 类重点公开事项，包括规范性文件、发展规划、统计信息、财政预决算、行政收费、政府采购、行政许可、重大建设项目、公共服务、突发公共事件和公共监督。除此之外，法律没有作进一步规定，这不是《条例》的疏漏，而是法律边界只能规定到这个程度。学者们对公开内容研究的主要争议就在于《条例》是否应该明确公开内容范围。从国外信息公开立法情况分析，以美国为代表的大多数国家，并没有明确规定公开内容范围，而是明确规定了不予公开的例外事项，即除了立法明确规定的不予公开事项以外，其他事项都应当公开，这也是“以公开为原则，以不公开为例外”具体表现，遵循的是法无禁止则允许的原则。《条例》不仅规定了不予公开的事项，还规定了应当公开的事项，这可以视为我国在政府信息公开领域原创。虽然

《条例》规定了政府信息公开事项，但是没有明确提出不同公开事项在政策执行中比重要求，可以视为是中央政府授权给省级政府，省级政府拥有自行决定不同公开事项执行比重行政自由裁量权，导致省级政府在公开内容政策执行上避重就轻。

政策文本语言模糊性。《条例》文本中充满了非常宽泛和模糊性语言，经常使用“应当”“鼓励”“及时”“公共利益”“特殊需要”和“重大影响”这种含义不明确或者缺乏量化标准语言，而不是“必须”这样的强制性语言，“政府信息”概念界定不清可以反映出政策文本在语言表述上的模糊性，《条例》以事项列举方式规定了强制公开以及严格禁止公开的政府信息范围，但是这一规定过于模糊，对于具体政府信息事项是否应该进行公开、何时公开以及以什么样的形式进行公开，需要政策执行主体根据现实情况做出具体判断。所谓公共利益很难界定，同时“国家安全、经济安全、社会安全和社会稳定”如何进行判断，什么时候使用例外原则等都存在模糊性。语言文字丰富程度和精确程度还不足以应对现实政策执行中出现的无限种可能性，赋予了执行主体在具体政策执行过程中宽泛的行政自由裁量权。

6.2.1.2 《条例》高冲突性

每一项法律、政策或者规则的制定都是有其特有象征意义，同样也有其合法性来源。政策冲突性可以体现在目标上，也可以体现在为实现目标所采用手段上。一些政策冲突是可以调节的，比如利益方面冲突，可以通过向政策执行者或者利益相关者提供物质激励等特定方式进行调节，但是涉及价值层面政策冲突很难调和，冲突可能无法避免。事实上，关于政府信息公开内容冲突主要是价值层面冲突，最典型的考量是如何平衡“公开透明”与“安全维稳”之间的冲突。

《条例》第八条规定：“行政机关公开政府信息，不得危及国家安全、公共安全、经济安全和社会稳定。”第十四条第二款规定：“行政机关在公开政府信息前，应当依照《中华人民共和国保守国家秘密法》以及其他法律、法规和国家有关规定对拟公开的政府信息进行审查。”第十四条第四款规定：“行政机关不得公开涉及国家秘密、商业秘密、个人隐私的政府信息。但是，经权利人同意公开或者行政机关认为不公开可能对公共利益造成重大影响的涉及商业秘密、个人隐私的政府信息，可以予以公开。”这几项条款对政府信息公开设置了两个条件，一是列举国家秘密、商业秘密、个人隐私作为信息公开的例外事项，尤其是国家秘密公开可能会危及国家安全、公共安全、经济安全和社会稳定，意味着政府在信息公开过程中要避开这些例外事项，这在一定程度上造成了政府信息公开与国家秘密、商业秘密和个人隐私之间的冲突；二是赋予行政机关权力去公开那些可能对公共利益造成重大影响的涉及商业秘密、个人隐私的政府信息。从分析中可以发现，这一制度授予了行政机关调解和平衡冲突的行政自由裁量权。

①关于政府信息公开与国家秘密之间冲突，我国一直是把维护国家安全和稳定

放在所有政策执行绝对优先位置上。国家安全和稳定作为一个预防性概念，意味着无形、不确定性潜在危险。根据《条例》要求，在政府信息进行公开前需要对政府信息属性进行审查，涉及国家秘密的政府信息不能进行公开。《保密法》和《档案法》都对政府信息公开进行了严格规定，例如《保秘法》第九条规定了7项国家秘密[①]，从条文中可以看出，这一规定对于国家秘密的认定过于宽泛，因此拥有对国家秘密进行认定权力的主体，就拥有很大行政自由裁量权。

《条例》既规定了涉及国家秘密的信息不能进行公开，同样也规定了政府信息是否包含国家秘密审核是由行政机关完成，意味着行政机关同时拥有审核政府信息秘密属性和作出是否公开决定的权力。《条例》属于行政法规，《保密法》和《档案法》作为与政府信息公开相关法律，其法律位阶要高于《条例》。按照《立法法》规定，为了防止行政机关在公正性问题上过度和长期的偏离，低位阶立法不得与高位阶立法相抵触，并且法律拥有对行政机关立法最终审查权。当政府信息公开与维护国家安全稳定之间出现直接或者潜在冲突时，行政机关需要优先考虑《保密法》《档案法》等法律规定，这意味着“国家秘密”属性认定，足以成为政府信息公开让位于保密的绝对理由。因此，当行政机关认定某一特定政府信息涉及国家秘密时，就可以合理正当地不进行公开，导致实际执行效果受到影响。

②除了与国家秘密冲突以外，政府信息公开还和商业秘密以及个人隐私之间存在冲突。对于商业秘密，我国出台了《反不正当竞争法》，对商业秘密进行明确界定，但是在《反不正当竞争法》和政府信息公开之间如何进行平衡，并没有明确标准。对于个人隐私，行政机关在履行公共管理职责和提供公共服务过程中，必然会收集和存储大量公民信息，这些公民信息会直接或者间接地涉及个人隐私，但是我国目前并没有明确专门针对个人隐私保护法律规定。那么该如何处理好政府信息公开与商业秘密、个人隐私保护之间关系，政府行政机关拥有这一行政自由裁量权。行政机关在政府信息公开政策执行过程，首先需要鉴别政府信息中是否涉及商业秘密或者个人隐私，在确定涉及商业秘密或者个人隐私情况下，需要征求相关权利人意见，如果权利人不同意公开，那么行政机关还需要权衡商业秘密、个人隐私与公共利益之间关系，决定这些信息是否公开、是否全部公开或者部分公开。

③当政府信息公开聚焦到具体政策领域时，也会存在一定程度冲突。《条例》鼓励政府信息公开，不仅是为了提高政府工作透明度，更是希望发挥对人民群众生

---

① 下列涉及国家安全和利益的事项，泄露后可能损害国家在政治、经济、国防、外交等领域的安全和利益的，应当确定为国家秘密：(a) 国家事务重大决策中的秘密事项；(b) 国防建设和武装力量活动中的秘密事项；(c) 外交和外事活动中的秘密事项以及对外承担保密义务的秘密事项；(d) 国民经济和社会发展中的秘密事项；(e) 科学技术中的秘密事项；(f) 维护国家安全活动和追查刑事犯罪中的秘密事项；(g) 经国家保密行政管理部门确定的其他秘密事项。政党的秘密事项中符合前款规定的，属于国家秘密。

产、生活和经济社会活动服务作用，进行增值性利用。由于《条例》模糊性，不同政策领域对相关政府信息公开制定了更加具体规定。例如在气象领域，制定了《中华人民共和国气象资料共享管理办法》，对气象资料等政府信息公开和共享进行了有条件的限制。另外，《中华人民共和国安全生产法》《中华人民共和国突发事件应对法》也对政府信息公开作了相关规定，导致政府信息公开政策执行过程面临更多冲突性。在大多数情况下，这些冲突存在成为了行政机关拒绝公开政府信息理由。另外，不同政府层级和部门制定的规章制度之间也可能存在一定程度冲突，这种冲突在很大程度上是政策整体目标和具体机构职能冲突产生的结果。

公开和保密是政府信息的一对矛盾体，保密范围会直接影响到政府信息公开内容广度和深度。《条例》规定赋予具体行政机关行政自由裁量权，来处理政府信息公开过程中存在冲突。当面临着具体情境时，不同行政机关可能会采取不同执行行为，导致执行差异产生。

6.2.2 权力：中央权威

6.2.2.1 阶段一：《条例》授权

2008—2011年可以视为政策执行初期，31个省级政府对于公开内容政策执行处于自行摸索阶段。《条例》作为政府信息公开内容政策执行依据，对公开内容规定属于高模糊性和高冲突性，意味着中央政府充分授权给省级政府，省级政府可以因地制宜地进行政府信息公开，公开内容政策执行属于“象征性执行”模式。公开内容省际差异呈现波动趋势，规范性文件执行差异对省际差异变动起着主要作用。

（1）高模糊性策略选择

我国在《条例》出台之前已经实施了政务公开，可以视为政府信息公开政策执行一个前期铺垫，不过《条例》出台和实施依然是史无前例的。《条例》模糊性包括客观技术上的模糊性和主观策略上的模糊性。在主观上，政策模糊性很多时候已经成为中央政府一种策略。

在客观技术上，公共政策模糊性很大程度上是由于人类认知有限性、信息缺乏和不完备造成的。根据有限理性决策理论，人并非是完全理性的，中央政府决策者作为有限理性经济人，不可能收集到政策制定需要所有信息，不可能完全预见到政策执行中会遇到的所有问题，不能确定政策是否能够顺利推行以及政策目标是否可以实现等，这些不确定性只有在真正的政策执行过程中才能得到验证或者解答。政府不是虚拟存在的，是由很多有限理性人组成的庞大组织，制定政策存在不足是正常的，这是客观技术造成的政策模糊性。

在主观策略上，公共政策模糊性设定是为了在政策制定阶段在不同利益相关者之间达成一致，同时还提供了一个可以在政策执行中发现新方法、技术和目的的机会。从传统角度看，人们一般会对模糊性有一定负面理解，政策模糊性被认为是导致执行差异重要原因，但是政策目标需要具有一定模糊性，尤其是在一项创新性政策执行之初。政策制定和政策执行是完全不同性质的两个活动，根据政策制定经典理论模型，例如垃圾桶模型（Cohen 等，1972）、多源流理论（Kingdon，1984）等，已经证实政策制定过程中存在不同利益相关者参与，但是很难确定不同利益相关者之间是如何相互作用推动最终政策形成。不同利益相关者诉求是多元化的，不同利益之间存在着矛盾和冲突，中央政府要制定一个能够满足所有利益相关者诉求的政策，在很大程度上就要在政策清晰性上妥协，设立一个模糊性政策目标，实现不同利益相关者之间相对平衡，因此政策模糊性在政策制定过程中是为了应对不同利益之间冲突性以及强调因地制宜而不得不做妥协，其积极作用在于可以消除部分冲突性，模糊性语言便于不同利益相关者作出有利于各自立场的解读。《条例》模糊性一方面体现了中央政府在政策制定时对政府信息公开问题认识的模糊性，另一方面也是为了缓解政府信息公开与国家秘密等之间存在冲突。

《条例》在政府信息与原则、公开内容执行标准以及政策文本语言这几个方面模糊性，既是客观技术限制，也存在主观策略上需要。在政策科学领域，公共政策模糊性是一个不可避免的现象，不存在“有与无”问题，更多是模糊性程度上差异，但这并不意味着公共政策质量低下，不应该被当做公共政策一个缺陷，更多是一种政策属性。主观策略上模糊性和客观技术上模糊性并非完全独立，很多时候交织在一起。《条例》赋予省级政府一定行政自由裁量权，把冲突性和模糊性解决留到了政策执行阶段。

高模糊性和高冲突性象征性执行模式有其必然性存在。在当时特定历史时期，国际社会和国内公民都强烈呼吁政府信息公开，中央政府经过对社会形势判断而制定公共政策。象征性政策制定主要目的是表明政府迅速回应性，鼓励和动员各级政府和公民积极参与，其特征是模糊性和无法量化政策目标，对政策执行效果并没有具体而明确的要求。象征性政策既能够体现出政治领导人对特定问题关心，但又不必为此重新分配资源（Schneider 和 Ingram，1993）。很多时候，即使中央政府制定了特定政策，行政机关也缺乏执行能力。不管中央政府制定政策有多合理、煞费苦心，执行不了也没有多大意义。《条例》出台是中央政府表达对知情权这一基础人权尊重，获取了国内公民和国际社会合法性支持，是政府责任性和回应性的体现。

我国是单一制国家，地方政府很难拒绝政策执行，象征性政策执行模式下政策是否能够顺利推动，更多取决于中央政府对政策执行环境分析以及推动政策执行决心。政策高模糊性是中央政府有意识而为之，认为政策制定还不具备降低模糊性条件和时机，留给地方政府在政策执行中探索空间。对于公开内容政策执行，中央政府可能清楚地意识到追求知情权价值与政府信息公开现实之间的差距，尤其是在国家安全稳定高于一切的前提下，赋予了行政机关充分行政自由裁量权。

（2）省级政府执行试探

《条例》高模糊性和高冲突性赋予省级政府充分行政自由裁量权，这既是应对区域差异的保障，也为权力滥用提供了可能。即使有中央政府推动，政策执行过程也并不顺利。政府作为一个典型官僚制组织，其政策有效执行前提是存在明确政策目标。为了更好地要求地方政府落实《条例》，国务院办公厅在2008年出台了《关于施行〈中华人民共和国政府信息公开条例〉若干问题的意见》（国办发〔2008〕36号），即便如此，政府信息公开内容政策执行过程依然充满了不确定性。

从政府信息公开政策要求和原则分析可知，《条例》文本中政策指令具有很高的模糊性，导致省级政府对政策文件解读存在差异，对依法行政和因地制宜理解产生不同，不利于对政策执行过程的把握。在政府内部，对于政府信息公开内容中强制公开、禁止公开和由行政机关自行决定是否公开三个范围的划分并没有形成统一认识。对于具体政府信息公开范围，一些执行主体认为只要不是法律明确规定要求公开的信息都坚决不予公开，一些执行主体认为只要法律没有明确禁止的内容都必须公开，即所谓“公开为原则，不公开为例外”。由于不同执行主体在政府信息公开内容范围上存在认知上偏差和分歧，最终体现在省级政府之间执行差异上。

由于中央政府权威性，地方政府必须贯彻落实公开内容政策执行工作，但是《条例》高模糊性和高冲突性给官僚制组织带来了挑战。官僚制组织的运行是基于层级官僚制理论，是德国社会学家韦伯在20世纪初期提出来一种行政组织制度。官僚制组织特征包括合理的分工、层级节制的权力体系、依章办事的运行机制、正式的决策文书、组织管理的非个人化和合理合法的人事行政制度，被视为具有“超越任何其他组织形式的技术优势”。官僚制组织是以法理型权威作为合法性来源，拒绝传统型权威和魅力型权威。官僚制组织形式和法理型权威最匹配，通过法律制度来规范组织层级、部门架构、职位设置等，政策执行工作开展不以个人意志为转移，是非人格化的，这是文官制度确立依据，到现在演变为公务员制度，要求官僚体制内公务员职业化、专业化、价值中立、技术理性和工具理性。韦伯官僚制组织理论是建立在“政治与行政二分”以及科学管理理论基础之上，但是“政治与行政二分”以及科学管理理论在现代社会饱受诟病，在实践中遇到了困境。政治与行政在实际政策领域是很难完全分离的，行政执行过程中也存在政治政策制定，科学管理理论是基于理性经济人假设，但是组织行为理论已经证实了组织中个人并不是理性经济人，更多时候是具有情感社会人，因此对公务员价值中立和非人格化要求不现实，客观上不可能存在。

随着新公共管理和新公共服务运动兴起，官僚制面临着更大挑战，官僚制组织开始关注组织个体积极性和主动性。经济学假设所有人都是理性人，每个人行为出发点都是为了个人利益最大化。在公开内容政策执行上，地方政府出于自利性目的，当自身利益与其他群体利益存在冲突情况下，会优先考虑自身利益。省级政府拥有自行决定不同公开事项执行比重的行政自由裁量权，并且在是否决定公开选择上，可能会以国家秘密为由拒绝公开。2010 年国务院办公厅出台了《关于进一步做好政府信息公开保密审查工作的通知》（国办发〔2010〕57 号），完善保密审查工作，这在一定程度上反映了中央政府对待政府信息公开冲突的态度。即使公民需求并未完全满足，并且拒绝公民信息公开请求会降低政府公信力，但是与公开一些不确定性信息给政府官员和部门所带来的直接影响，以及给社会造成潜在风险相比，这些问题都是次要的。当一些省级政府在公开内容政策执行上保守行为未受到惩罚，那么这一行为就会被其他省级政府所模仿。新制度主义认为我们在日常生活中并不是每时每刻都会考虑什么对自己有利，行为上并不会完全遵循如何能够实现自身利益最大化原则进行决策。大多数情况下，行动者会参考已有做法，尤其是自己或者其他人已经成功的惯例，即通过向典型模仿学习，降低决策行为成本和风险。

我国属于一个熟人社会，属于差序格局的社会结构（费孝通，2015），省级政府政策执行行为会受到各种不同关系等非理性因素影响。作为行政执行主体，省级政府在政策执行中任何判断和行为都是在做决策。《条例》模糊性导致不同执行主体对政策会有不同理解，给政策执行创造了很大行政自由裁量范围。对于同一类政府信息属性认定和处理，在不同省级政府、在同一省级政府不同时期，甚至同一省级政府不同执行者之间都会存在差异。一个地方或部门积累的经验如果不能为其他地方或部门所利用，就会加大整个执行过程成本和差异。各地区或部门之间缺乏必要沟通与协调，缺少全盘规划与部署，组织领导、机构和人员专业水平参差不齐，势必会影响政策执行结果，导致政府信息公开内容省际差异呈现高位波动趋势。

省级政府在公开内容政策执行上，在 2008—2011 年侧重规范性文件等结果类信息公开，对于过程类信息公开非常谨慎。一些政府行政人员认为没有必要将决策过程等信息进行公开，意识不到这些信息公开对于政府以及社会发展的重要性。这一时期，规范性文件执行差异对公开内容省际差异起着主要作用。

6.2.2.2　阶段二："工作要点"出台

权力关系构成了人们一般性社会互动的重要内容与形式。韦伯认为权力其实是"在社会交往中一个行为者把自己意志强加在其他行为者之上的可能性"，高模糊性政策执行需要中央权威来推动。在政府信息公开这一高模糊性政策执行中，如果由政策执行者自行设定执行方向和标准，其实就是完全将行政自由裁量权交给了省级政府，存在政策目标置换风险。政策制定者没有给出清楚政策指令，是政策执行失败解释中一个主要原因（Sabatier 和 Mazmanian，1979），在现实各种情境因素作用下，省级政府可能会滥用行政自由裁量权，导致其执行行为偏离政策目标正确轨道。

为了降低政策模糊性，中央政府应该承担制定政策执行标准工作，推动政府信息公开政策执行统一性。中央政府需要思考如何建立政府信息公开标准化体系，实现操作流程标准化，为政策执行提供明确执行规范，包括应该公开什么内容、如何处理政府信息公开与相关法律法规关系，从政策层面应对省级政府行政自由裁量权的泛化甚至滥用，使行政自由裁量权成为“有一定之规”、有约束条件、范围边界清晰的权力，而不致于产生或诱发运动式、随意化“脱嵌”行为，把政府信息公开政策执行全过程、全方位地嵌入到标准化体系之中，确保政府信息公开质量和效果最优化（王锐兰，2017）。

在单一制下，中央政府可以直接通过发布政策文件形式，要求省级政府贯彻执行中央政府政策意图。当中央政府认为省级政府信息公开政策执行已经积累了一定经验，同时实践中存在一些问题可以得到解决时，就会出台相关文件规范政府信息公开工作。自2012年起，国务院办公厅每年发布一份“工作要点”，对当年政府信息公开政策执行工作进行指导，如表6.1所示。根据卡尔弗特（Calvert）政策执行模型，行政自由裁量范围是由中央政府政策决定，那么模糊性更低的政策会给地方政府更明确目标。由于“工作要点”出台，公开内容模糊性程度下降，但是由于《条例》高冲突性属性依然存在，其执行模式从象征性执行向政治性执行转变。

表6.1　　2012—2016年中央政府出台相关政策文件

发布时间	文件名称	发文字号
2012年4月	国务院办公厅关于印发2012年政府信息公开重点工作安排通知	国办发〔2012〕26号
2013年7月	国务院办公厅关于印发当前政府信息公开重点工作安排的通知	国办发〔2013〕73号
2014年3月	国务院办公厅关于印发2014年政府信息公开工作要点的通知	国办发〔2014〕12号
2015年4月	国务院办公厅关于印发2015年政府信息公开工作要点的通知	国办发〔2015〕22号
2016年4月	国务院办公厅关于印发2016年政务公开工作要点的通知	国办发〔2016〕19号
2016年9月	国务院办公厅政府信息与政务公开办公室关于明确政府信息公开与业务查询事项界限的解释	国办公开办函〔2016〕206号
2016年11月	国务院办公厅印发《关于全面推进政务公开工作的意见》实施细则的通知	国办发〔2016〕80号

“工作要点”中关注和强调第三类公开事项，包括财政预决算、行政收费、行政许可、重大建设项目、公共服务、公共监督和其他共7种。过去10年，各省级政府在政府信息公开内容上从前期侧重规范性文件等结果类信息公开，慢慢开始转变向重大建设事项等非公文类信息以及征求意见等过程性信息的公开。重大建设项目、公共监督和公共服务等社会各界重点关注事项公开力度越来越大。由于“工作要点”出台，这7种公开事项不仅在年度执行上呈现上升趋势，而且执行差异出现明

显波动式下降（如图 6.2 所示），导致公开内容省际差异在 2012—2016 年出现明显下降趋势。

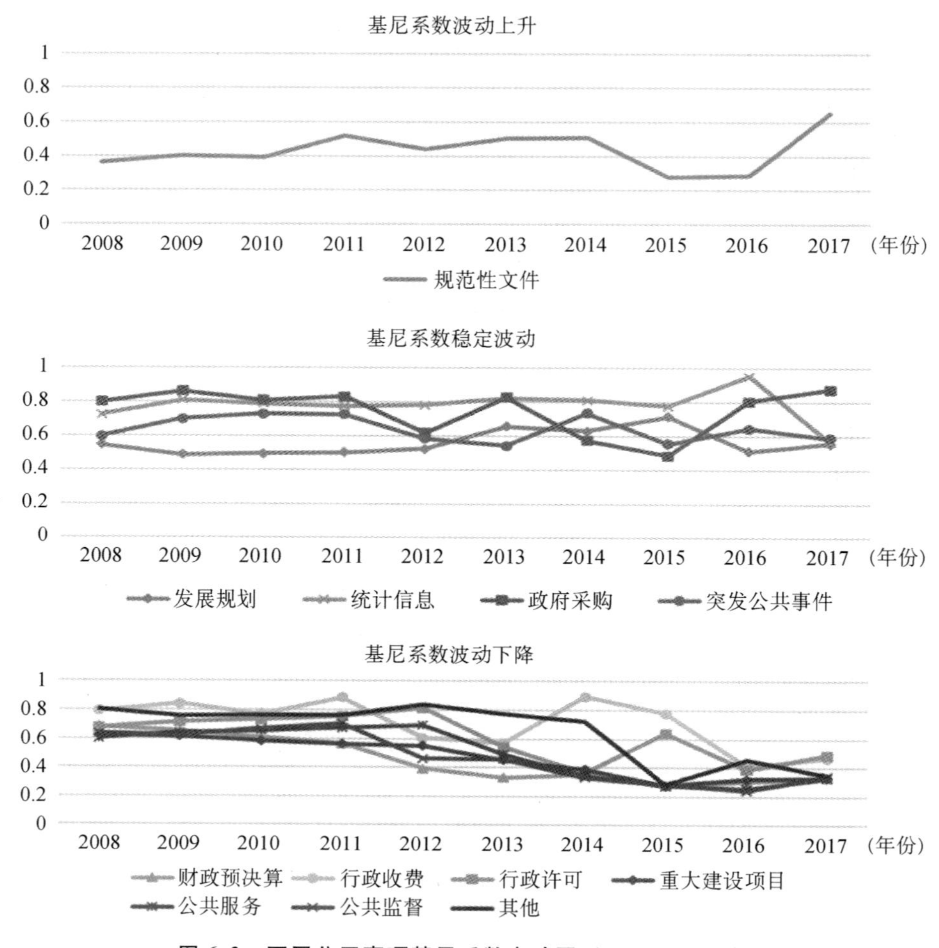

图 6.2 不同公开事项基尼系数变动图（2008—2017 年）

6.2.2.3 阶段三：《标准化试点》出台

虽然“工作要点”出台降低了政策模糊性，提高了省级政府滥用行政自由裁量权标准，缩小了行政自由裁量范围，但是政策模糊性还是客观存在的，省级政府依然拥有行政自由裁量权。要想在行政自由裁量的授权与控制之间寻找一个完全平衡状态非常困难，随着社会环境和公民需求的变化，中央政府需要不断更新和调整政府信息公开政策。

中央政府不仅针对政府信息公开内容制定统一文件，还聚焦到特定领域或者环节出台相关政策文件。2017 年国务院办公厅出台了《关于推进重大建设项目批准和实施领域政府信息公开的意见》（国办发〔2017〕94 号）、《关于推进公共资源配置领域政府信息公开的意见》（国办发〔2017〕97 号），关注于重大建设项目公开事项，导致 2017 年重大建设项目结构比重调整对公开内容省际差异变动贡献很大。

中央政府还印发了《标准化试点》政策文件："在全国 15 个省区市的 100 个县（区、市）尝试标准化试点，围绕权力运行全流程、政务服务全过程，立足试点探索，紧密联系实际，积极推进基层政务公开标准化规范化，全面提升基层政务公开和政务服务水平。"这导致 2017 年规范性文件空间集聚程度发生变化，对公开内容省际差异变动贡献很大。

在政策执行中，政策"试点"是政治领导人为了加强对政策执行者的动员、控制和整合而采取的一种管理策略和技术。中央政府能够发挥"试点"政治导向功能，同时地方政府出于绩效考量，也能收获政策执行成功或者制度创新成果，因此试点具有双向性作用。在政府信息公开领域，中央政府设立政策试点是希望通过"试点先行"，实现"由点到面"推广。中央政府要积极作为，在政府信息公开规范化政策试点过程中选拔出优秀试点，及时在执行主体之间构建出具有普遍适用性理念，减少规范性价值权威缺失导致的政策执行偏差。

"试点—推广"是一种政策执行尝试和探索方式，是具有中国特色的一种执行机制或者政策工具，是中国共产党的创造。"试点—推广"实质是将"实验"研究方法运用到公共政策领域，政策实验是指选择若干局部地区先试先行，在总结经验基础上形成可推广政策，再全面推行的做法（宁骚，2014）。从政策执行不确定性角度理解模糊性政策，这是中央政府给地方政府试错的空间和机会。政府信息公开属于一个社会环境复杂以及政府缺乏政策执行经验领域，政策模糊性赋予地方政府行政自由裁量权，给地方政府进行尝试和探索机会，避免由于政策本身不成熟而产生一系列超出控制的事情。一般来说，"试点—推广"过程包括以下几个步骤：

（1）政策试点

政策试点推行主要有两种模式。第一种模式是由中央政府推行，中央政府精心挑选试点，开展政策执行新模式，在有成效基础上进行全面推广，这是典型试点推广模式。渐进式是我国政治和法律改革根本特征（邓小平，1993），强调"实事求是，一切从实际出发"和"摸着石头过河"。政府信息公开也遵循着渐进式发展模式，从村务公开、政务公开到各地方政府信息公开实践，再到《条例》出台，是一个逐步推进过程。第二种模式是地方政府推行，某一层级地方政府在中央政府模糊决策或者未获得高层决策者正式批准情况下，在所管辖范围内进行试点，等到试点成熟以后总结经验进行全面推广。例如在《条例》出台以前，以广州、上海为代表地方政府开始探索政府信息公开制度，为《条例》出台积累了实践经验。这两种模式虽然看似不同，但有一个共同核心，即政策试点是基于中央政府释放的改革信号，而不是地方政府完全自主性。这两种模式都具有鲜明中国特色，但在实践中政策试点主要是以第一种模式为主。除了中央政府强制性安排，试点地区出于争取中央政府关注政治因素也会积极实践中央政策。在政策试点过程中，如何能够发挥出中央政府政治激励积极作用，避免政治因素在试点中负面影响，是政策试点中需要关注的问题。

（2）合法性认可

“试点—推广”模式中政策试点和试点推广两个环节非常重要，但从政策试点进入到试点推广阶段之间，还存在中央政府合法性认可。地方政府在中央政府制定政策框架内进行试点，中央政府要对试点实施情况进行评估，如果中央政府认为政策试点执行效果好，可以从试点地区实践中提炼出整体性政策进行全面推广，如果认为政策试点执行效果一般，则需要在总结经验教训基础上重新制订新试点方案，如果认为政策试点执行效果非常差，不适合进行推广，则需要立即终止。可见，政策试点合法性认可既是为了总结可推广、可复制经验，但同时可以避免因追求过高目标而贸然行动导致政策失败。

（3）试点推广

我国政策“试点—推广”模式和西方政策扩散模型并不完全一致，政策扩散模型强调在横向地方政府之间自发进行政策采纳和扩散，而在我国政策试点推广中，是自上而下垂直推动模式和地方政府横向间自发式扩散共同发挥作用。第一，自上而下垂直推动模式。中央政府推广试点，最主要和直接方式就是政策文件出台。为了进一步加强推广实效，中央政府还可以搭建交流学习平台，由上级部门定期或者不定期组织培训学习活动，“试点”进行答疑解惑，鼓励地方政府在试点基础上进行持续性创新。做好“试点”舆论宣传和学习工作，从而形成地方政府之间交流、学习、竞争和赶超局面，不仅能够增强对于“试点”政策执行方式认同和理解，还可以提高地方政府积极性。第二，地方政府横向间自发扩散。由于不同省份或地区所处社会环境不同，当无法由中央政府直接指定具体详细政策执行模式时，地方政府之间可以进行政策学习、模仿和竞争，通过互动交流得以实现。地区间交流可以使落后地区主动向先进地区学习，并结合当地实际情况形成合适执行方案，有利于降低创新风险和成本。

标准化试点是政府信息公开制度规范重要工具，虽然目前还停留在试行阶段，渐进式改革需要在现存制度体系下寻求改革点，但试点对于地方政府来说也是冒着风险改革尝试，在试点期间短期、有限的可行性，并不意味着普遍可适用，需要制度规范给予明确，减少内在合法性冲突。在政府信息公开政策执行中，中央政府通过对一些省份进行试点，等积累到一定经验时，归纳和总结政府信息公开规范性问题解决办法和工作流程进行推广，对其他省份政府信息公开政策执行工作提供指导和规范。中央政府提出权力清单、责任清单、市场准入清单等清单式管理其实也是一种探索性标准化规范，在其他国家并不多见。中央政府应该为地方政府政策执行提供具有政策性和操作性指导意见，进一步缩小政策执行中存在差异。

由于标准化试点的开展和对某些特定公开事项关注，2017 年公开内容省际差异有所扩大，反映了中央权威对于推动政府信息公开公开内容省际差异变动实时性。从不同公开事项对公开内容省际差异变动贡献分析，规范性文件和重大建设项目促进了省际差异扩大。

6.2.3　立法和监督：约束行政自由裁量权

根据卡尔弗特（Calvert）政策执行模型，省级政府政策执行行为应该在中央政府可接受潜在政治控制范围内浮动，否则就会受到惩罚。对于中央政府越重要的事情，下放行政自由裁量权越少。如果地方政府行政自由裁量行为没有受到惩罚，就可以认为其属于行政自由裁量潜在范围，这也是地方政府将公开内容政策视为“象征性政策”并采取“象征性执行”症结所在。省级政府行政自由裁量范围扩大程度取决于中央政府实际政治控制力度。因此如果要约束省级政府行政自由裁量权，既需要通过政府信息公开立法来限制自由裁量范围，还需要通过优化监督激励机制实际控制来限制潜在控制范围扩大。

6.2.3.1　政府信息公开立法与相关法律修订

在政府信息公开制度建设中，《条例》对于保障公民依法获取政府信息、增加政府透明度发挥着非常重要作用。但是随着信息化时代快速发展和政府改革深入推进，《条例》在实践中暴露了各种问题，中央政府应该从法律层面进行调整。

政府信息公开立法。《条例》与《保密法》《档案法》在法律位阶上的冲突是阻碍政府信息公开制度发展重要因素，因此有必要对政府信息公开进行立法。《条例》受上位法制约问题自其颁布实施以来就一直被诟病，理顺政府信息公开与相关法律法规之间关系，提升政府信息公开的法律层级，由全国人大或常务委员会审批通过法律形式来推进政府信息公开制度化。虽然《条例》没有明确“公开为原则，不公开为例外”，但是 2014 年《中共中央关于全面推进依法治国若干重大问题的决定》、2016 年《关于全面推进政务公开工作的意见》等多个政府文件反复提到“坚持以公开为常态，不公开为例外原则”。目前新修订《中华人民共和国政府信息公开条例》将于 2019 年 5 月 15 日起施行，此次修订一项重要内容是明确提出“坚持以公开为常态，不公开为例外”，明确政府信息公开范围，不断扩大主动公开。政府信息公开立法后，关于政府信息公开和国家秘密以及个人隐私等之间冲突依然存在，例如以美国为代表其他国家对政府信息公开立法，但依然没有摆脱这一问题。即便如此，如果能够对政府信息公开进行立法，至少可以消除法律位阶问题。

修订《保密法》等相关法律。关于《条例》与《保密法》《档案法》之间冲突主要集中于“国家秘密”界定模糊而导致的理解差异。对于《条例》与国家秘密之间法律冲突问题，后向东（2017a）认为《保密法》《档案法》和《条例》之间不存在冲突，各自调整的是不同法律关系，《条例》调节的是行政机关政府信息公开行为，并不必然需要采用法律形式。余凌云（2014）认为政府信息公开属于授益行政行为，不赞同以秩序行政原理来化解《条例》与《保密法》《档案法》之间冲突，当《条例》与其他法律规定相冲突时候，不应该适用“上位法优于下位法”标准，而应该适用“最有利于当事人原则”，从而有助于推进政府信息公开的便民思想。关于政府信息公开与商业秘密和个人隐私关系，我国也没有《隐私权法》等相关法律，虽然存在与个人隐私相关规定，但都散落在各种法律法规中，导致个人隐私界定存在着不确定性。中央政府需要尽早制定专门法律，对商业秘密和个人隐私概念进行界定，降低政府信息公开制度执行中的冲突。虽然要完全梳理清楚政府信息公开与国家秘密、商业秘密和个人隐私之间关系非常困难，但是这并不代表中央政府就应该放任地方政府以商业秘密和个人隐私为由拒绝公开政府信息。几年前力拓案①暴露了我国法律对“国家秘密”界定宽泛性和随意性（张毅菁，2013），因此有必要对《保密法》等相关法律进行修订，明确国家秘密、商业秘密和个人隐私范围，规范国家秘密、商业秘密和个人隐私之间法定程度，有利于推进政府信息公开制度实施。

公开与保密是对政府信息完全不同两种处理方式，是一个事物对立的两个方面，从长远分析，政府信息公开是趋势，而保密是例外。政府信息公开是一个综合性很强的工作，想要理清法律关系是非常困难的。哪些政府信息属于可以公开的信息、国家秘密、商业秘密或者个人隐私，谁有权力来对政府信息属性进行审查，这些争论虽然很难有一个明确结论，但是其在一定程度上是有益的，因为对这些议题全面而深刻讨论代表了冲突背后价值观之间交锋（Feinberg，1986），在政策执行中对这些冲突权衡取舍能够反映出地方政府对社会价值追求和平衡。

6.2.3.2 监督激励机制优化

权力是行为者为了实现个人意志和特殊目的强制性政策工具。在层级官僚制组织中，下级政府权力来自于上级政府授权，需要向上级政府负责。为了保证行政管理效率，确保对具体执行情境灵活能动地适应，行政机关在政府信息公开政策执行过程中，享有一定行政自由裁量权，但并不是绝对“自由”。从目前法律法规执行分析，即使设立了相关法律法规，也不代表政府信息公开自由裁量权受到限制。当

---

① 力拓案，是关于澳大利亚力拓公司4名员工的一起案件。2009年7月5日，胡士泰等4名力拓员工，被上海市国家安全局刑事拘留，标志力拓案的正式开始。2010年3月22日，案件得以公开审理。2018年7月4日，力拓案中被判在华服刑的澳大利亚商人胡士泰刑满释放。

现实世界中行政人员在意识到法律潜在约束后仍然按照特定行为方式行使行政自由裁量权，这在一定程度上折射出了其面临监督激励机制缺失，淡化了法律约束作用。

地方政府是否将一项政策视为象征性执行重要指标，取决于其是否存在真正监督考核机制。在信息对称情况下，政策执行者行为是可以被看到的，政策制定者可以通过掌握政策执行者执行信息来对其进行奖惩。但在信息不对称情况下，政策制定者无法了解政策执行者行为，只能通过其他方式来激励政策执行者作出其希望的行为。《条例》第二十九条规定“各级人民政府应当建立健全政府信息公开工作考核制度、社会评议制度和责任追究制度，定期对政府信息公开工作进行考核、评议”。《条例》属于行政立法，具有行政自制能力（于立深，2016），是一种在行政复议和行政诉讼功能性不足客观事实基础上提出的监督方式。目前，政府信息公开领域行政自由裁量权被滥用的主要原因，在于缺乏有效监督考核体系和奖惩激励制度。

（1）监督考核体系

省级政府行政自由裁量范围是可以通过中央政府监督考核进行控制。在政策执行过程中信息不对称是个普遍现象，地方政府占据信息优势地位，为了监督地方政府信息公开政策执行情况，中央政府需要在信息搜集方面投入大量时间及其他成本。政府信息公开工作年度报告一定程度上也是为了降低或者解决中央政府和地方政府之间信息不对称问题。空间分散导致地域差异使得中央政府很难去监督地方政府政策执行是否和中央政府目标保持一致（Wood 和 Waterman，1995）。中央政府虽然希望可以通过政府信息公开工作年度报告来监督地方政府信息公开政策具体执行，但是没有建立一套有效机制进行监督，没有固定和统一严格标准，政策模糊性为监督政策实施制造了麻烦。在政府信息公开政策执行过程中，中央政府想要规避委托代理带来的弊端，就需要克服信息不对称问题。

中央政府要着重考察省级政府对《条例》以及政策文件的遵守情况、问题化解以及公民满意度等，对政府信息公开执行进度、质量、数量和满意度进行综合评估。政策模糊性虽然为省级政府信息公开应对复杂现实环境提供便利，但是对中央政府来说，在监督过程中搜集政策执行信息难度加大，即使是在现代信息通信技术如此发达情况下也是如此，因此需要及时对政策执行情况进行监督检查。省级政府在执行过程中需要将政策执行情况以及执行中出现的问题反馈给中央政府，中央政府在接收到反馈后对执行情况进行监督，并将评估结果及时反馈给省级政府。即便是模糊性很低的政策，在现实执行中也会出现执行不力或者政策变通等问题，比如随着“工作要点”发布，政府信息公开内容上省际差异明显下降，但是省级政府还是会在涉及和自身利益相关事项上保守公开。低模糊性是政策有效推进的必要而不充分条件，并不能确保政策得以忠实地执行。例如，2008 年三鹿奶粉事件和 2010 年陕西煤矿透水事件发生就是相关政策在执行中信息不对称和缺乏监督造成的，事后都追究了官员信息公开不力责任。如果不进行后续监督，就相当于把政府信息公开政策的行政自由裁量边界界定完全交给了省级政府，必然会背离政策目标，影响政府权威和公信力。

（2）奖惩激励制度

监督考核体系必须和奖惩激励制度结合起来使用，才能发挥作用。奖惩激励是对政策执行监督考核反馈，正是激励制度缺失才使地方政府将政府信息公开当作象征性政策来对待。正激励是对信息公开工作完成较好的省级政府进行奖赏，负激励则是对政府信息公开工作完成不好的省级政府进行惩罚，奖惩激励制度背后观念是，许诺作出奖赏或者威胁性惩罚可以激励省级政府采取本来不想采取的方式（积极主动公开政府信息）来行事。正激励与负激励是同一枚硬币两面，通过正激励可以引导省级政府去做中央政府鼓励的信息公开行为，在行政自由裁量范围内行事。通过负激励让省级政府很难去做中央政府不希望他们去做的事情，即中央政府应该明确政府信息公开底线，省级政府不能触碰行政自由裁量潜在控制边界，一旦超越了潜在控制边界，就要受到惩罚。两者出发点均是要让省级政府按照中央政府制定公共政策进行信息公开。究竟正激励还是负激励可以作为更有效工具，在心理学和政治学上都存在很大争议，但将它们分开单独使用是肯定错误的。每一项正激励都应该存在将其撤回的潜在惩罚，而每一项负激励都要有着可能减轻惩罚的潜在奖赏因素。在信息公开领域，正激励和负激励两者必须同时使用，才能发挥出激励作用。

良好政策执行关键之一在于监督激励。只有进行监督考核和监督激励，才能知道政策执行如何改进。通过及时良好沟通和反馈，可以发现制度建设与政策文本规定上缺陷，从而有效控制省级政府行政自由裁量权，纠正其在政策执行中出现偏差。

6.3 公开渠道

政府信息公开渠道政策属性是高模糊性和低冲突性，使得公开渠道政策执行属于试验性执行模式，更多地受到“自下而上”因素的影响，依赖于执行情境变化。基于对公开渠道省际差异变动过程分析，本书认为信息通信技术是关键性变量。信息通信技术创新推动了公开渠道政策执行过程，并导致省际差异变动。公开渠道政策执行过程即使不符合最初目标，但也带来了很多积极结果。

在2008—2012年，信息通信技术不断创新，互联网迅速普及，推动着公开渠道多样化探索，导致公开渠道省际差异高位波动。2013—2017年，随着信息通信技术融合，公开渠道朝着网络化方向重点发展，建设“两微一端一网”，导致省际差异下降。从省际差异地区分解来看，东、中、西部地区内差异变动趋势和省际差异变动趋势相似，地区间差异贡献很小，说明公开渠道政策执行在地区之间空间分布比较均衡，因此导致公开渠道不同地区内差异和省际差异变动关键性变量是相同的，即都是信息通信技术。

6.3.1　高模糊性和低冲突性

政府信息公开渠道高模糊性和低冲突性使得公开渠道政策执行属于试验性执行模式。关于公开渠道政策执行依据是《条例》第十五条和第十六条。《条例》第十五条规定："行政机关应当将主动公开的政府信息，通过政府公报、政府网站、新闻发布会以及报刊、广播、电视等便于公众知晓的方式公开。"第十六条规定："各级人民政府应当在公共图书馆、国家档案馆设置政府信息查阅场所，并配备相应的设施、设备，为公民、法人或者其他组织获取政府信息提供便利。行政机关可以根据需要设立公共查阅室、资料索取点、信息公告栏、电子信息屏等场所、设施，公开政府信息。行政机关应当及时向公共图书馆、国家档案馆提供主动公开的政府信息。"

公开渠道高模糊性是由公开渠道性质决定的。我国在《条例》实施以前仅有一些地方政府自行进行公开，中央政府对于公开渠道政策执行并没有一个非常清晰认识，包括公开渠道应该包括哪些？以后会不会出现新公开渠道？不同公开渠道应该公开什么样的内容等。因此在《条例》规定中充满了非常宽泛和模糊性的语言，使用"应当""及时""根据需要""便于公民知晓""等"这样含义不明确或者缺乏量化标准语言，而不是"必须"这样的强制性语言。政策模糊性使公开渠道政策执行缺乏操作标准，给了省级政府很大的行政自由裁量空间。《条例》只以列举方式提出几种公开渠道，并没有限制其他《条例》未规定公开渠道使用，也没有限制不同公开渠道比重规定，这些都是省级政府在公开渠道政策执行过程中行使行政自由裁量权进行判断和决定，因此公开渠道种类和比重都可以视为行政自由裁量权的行使。各省级政府在《条例》基础上，可以根据所管辖地区实际情况选择任何合适的公开渠道，非规定渠道也是省级政府行政自由裁量行为体现。

公开渠道低冲突性表现在公开渠道多样化会分散省级政府精力和资源。《条例》对公开渠道规定并没有给出不同公开渠道法律地位，由于公开渠道种类繁多，省级政府很难保证对所有公开渠道都能平等对待，在政策执行过程中会出现对特定公开渠道一定程度上倾斜，但是这并不违反《条例》对公开渠道的规定，因此冲突性较低。

6.3.2　情境：信息通信技术

6.3.2.1　阶段一：互联网普及

互联网发展和普及速度之快超过了包括政府在内所有人预期，2007 年 12 月底我国网民人数仅有 2.1 亿人次，互联网普及率仅为 16%，比当时全球平均水平（19.1%）还低 3.1 个百分点，网民中使用手机上网用户比例仅有 24.0%[①]。截至 2012 年 12 月底，我国网民规模为 5.64 亿人，互联网普及率为 42.1%，网民中使用手机上网用户比例高达 74.5%，微博用户比例达到 54.7%。[②] 2010 年微博诞生，2012 年微信诞生，其自诞生之日吸引着大量用户，用户普及和使用率快速增长。

非规定渠道采纳和信息通信技术发展在时间上实现了无缝连接，实现了信息通信技术在公开渠道上的即时应用。2008 年，省级政府既采纳了《条例》规定中要求政府公报、政府网站、新闻发布会、报刊、广播、电视、公共图书馆、国家档案馆、公共查阅室、资料索取点、信息公告栏和电子信息屏共 12 种规定渠道，还行使行政自由裁量权采取了听证会、便民手册、电话热线平台、短信平台、新闻媒体、政府信箱和行政服务中心 7 种非规定渠道，2009 年增加了移动客户端，2010 年增加了政务微博，2012 年增加了政务微信，至此政府信息公开渠道种类保持稳定，共 10 种非规定渠道。多样化公开渠道满足了不同人群信息公开需求。在信息通信技术推动下，2008—2012 年省级政府主动探索多样化公开渠道导致公开渠道省际差异在高位水平上波动。

中央政府对于信息通信技术带来非规定渠道的认可速度要落后于省级政府的实践。移动客户端、微博和微信等新媒体发展是《条例》出台后信息通信技术发展产物，是中央政府在《条例》制定时无法预见的。从中央政府出台“工作要点”分析，2012 年文件中只提及了规定渠道，完全没有提及非规定渠道，2013 年提到了政务微博和热线电话，2014 年提到了政务微信和新闻网站。说明在公开渠道政策执行上，中央政府充分授权给省级政府自行探索空间，让省级政府自发进行公开渠道“试点”，调整和适应现实世界。

虽然规定渠道和非规定渠道都是为了更好地推动政府信息公开，但两者是存在区别的。《条例》要求规定渠道更多体现的是单向发布，而省级政府在政策执行中增加非规定渠道更多体现的是双向互动，这样多样化公开渠道不仅满足了不同人群信息公开需求，同时还搭建了政府与公民良好互动平台。政府信息公开政策执行本质是基于供给侧政府信息主动披露和基于需求侧大规模个性化需求之间的互动与博弈过程，单向发布强调自上而下的单向信息传播，双向互动强调公民在政府信息公开中的参与性。政府信息公开渠道多样性探索，就是省级政府从单向命令管制型政府向双向互动服务型政府转变的过程，反映了省级政府对公民知情权需求的认可，

---

① 数据来源：第 21 次中国互联网络发展状况统计报告［EB/OL］. 2008 - 01 - 24. http：//www. cnnic. net. cn/hlwfzyj/hlwxzbg/hlwtjbg/201206/t20120612_ 26712. htm.

② 数据来源：第 31 次中国互联网络发展状况统计报告［EB/OL］. 2014 - 03 - 05. http：//www. cnnic. net. cn/hlwfzyj/hlwxzbg/hlwtjbg/201403/t20140305_ 46239. htm.

以及对服务型政府目标的追求。

6.3.2.2 阶段二：互联网融合

随着信息通信技术发展和互联网更广泛普及，截至 2017 年 12 月，我国网民规模达 7.72 亿人，互联网普及率为 55.8%[①]。公开渠道的互联网倾向和融合性趋势导致 2012—2017 年公开渠道省际差异下降。

（1）公开渠道重点建设

互联网成为政府信息公开渠道的重点建设方向。随着信息通信技术发展，公开渠道互联网倾向越来越明显。互联网最大特点是传播快速、信息共享方便，省级政府重点建设网络化公开渠道，更大程度上方便公民获取政府信息。截至 2017 年 12 月，在线政务服务用户规模高达 4.85 亿，占全部网民规模 62.9%。[①]

政府信息公开渠道政策执行从全面铺开到重点建设。从公开渠道种类和比重上看，《条例》对于省级政府选择公开渠道存在着很大约束性，规定渠道政策执行占有绝对比重。除了严格执行《条例》规定渠道，省级政府不断增加非规定渠道比重公开信息。由于不同公开渠道特性不同，省级政府在公开渠道选择上存在着取舍。政府网站、新闻发布会、政府公报、政务微博和政务微信成为政府信息进行公开主要渠道，而报刊、广播、电视、政府信箱、便民手册和短信平台比重越来越低。政府网站、政务微博和政务微信执行对公开渠道省际差异下降起着主要贡献。信息通信技术推动着公开渠道建设进程，是政府信息公开动力。

政府网站因其承载信息能力强，不受时空限制，可以实现 7×24 小时不间断提供服务等优点，成为政府信息公开第一大平台，是最重要且首选公开渠道。国务院办公厅在 2012 年“工作要点”中明确规定，“进一步加强政府网站等公开渠道建设。各地区、各部门要切实加强政府网站管理，逐级督促检查，充分发挥政府网站信息公开第一平台作用”。

除了政府网站，政务微博和政务微信也成为主要公开渠道。国家网信办于 2014 年 8 月出台了《即时通信工具公众信息服务发展管理暂行规定》：“鼓励各级党政机关、企事业单位和各人民团体开设公众账号，服务经济社会发展，满足公众需求。”鼓励大力推进政务新媒体建设。微信和微博作为典型社交应用平台，持续稳定发展，省级政府将其纳入公开渠道，即政务微博、政务微信。截至 2017 年 12 月，经过新浪平台认证政务机构微博达到 134827 个，微信城市服务累计用户数高达 4.17 亿[②]。政务微博和政务微信在政府信息公开过程中，不仅满足了公民知情权，还让公民参政议政成为可能。

网络问政方式既提高了政府决策科学程度，同时也减少了政策执行阻力。作为

①② 数据来源：第 41 次中国互联网络发展状况统计报告［EB/OL］. 2018-03-05. http://www.cnnic.net.cn/hlwfzyj/hlwxzbg/hlwtjbg/201803/t20180305_70249.htm.

一个新兴公共领域，互联网已经成为公共议程和政策议程之间相互转化一种有效机制（孙宇，2009）。2003年“非典”暴发以及PX项目建设等公共事件让公民意识到政府信息公开重要性，同时互联网发展赋予了公民更多话语权。例如政务微博公共话语空间可以倒逼政府信息公开，即通过微博网民对某一话题关注、评论和转发，使其迅速成为热点引起政府关注，从而推动公共事件发展。《条例》实施至今已经11年时间，政府信息公开数量逐年增加，公开力度不断加大。分散的公民通过政务微博和政务微信“组织化”使“监督和保障”得到更有效发挥。

（2）公开渠道融合性

公开渠道从分散向融合方向发展，存在互动和融合趋势。为了探索这种融合性具体路径，本书采用社会网络关系图的方式，通过Gephi软件呈现它们之间关系，如图6.3所示，共22个节点，210条边。节点代表不同政府信息公开渠道，边代表不同节点之间存在着联系，代表着不同公开渠道互动和融合。通过对节点进行聚类，可以得到聚类系数，用来衡量网络融合性的强弱，值越大代表互动关系越强，此网络图节点聚类系数为0.683，表示不同公开渠道之间存在着很强融合性。通过对政府信息公开渠道融合性网络进行模块化，最终形成了三个模块，分别由图6.3中三种不同大小节点代表。

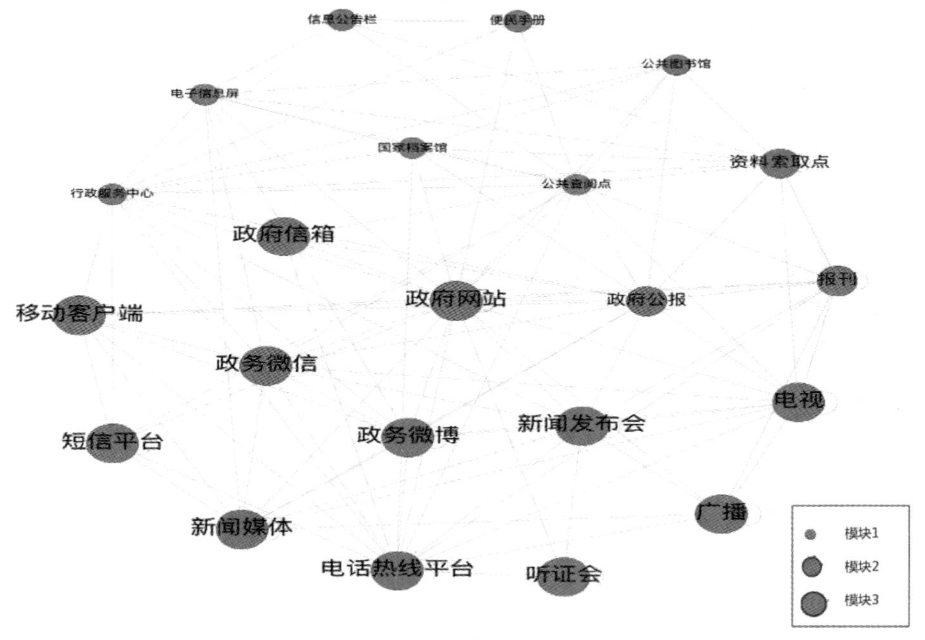

图6.3 公开渠道融合型网络图

模块1是由公开场所和公开设备组成，包括公共查阅点、便民手册、行政服务中心、信息公告栏、国家档案馆、公共图书馆和电子信息屏共7种公开渠道，符合《条例》第十六条对公开场所和设备的规定。各省级政府对公共查阅点的规划和建设，其实并没有单独和专门的公共查阅点，而是将国家档案馆和公共图书馆作为公共查阅点，成为省级政府信息公开归集地，为市民查阅和获取政府信息提供便利，还开拓行政服务中心作为政府信息公开公共查阅点，并且在这些公开场所中设立了信息公告栏和电子信息屏，作为发放便民手册地方。

模块2是由公开场所和公开方式组成，包括政府公报、报刊和资料索取点共3种公开渠道。资料索取点作为公开场所，主要用于发放政府公报和报刊，进行相关政府信息公开。

模块3是由公开方式组成，包括政府网站、新闻发布会、广播、电视、政务微博、政务微信、新闻媒体、电话热线平台、移动客户端、短信平台、听证会和政府信箱共12种公开渠道。这12种公开渠道中有8种都属于非规定渠道。这些公开渠道之间存在很强融合性，都属于公开方式，没有公开场所和公开设备。经过10年发展，政府网站已经建设成了省级政府信息公开第一平台。省级政府不断优化政府门户网站功能，在网站上开辟了政府信息公开专栏，下设政府信息公开目录、信息公开指南、信息公开年报等栏目，并增设“政府信箱”。为了推进政府网站互动性，政府网站还开通了各种在线访谈功能，回应公民关注热点。随着信息通信技术发展，省级政府开通提供各种公共服务的政务微博和政务微信，主动公布与民众生产生活密切相关政府信息。为了最大程度地方便公民对于政府信息公开内容咨询和服务工作，各省级政府对电话热线平台进行整合，方便公民和政府互动。

关于政府信息公开渠道融合性趋势，中央政府在2015年“工作要点”中才提到“加强不同平台和渠道发布信息衔接协调，确保公开内容准确、一致”，但是并未说明如何加强不同平台和渠道之间的衔接协调。在公开渠道融合性发展趋势得到中央政府明确认可之后，“两微一端一网”作为最重要融合格局得到了空前发展。人民网在同年发布了第一份“两微一端”融合传播排行榜，“平安北京”“上海发布”“贵州发布”、新疆“最后一公里”等公众号特色鲜明，成为地方级政务新媒体佼佼者。

对于公开渠道和公开内容匹配性问题，需要依据具体事项性质、时间要求、权威性以及价值性等特性来考虑相应公开渠道。虽然“两微一端一网”是融合趋势，但是这几种公开渠道服务内容却各有侧重。对于大多数公开事项，政府网站是最重要且首选的公开渠道，但由于公开事项的多样化，政府网站存在着信息庞杂的问题和安全性等潜在风险。而政务微博和政务微信定位有所不同，政务微博适用于对实时性要求比较高的发展规划和突发公共事项的公开，政务微信主要用于与公民直接相关的公共服务事项公开，移动客户端由于其功能可以进行深度和复杂设计，可以方便行政许可等事项办理，“互联网+政务服务”功能得到进一步深化。

公开渠道模糊性在一定程度上促进了政策创新。上海市2014年建立了“上海市政府数据服务网”①，致力于数据资源开放，提供数据下载和应用服务，并从2015年开始举办开放数据创新应用大赛，推动政府数据公开共享。目前北京、浙江、贵州以及广州等省市都相继推出相关创新服务。因此，对公开渠道维度政策执行赋予充分行政自由裁量权，虽然执行过程存在一定偏差，但也有很多意想不到创新之举。

6.3.3 规范渠道送达效果：赋予行政自由裁量权

在信息通信技术作用下，公开渠道省际差异呈现下降趋势。但是由于公开渠道高模糊性和低冲突性属性，赋予了省级政府充分行政自由裁量权，在带来更多积极成果的同时，伴随着一些问题值得政府关注，例如，公开渠道管理不规范、传统公开渠道不被重视等。中央政府应该通过规范公开渠道送达效果来赋予省级政府行政自由裁量权。

（1）公开渠道管理规范性

公开渠道维度上政策执行过程体现了省级政府积极性和主动性，但是政府信息公开政策目的是实现政府公开透明，省级政府对于不同公开渠道选择应该是出于为了更好地公开政府信息和提供公共服务目的，而不能纯粹追求公开渠道多样化建设，不能本末倒置。在公开渠道政策执行过程中，采纳一项公开渠道先后顺序固然重要，但更重要的是执行能力和绩效。一些省级政府虽然积极率先投入新媒体使用（政务微博、政务微信），但是其执行效果却不如后采纳的省级政府。“两微一端一网”是政府信息公开渠道建设重要方向，省级政府除了关注不同公开渠道便利性以外，还应该注意不同公开渠道之间信息公开一致性。很多官方政务平台出现僵尸公众号或者僵尸网站，或者政府行政人员擅自利用官方微博来表达个人情绪②等事件发生，表明了公开渠道管理上不规范性以及失职失责问题，损害了政府形象和公信力。公开渠道作为省级政府直面公民互动窗口，代表着政府权威性，相关管理部门需要对公开渠道管理机制进行优化，规范公开渠道操作流程。

（2）不同公开渠道之间平衡性

在信息社会，互联网成为获取政府信息的重要渠道，政府对于公开渠道建设的互联网倾向性非常明显，但是信息鸿沟存在阻碍了一些人群参与。截至2018年12

---

① 官方网址为：http：//datashanghai. gov. cn/.

② 资料来源：新华网．官微“闹情绪”暴露管理之乱［EB/OL］．2018-01-10. http：//www. xinhuanet. com/politics/2018-01/10/c_ 129786770. htm？baike.

月，我国网民规模为 8.29 亿人①，还有 4 亿多非网民接触不到互联网。即使在可以上网人群中，能够熟练查询政府信息居民一般都属于高学历人群，因此真正享受政府提供互联网服务的公民比重更少，很多无法接触到互联网的人群更倾向于选择传统媒体作为获取政府信息的渠道（何兰满，肖永英，2013）。因此省级政府偏好选择新媒体渠道，应该致力于消除公民获取政府信息障碍。

省级政府在行使行政自由裁量权时，不能只考虑执行主体公开效率，而忽略了非网民获取信息便捷性，限制了部分公民获取信息权利。公开渠道选择性的政策执行弱化了公民对政府信息的全面知情和监督能力。传统媒体对于非网民这一人群来说是合适的，并且在欠发达地区是不可或缺的公开渠道。政务微博在省份和职能分布等方面都存在失衡发展问题，东中部地区发展势头要高于西部地区，西部地区政府应该加强公开渠道双向互动性，加大舆论宣传力度，邀请广大公民的参与。在现有政府信息公开专栏上，各部门可以建立与公民互动沟通平台，以便公民就各部门政府信息公开工作发表看法（肖卫兵，2014）。公民参与作为调整省级政府行政自由裁量范围动力之一，推进政府信息公开进程。

6.4　政策工具：高模糊性 + 低冲突性 + 执行主体

政府信息公开政策工具政策属性是高模糊性和低冲突性，使得政策工具属于“试验性执行”模式，更多地依赖于执行情境变化。政策工具不具有自我实施性，需要依靠官僚组织中执行主体主观能动性来实现，政策工具执行过程反映了省级政府执行主体认知偏好以及政策执行路径依赖。由于执行主体认知偏好稳定性，政策工具省际差异在 2008—2017 年间呈现平稳波动状态，并没有明显上升或者下降趋势。从地区分解可知，政策工具地区间差异贡献很小，东、中、西部地区内差异变动趋势和省际差异变动趋势相似，政策工具执行在地区之间空间分布比较均衡，因此导致政策工具地区内差异和省际差异变动关键性变量是一致的，都是执行主体认知差异。

2008—2017 年，不同类型政策工具在结构比重上发生了很大调整，强制类工具从最初绝对主导地位呈现下降趋势，创新类工具执行比重从 2013 年开始增加，并在 2017 年与强制类工具比重基本持平，这一转变更多是由于公开渠道互动性特征推动执行主体对公民参与的重视。不过虽然政策工具结构比重发生了调整，但是没有真正改变执行主体认知，因此对省际差异变动并未产生实质性影响。

---

①　数据来源：第 43 次中国互联网络发展状况统计报告［EB/OL］．2019 - 02 - 28．http：//www.cnnic.net.cn/hlwfzyj/hlwxzbg/hlwtjbg/201902/t20190228_ 70645.htm.

6.4.1 高模糊性和低冲突性

政府信息公开政策工具具有高模糊性和低冲突性的政策属性，属于“试验性执行”模式。对于政府信息公开政策工具规定，主要集中在《条例》第一章“总则”和第四章“监督和保障”部分，例如《条例》第二十九条规定：“各级人民政府应当建立健全政府信息公开工作考核制度、社会评议制度和责任追究制度，定期对政府信息公开工作进行考核、评议。”第三十条规定：“政府信息公开工作主管部门和监察机关负责对行政机关政府信息公开的实施情况进行监督检查。”总体来看，《条例》对政府信息公开政策执行制度做了以下安排：保密审查机制、发布协调机制、年度报告制度、绩效考核机制、社会评议机制、监督检查机制、责任追究机制、经费保障机制和协助便利机制。

政策工具高模糊性主要表现在《条例》规定模糊性。《条例》规定各种机制和制度，需要省级政府通过政策工具进一步落实才能实现。目前省级政府在开展政府信息公开工作时，所采用强制类工具主要包括绩效考核、评议、监督检查、责任追究、发布年度报告等手段，开展政府信息公开工作。从强制类工具政策执行过程分析，省级政府不断完善指标体系，加强信息公开绩效考核，以及委托第三方机构开展社会评议，查找政府信息公开工作中薄弱之处并为执行优化找到抓手。在实际政府信息公开政策执行过程中，这些活动并不是单独一个部门或者个人能决定或完成的，需要不同部门在分工基础上进行合作，因此省级政府内部不同职能部门应该要有明确责任分工。由于分工不明确，政策执行过程中出现各自为政、相互推诿现象。比如在责任追究制度中，政府信息应该由谁进行公开、如果没有公开如何追究责任、谁来追究责任都没有详细规定。国务院办公厅在2012年及之后年份“工作要点”中提出要制定完善《条例》实施办法、加强社会反映评估和舆情引导工作、加强机构和队伍建设等制度和基础建设。对于政策工具执行，《条例》模糊性赋予了省级政府充分行政自由裁量权。

政策工具冲突性主要体现在不同类型政策工具之间选择上的冲突，最主要表现为不同利益主体参与冲突。强制类工具强调的是政府这一行为主体，而创新类工具是强调公民参与。《条例》第三十三条规定：“公民、法人或者其他组织认为行政机关不依法履行政府信息公开义务的，可以向上级行政机关、监察机关或者政府信息公开工作主管部门举报。收到举报的机关应当予以调查处理。公民、法人或者其他组织认为行政机关在政府信息公开工作中的具体行政行为侵犯其合法权益的，可以依法申请行政复议或者提起行政诉讼。”该条规定鼓励公民参与。对于政府信息公开政策执行过程中涉及地方政府和公民互动，在政策工具选择上表现为强制类和创新类工具冲突，强制类工具强调的是政府权力，是政府最擅长使用政策工具，具有很强路径依赖，但是很难适应公民意识觉醒社会环境，而创新类工具涉及公民在政府信息公开中参与，在一定程度上会影响政府执行效率。由于这种冲突在《条例》中并没有明确规定应该如何处理，决定权在地方政府执行主体，因此政策工具冲突性较低。

6.4.2 情境：执行主体

6.4.2.1 执行主体认知差异

街头官僚理论强调政策执行主体偏好和执行情境对于政策执行结果的影响。政府信息公开工作执行不到位主要是因为执行主体对政府信息公开制度的理解和认识不足以及行政能力缺乏造成的（吕艳滨，2014b）。在最理想情况下，为了推动政策顺利实施，政策制定者应该选择和自己目标、价值观念以及利益等方面一致的执行主体来落实公共政策。政策执行者选择不仅是个技术问题，更是个政治任务（Anderson，1990）。在现实生活中，政策执行者选择并不完全受政策制定者控制，也不能够随意更换，因此必须接受“政策执行者可能在并不是完全认可政策制定者的价值观念情况下执行政策”这一现实。

中国行政体制存在着两种悖论：传统官僚制组织对非人格化要求和实际执行中执行主体自由意志的悖论、政策统一性和执行灵活性的悖论（周雪光，2008）。政策统一是共性，执行灵活是个性。政府信息公开模糊性属性赋予了执行主体相当大行政自由裁量权，省级政府可以根据自身所处环境重新排列政策目标序列，政策执行过程会受到执行情境影响，比如经济发展水平、人口数量、受教育水平等。虽然如此，但是政策结果更多是由政策执行者主动权决定，而非任由执行情境影响。执行情境可能会影响政策执行，但是并不能完全决定执行结果（胡业飞、崔杨杨，2015）。执行主体可以在法律对情形、范围、规模等没有具体规定情况下按照合理化原则作出决定。

从社会契约论角度分析，政府作为人民让渡权利而合法存在的委托人，是政府信息的先天产生者、天然拥有者甚至垄断者，在履行公共管理职能过程中，理应承担起政府信息公开义务。行政自由裁量行使本质就是依靠政策执行主体的个人认知进行判断（Bouchard 和 Carroll，2002）。美国在政府信息公开政策上经历了放和收不断交替的过程，和时任总统及其幕后官僚对政府信息公开态度和认知有着莫大关系。为了减少执行主体主观因素对政府信息公开政策执行影响，《条例》于2007年4月颁布后，等到2008年5月才正式实施，国务院办公厅还专门出台了《关于做好施行〈中华人民共和国政府信息公开条例〉准备工作的通知》（国办发〔2007〕54号），给地方政府1年多准备时间。纵观我国所有法律法规实施，《条例》从出台到实施准备期是相当长的。

政府为什么要公开信息，从不同理论视角出发会存在不同认知，从而影响到政策工具采纳和执行。目前来说，支持政府信息公开的理论主要包括知情权理论、信息化理论、公共管理理论（程洁，2016）和管制型政府理论。本书将基于这四种理论，从公开需求满足、权力运行基础、公开代价几个方面进行分析，如表6.2所示。

表6.2　　政府信息公开不同理论

认知视角	知情权理论	信息化理论	政策过程理论	管制型政府理论
公开需求满足	要什么给什么	有什么给什么	决策过程公开	想给就给
权力运行基础	知情权	财产权	公共参与权	特权
公开代价	政府负担过重	信息鸿沟	影响决策效率	失信于民

资料来源：基于程洁（2016）进行修改。

从知情权理论出发，政府信息公开是为了满足公民知情权需要。除了涉及国家机密信息以外，行政机关应该尽可能地满足公民对政府信息公开需求，从这个理念出发，政府信息公开政策执行代价是，政府为了满足公民需求而承担了较高的行政成本。

从信息化理论出发，行政机关掌握的政府信息具有公共物品属性，是一种财产权。信息化理论虽然不力求必须满足公民所有信息需求，但是要求行政机关基于拥有信息为基础进行公开，如果行政机关没有公民认为“应该有”的信息，那行政机关不用进行公开。这一过程对行政机关来说是相对容易执行，但对信息公开要求也比较高。这一理论强调对政府信息开发和利用，可能导致的问题是会产生信息鸿沟。

从政策过程理论出发，基于政府管理需要，行政机关应该主动公开政府信息，让公民参与到公共决策过程中。但是这种信息公开目的是出于政府管理需要，其负责对象是上级政府而非公民，并不认为公民有权利获取政府信息。公共管理理念中追求目标是行政办事效率，政府信息公开工作开展会影响到政府部门决策效率。

从管制型政府理论出发，行政机关会出于各种原因公开或者拒绝政府信息。我国政府目前正处于转型特殊时期，行政机关对自己角色认知存在差异，认为政府信息公开只是属于政府权力，而不是必须履行义务。一些执行主体认为政府信息公开有损于政府权威，并且信息公开不当还会造成一些恶劣影响。一些执行主体受封建官本位思想影响，认为控制政府信息是政府特权，公民是被管理对象。在我国传统思想中，秘密行政是常态，公民知情权意识并未觉醒，因此这种保密文化就一直延续下来。虽然保密文化并不仅仅是我国特有现象，而是普遍存在于各国政府中，但不同国家历史进程不一致，至今这种思想在我国行政机关依然有所残留。

政策制定是一个从具体到抽象提炼归纳过程，而政策执行是一个从抽象到具体演绎过程，要求在不同执行情境下因地制宜。政府信息公开政策执行主体人数众多，认知上存在着巨大个体差异。政府信息公开过程中，政府角色不同认知会影响行政机关采取不同政策工具。在处理与不同利益主体之间关系时，政府具有不同地位，承担不同职能，形成掌舵人、划桨者、裁判员、服务者等各类角色，这些观念上的差异，归根到底是执行主体没有摆正政府与公民之间关系，没有真正认识到政府信息公开这一工作重要性。

执行主体对于政府和公民关系的不同认知会直接反映到政府信息公开政策执行行为上。在具体执行情境下，面对着不同信息公开对象，需要对政策工具选择进行综合考量。微观政策执行行为在不断地进行调整，但是这种微观调整反映到中观层面省际差异，表现为平稳波动趋势，并未出现明显上升或者下降趋势。

6.4.2.2 强政府主导

政府信息公开政策工具执行过程充满了“强政府主导”和“弱公民参与”色彩，政府信息公开制度建设中缺乏公民认同和参与，主要是靠精英阶层进行推动，公民处于被动接受状态。政府信息公开虽然是政府行为，但并不意味着这一过程可以忽略公民参与。政府信息公开最重要对象是公民，是需要公民参与的。《条例》不仅规定了政府行政机关与公民之间权利义务关系，还明确了公民参与规则，《条例》中第四章“监督与保障”提供了保障公民参与制度。如果政府信息公开没有公民参与，那么政府信息公开只能视为政府官方宣传方式，一项政绩工程，而并不是为了保障公民知情权。执行主体在政策执行过程中的主导地位使其无视社会公民需求。强制类工具从2013年以后虽然执行比重下降，但是其执行对政策工具省际差异影响依然是最大的。

从不同类型政策工具执行情况分析，各省级政府主要围绕发布协调、保密审查、监督检查、目标指南编制、绩效考核、责任追究等方面出台了一系列规章制度以及操作手册，梳理和确立公开公文属性，降低公文属性认定的随意性，逐步规范了政府信息公开工作。布坎南认为，政治和经济领域共通之处就是政府作为公民意志代理人，也有自身利益存在的。他将“经济人”假设引入到政策领域，创立了公共选择理论。在涉及公共利益政策执行问题上，存在着多元化利益主体和偏好，执行主体作为理性经济人需要综合考虑和权衡各种利益偏好，优先选择那些会为他们带来利益的行为，而忽略促进社会福利的最优选择，从“经济人”理性出发却导致了非理性结果。

强政府主导主要体现在，一旦遇到和政府自身利益相冲突信息需要公开时，执行主体可以选择拒绝公开。在政府信息公开政策制定阶段，很少有执行主体利益表达渠道和机会，因此政策本身可能会和执行者的利益相冲突，那么在政策执行阶段，如果没有有效制度和组织安排，政策执行者可能会考虑自身利益而损害到其他相关者利益。这一做法虽然隐含着很多潜在风险，但是可以确保执行主体高效而安全地执行。从执行主体自身角度出发，很多落后思想观念障碍了公民参与，认为公民参与会降低政府行政效率，但从长远角度考虑，政府信息公开不仅能够满足公民知情权，还可以提高政府权威性与公信力。然而由于强政府主导，政府与公民之间互动和交流很少，政府不能充分地了解公民对于公共政策执行各种意见，不能及时纠正政策中存在的问题，政策结果可能偏离政策目标。政府信息公开对于公民积极参与忽视，虽然降低了行政成本，提高了决策效率，但是却无法获得公民对政府的认可。

对于政府信息公开政策执行工作的评价，目前面临着一个矛盾：执行主体认为政府信息公开工作进展良好，但是社会公民不满意，社会评价不理想。如果说政府内部评价反映的是执行主体对自己行为合理性的理解，那么社会评价反映的则是公民对政府信息公开的期待，两者存在差距，在一定程度上反映了政府和公民对政府信息公开认知存在差异。这一认知差异如果不能得到调整，可能会带来政府公信力危机，甚至导致社会不稳定。政府信息公开通常由不同政府层级和多个政府行政机关负责，部门间、区域间和府际间缺乏必要分工合作，导致政策执行过程中权责不清和相互推诿，或者将不愿意公开的信息以“国家秘密”为由不进行公开。行政机关滥用行政自由裁量权，致使政策执行力度不够，政府权威性下降。公民参与其中，可以给政府信息公开政策执行工作带来压力和动力。作为信息需求方，公民参与会让政府信息公开内容更明确，公开渠道更有针对性，给政府更多执行信息反馈。

6.4.2.3　弱公民参与

中央政府和地方政府之间的互动虽然可以推进政府信息公开进程，但是也依赖于公民积极主动参与。在政府信息公开政策执行过程中，政府不应该着急追求公民参与度，而应该更加重视公民满意度，当公民满意度提升时自然会吸引更高参与度。随着新媒体渠道重点建设，公开渠道互动性增加，推动了公民在政府信息公开政策执行中的参与程度。政策工具使用是无法摆脱政策环境而单独产生影响，2013 年开始创新类工具执行出现明显增加趋势，同时伴随着政府对强制类工具使用下降。政策工具结构调整不仅是一种技术上的操作，还带有政治性和价值判断，反映了政府管理方式和治理理念转变。受多元治理思想影响，政府信息公开并不是政府单一主体责任，而是需要政府和公民合作治理，创新类工具增多体现了政府从管制到共治转变的过程。由于强制类工具和创新类工具对政策工具省际差异变动的作用方向相反，省际差异依然呈现稳定变动趋势，说明创新类工具政策执行并没有对结果产生实质性改变，体现了公民参与弱势地位。

随着 2012 年及之前双向互动渠道建立和完善，省级政府从 2013 年开始关注和强调公民在政府信息公开中作用，建立公民参与机制，从制度上把公民纳入政府信息公开过程中。省级政府在政策工具中关注“社会评议”“第三方评议”，并且举办听证会等方式来听取公民意见。在政府信息公开政策执行过程中，公民是自身利益代表，向执行主体表达自身信息需求。在第三世界，政策制定过程中很难看到利益主体冲突身影，利益主体影响更多是在政策执行中体现的。政府在政策制定时很少会咨询被政策直接影响个体或者组织。这个和西方世界是相反的，西方世界的政府政策一旦制定出来，利益集团就很难再发挥作用。韦伯意识到官僚制组织内成员都会有一种扩大自己权力本能，认为解决这一官僚制问题并不能在官僚制内部寻找答案，而需要跳出官僚体制，从官僚体制外部找到解决这一问题的答案。如果公民无法获得关于政治、经济、文化、社会等方面政府信息时，就不能对政府行为进行及时监督。

在政府信息公开政策执行过程中，公民参与意识淡薄，但这种意识淡薄不是天然形成的。政府信息公开政策执行过程其实就是一场政府与公民之间多次博弈，虽然公民想要什么就给什么的状态过于理想，但是政府信息公开执行结果经常是信息公开供求不匹配，这点可以从国务院和省级政府每年接收到依申请公开数量、行政复议和行政诉讼数量逐年增加这一现象中反映出来。同时从依申请公开结果分析，公民很难对政府信息公开有影响力。政府把很多公民关心的本应属于主动公开政府信息归入依申请公开，或者定级为保密信息而拒绝公开。如果把政治控制主体从中央政府扩展到司法机构，那么行政复议和行政诉讼依然是政府信息公开过程中纠错的重要环节。但是从目前行政复议和行政诉讼结果上分析，行政复议和行政诉讼结果更多是维持行政机关行为，公民诉求往往被驳回，胜诉案件寥寥无几（余凌云，2014）。这代表了司法机关一般都认可行政机关在政府信息公开执行上行政自由裁量权的行使，公民话语权缺失更是打击了公民积极性。

政府信息公开制度的宪法依据是公民知情权，政府信息公开根本目的是保障公民知情权。尽管各国国情差异很大，但是大多数国家在透明政府建设上达成了一些共识，认为透明政府是法治国家的重要标志。传统官本位思想让公民参与变得困难重重，缺少公民参与的政府信息公开，削弱政府信息公开监督水平。

6.4.3　提高公开意识和能力：缩小自由裁量范围

政策执行研究一般默认一个关键假设：即使政策制定者人数众多，政策制定者们也能够对某一个政策执行达成统一意见，那么政策执行就变成了一场关于什么是正确执行的争论。如果无法达成一致，那么政策执行必然是混乱的，而现实生活更符合后者。关于政策执行，不仅政策制定者不是很愿意给出实现政策结果期望的具体执行路径，法院同样也不愿意过多干涉。因为一旦政策执行环境发生了变化，这些具体标准就会变得没有意义，还会限制执行弹性。聚焦到政府信息公开政策工具，政策执行在很大程度上是由执行主体执行意愿决定，因此中央政府需要考虑通过提升执行主体公开意识和公开能力，统一执行主体认知偏好，来缩小行政自由裁量范围。

6.4.3.1 提高公开意识

政府信息公开政策实施需要政府加强自身建设，以服务型政府作为指导理念，统一执行主体公开意识，规范行政自由裁量权行使，真正做到服务于人民的需求。政策执行主体可以在行政自由裁量范围内灵活地选择执行策略和政策工具等，尽管从政府信息公开工作年度报告中无法获取中央统一地方政府认知的措施，但是省级政府推动信息公开政策执行政策工具选择的过程可以作为借鉴。在不同政策工具中，有一类是价值类工具。价值类工具是通过工作部署、召开工作会议、加大宣传力度等方式，提高执行主体政府信息公开意识。在具体政府信息公开工作中，执行主体应当以更加负责态度，以更高政治意识和服务意识，不仅要做到依法公开，更要最大程度地公开人民群众需要的政府信息，积极主动满足公民对政府信息日益增长需求。

由于政府信息公开制度不完善，政府信息公开虽然在流程上已经相对规范，但对于如何公开以及公开什么依然是由地方政府具体执行部门自行决定，公民只是制度规范的被动接受者，当政府通过保密审查制度对公开内容性质进行认定后，公民几乎不能对此做出什么改变。政府应该意识到政府信息公开是义务，如果应该主动公开的信息没有公开，那就是侵犯了公民知情权。公民对政府信息公开参与程度并不高，公民参与文化是需要政府来培育，应该维护公民对政府信息公开的问责权利，提高公民问责意识，从公民参与角度来推动执行主体信息公开意识。

6.4.3.2 提升公开能力

政府和公民对政府信息公开制度都处于学习和熟悉阶段，执行主体在意识层面认可政府信息公开还不够，还需要具备管理、法律、信息技术等领域业务知识，因此政府不仅需要提高执行主体公开意识，还需要提升执行主体公开能力。《条例》对省级政府信息公开范围的规定中有11种重点事项，每种公开事项中信息内容丰富，信息内容公开属性界定存在困难，并不是所有执行主体都能清晰地认识到政府信息公开目标，并有能力去甄别政府信息公开属性。当政府信息公开属性存在争议情况下，执行主体会因为没有能力判断国家秘密、商业秘密或者个人隐私的信息属性，从而导致执行行为倾向于保守。《条例》要求地方政府成立专门机构，对政府信息属性进行保密审查，意味着其默认承担该职能的机构和个人具备了相应工作能力。但是从2008—2017年政策执行过程分析，执行主体很多时候并不具备政府信息公开需要的相应能力。

在政策执行过程中提升公开能力，能够推动地方政府执行行为。政府信息公开是一个涉及多方利益行为，不同利益在此过程中发生冲突和碰撞，对政策执行主体如何平衡这些利益提出了较高要求。对于模糊性高政策，执行主体扮演着非常重要角色，专业能力对政策解读和执行发挥着重要作用。马特兰德认为专业化培训可以向政策执行者提供一套强有力的规范，当面对模糊政策目标时，受过专业化培训执行主体更有可能按照培训专业化规范采取行动。由于政府信息公开具有很强专业性，行政机关可以考虑聘请熟悉相关业务的专业人士，在实际政策执行过程中给予指导，还可以举办业务培训班、专题讲座、邀请专家对政策进行解读。除了这些形式，政府更应该注重开展系统性、持续性和针对性培训，使公开意识和能力内化为执行主体一种工作态度和专业化水平，更好地开展政府信息公开工作。

6.5 政府信息公开省际差异解释

根据模糊冲突模型，对政府信息公开省际差异变动逻辑进行分析发现，公开内容、公开渠道和政策工具三个维度上关键性变量是不一样的。在单一制体制下，中央政府对公开内容、公开渠道和政策工具的关注是不一样的。马特兰德认为对政策执行过程研究需要说明“那些使特定变量成为关键性变量的前提条件以及解释它们之所以重要的原因”。本书引入马特兰德模糊冲突模型作为基础性结构，根据既有研究对其存在质疑进行修正，提出政府信息公开省际差异变动解释性框架，如图6.4所示。

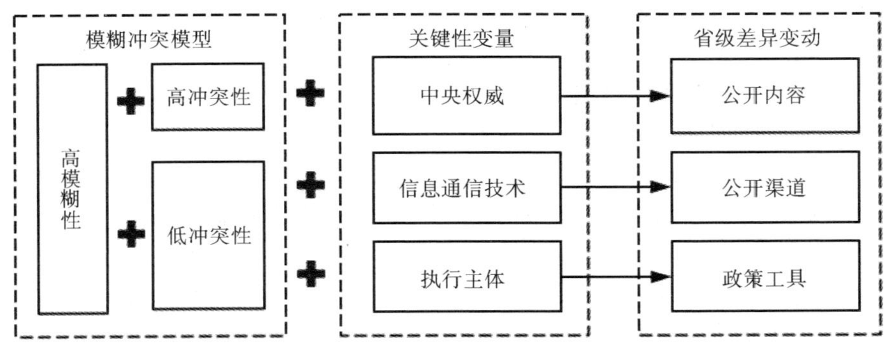

图6.4 政府信息公开省际差异变动解释性框架

“高模糊性+高冲突性+中央权威”可以解释公开内容省际差异变动逻辑。政府信息公开内容政策属性是高模糊性和高冲突性，在此前提下，中央权威是导致省际差异变动关键性变量。在等级官僚制组织结构中，权威是上下级关系的直接体现。中央权威表现方式为中央政府出台的各种行政命令和政策文件，要求省级政府落实政府信息公开政策。公开内容政策执行呈现明显的中央对地方“自上而下”垂直影响模式，在省际间并不存在明显横向扩散。在2008—2011年，由于《条例》高模糊性和高冲突性，所有公开事项政策执行差异都在高位水平，导致公开内容省际差异在高位水平波动，在2012—2016年，由于“工作要点”出台，降低了公开内容政策模糊性，部分公开事项省际差异开始下降。2017 年《标准化试点》等相关文件出台，促使规范性文件和重大建设项目执行产生变动，导致公开内容省际差异扩大。在未来，中央政府应该通过政府信息公开立法和监督激励机制优化来约束省级政府行政自由裁量权。

“高模糊性 + 低冲突性 + 信息通信技术”可以解释公开渠道省际差异变动逻辑。高模糊性和低冲突性的政策属性使得公开渠道属于试验性执行模式，更多地受到“自下而上”因素影响，依赖于执行情境变化，信息通信技术是导致公开渠道省际差异变动关键性变量。公开渠道政策执行在省际并不存在明显横向扩散。在 2008—2012 年，信息通信技术不断创新，互联网迅速普及，推动着公开渠道多样化探索，导致公开渠道省际差异高位波动。2013—2017 年，随着信息通信技术融合，公开渠道朝着网络化方向重点发展，建设“两微一端一网”，导致省际差异下降。公开渠道政策执行过程即使不符合最初目标，但也带来了很多积极结果。在未来，中央政府应该通过规范渠道送达效果来赋予省级政府行政自由裁量权。

“高模糊性 + 低冲突性 + 执行主体”可以解释政策工具省际差异变动逻辑。高模糊性和低冲突性的政策属性使得政策工具属于试验性执行模式，更多地受到“自下而上”因素影响，依赖于执行情境变化。政策工具执行在省际之间并不存在明显横向扩散。政策工具不具有自我实施性，需要依靠官僚组织中执行主体主观能动性来实现，政策工具执行过程反映了省级政府执行主体认知偏好以及政策执行路径依赖。由于执行主体认知偏好的稳定性，政策工具省际差异在 2008—2017 年呈现平稳波动状态，并没有明显上升或者下降趋势。虽然在整体差异上并没有明显变动，但是 10 年间不同类型政策工具在结构比重上发生了调整，强制类工具从最初绝对主导地位出现下降趋势，创新类政策工具比重从 2013 年开始增加，并在 2017 年与强制类工具比重基本持平，这一转变更多是由于公开渠道的互动性特征推动公民参与而实现创新类政策工具增加。不过虽然政策工具结构比重发生了调整，但是没有真正改变执行主体认知，因此对省际差异变动并未产生实质性影响。在未来，中央政府应该通过统一执行主体公开意识和公开能力来缩小行政自由裁量范围。

第 7 章　总结与展望

在现代信息社会，政府信息可以视为国家的一种重要战略资源，具有无可比拟的优势，对其进行开发利用也是国家竞争力重要体现。政府信息因其客观性和权威性受到社会广泛关注，对推动经济发展、满足公民需求以及促进科技进步都有着巨大推动力。作为政府信息的天然生产者、拥有者和垄断者，政府理应承担起信息公开义务。地方政府需要不断调整政策工具组合，提高公开渠道水平，深化公开内容深度。政府信息公开建设，可以推动政府职能行使高效化、政府治理方式民主化，建设公开透明政府。

7.1　主要结论

行政自由裁量权实质是在探讨如何协调“中央政府延伸到基层控制权需要”和“地方政府应对区域偏好并灵活执行政策”之间的关系。作为一项探索性研究，本书在行政自由裁量视阈下，从行为理论角度提炼公开内容、公开渠道和政策工具三个政策执行要素，构建政府信息公开三维分析框架。本书通过引入泰尔指数和基尼系数，作为 2008—2017 年政府信息公开省际差异的衡量指标，不仅证实了政府信息公开省际差异存在，而且还深入分析了省际差异变动趋势和逻辑。政府信息公开省际差异变动规律如下：

7.1.1　公开内容省际差异变动规律

省级政府公开内容维度上政策执行过程为“S”形曲线，整体呈现增长趋势。公开内容省际差异呈现波动式下降趋势。

①“高模糊性 + 高冲突性 + 中央权威”可以解释公开内容省际差异变动逻辑。政府信息公开内容政策属性是高模糊性和高冲突性，在此前提下，中央权威是导致省际差异变动关键性变量。在等级官僚制组织结构中，权威是上下级关系直接体现。中央权威表现方式为中央政府出台的各种行政命令和政策文件，要求省级政府落实政府信息公开政策。公开内容政策执行呈现明显中央对地方“自上而下”垂直影响模式，在地区之间空间分布比较均衡。在 2008—2011 年，由于《条例》高模糊性

和高冲突性，所有公开事项政策执行差异都在高位水平，导致公开内容省际差异高位水平波动，在2012—2016年，“工作要点”出台降低了公开内容政策模糊性，导致公开内容省际差异下降。2017年《标准化试点》等相关文件出台，促使规范性文件和重大建设项目执行发生变动，导致公开内容省际差异扩大。未来中央政府应该通过政府信息公开立法和监督激励机制优化来约束省级政府行政自由裁量权。

②从地区分解角度分析，公开内容省际差异主要来源是地区内差异，具体从东、西部地区内差异主导向中、西部地区内差异主导转变。东、中、西部地区公开内容政策执行都呈现增加趋势，东部地区政策执行要高于中西部地区，东、中、西部地区之间并没有形成明显区域集聚分布，其执行过程符合中央对地方“自上而下”垂直影响模式。东、中、西部地区内省际差异都呈现波动式下降趋势，东部地区差异和贡献率下降趋势最明显，中部地区内差异虽有波动，但下降趋势最平缓，贡献率明显上升，西部地区内差异在整体下降过程中波动最大，但是贡献率基本保持平稳。10年间地区间差异在低位水平上平稳波动，贡献率最低。如果要进一步降低公开内容省际差异，中央政府需要考虑降低中、西部地区内差异水平。

③在公开内容结构上，根据执行变动趋势和执行差异变动趋势，12种公开事项可以分为三种类型。第一类公开事项是执行下降但执行差异扩大公开事项，只有规范性文件，在2017年对公开内容省际差异贡献率最低。第二种类型是执行和执行差异都呈现波动趋势公开事项，包括发展规划、统计信息、政府采购和突发公共事件共4种，在2017年对公开内容省际差异贡献率居中。第三种类型是执行在增加但执行差异在减少公开事项，包括重大建设项目、公共监督、公共服务、行政许可、行政收费、财政预决算和其他共7种，在2017年对公开内容省际差异贡献率最大。过去10年，省级政府在信息公开事项执行上，从侧重规范性文件等结果类信息，转向侧重于重大建设事项等非公文类信息以及征求意见等过程性信息公开。公开内容省际差异下降主要是由不同公开事项集中效应造成，具体来说是由第一类和第三类公开事项空间集聚程度变化引起。从总基尼系数变动结构分解可知，大多数年份集中效应大于结构效应。2011年和2017年各公开事项结构进行了重大调整，导致当年结构效应大于集中效应，且促进了总基尼系数扩大。在公开事项结构不进行大幅度调整前提下，政府更应该关注第一类和第三类公开事项，尤其是规范性文件和重大建设项目空间分布不均衡问题。

7.1.2 公开渠道省际差异变动规律

省级政府公开渠道政策执行过程为“N”形曲线，处于波动状态。公开渠道省际差异呈现波动式下降趋势。

①“高模糊性+低冲突性+信息通信技术”可以解释公开渠道省际差异变动逻

辑。高模糊性和低冲突性政策属性使得公开渠道属于试验性执行模式，更多地受到"自下而上"因素影响，依赖于执行情境的变化，信息通信技术是导致公开渠道省际差异变动关键性变量。2008—2012 年，信息通信技术不断创新和互联网迅速普及，推动着公开渠道多样化探索，导致公开渠道省际差异高位波动。2013—2017 年，随着信息通信技术融合，公开渠道朝着网络化方向重点发展，各级政府纷纷建设"两微一端一网"，导致省际差异下降。公开渠道政策执行过程即使不符合最初目标，但也带来了很多积极结果。未来中央政府应该通过规范渠道送达效果来赋予省级政府行政自由裁量权。

②从地区分解角度分析，公开渠道省际差异由东、西部地区内差异共同主导。2008—2017 年，公开渠道维度上政策执行在政策扩散理论上符合中央对地方"自上而下"垂直影响模型，地区之间没有形成明显区域集聚现象，空间分布比较均衡。东、中、西部地区内差异呈现波动式下降趋势，东、西部地区内差异对省际差异贡献率高达 70%~80%，因此如果想要降低公开渠道省际差异，中央政府需要考虑降低东、西部地区内部差异水平。虽然地区间差异很小，但呈现扩大趋势，需要引起中央政府关注。

③从结构分解角度分析，公开渠道省际差异变动由规定渠道和非规定渠道共同主导。2008—2017 年，规定渠道和非规定渠道省际差异呈现下降趋势，二者空间集聚程度变化共同导致公开渠道省际差异下降。在公开渠道结构上，省级行政机关基本严格执行《条例》，在此基础上从全面铺开到重点建设。从公开渠道种类和比重上看，省级政府执行以《条例》规定为依据。《条例》对于省级政府选择公开渠道存在着很大约束性，规定渠道政策执行占有绝对比重。在规定渠道上，公开方式差异贡献率要远远高于公开场所和公开设备。在公开方式上，政府网站、新闻发布会和政府公报省际差异水平较低，报刊、广播、电视省际差异水平比较高，政府网站和新闻发布会空间集聚程度变化对公开方式基尼系数变动贡献率最高。在公开场所上，公共图书馆、国家档案馆、公共查阅室、资料索取点省际差异在高位水平上波动式增加，公共查阅点对公开场所基尼系数及其变动有更大贡献率。在公开设备上，信息公告栏和电子信息屏省际差异呈现增加趋势，并且差异水平处于高位，交替影响着公开设备基尼系数变动。除了严格执行《条例》规定渠道，省级政府不断增加非规定渠道种类和执行比重。微信和微博是《条例》出台后信息技术发展产物，是中央政府在当时无法预见的，行政自由裁量权赋予了省级政府在实际政策执行中应对能力，是对现实世界适应和调整。在非规定渠道上，政务微博、政务微信和新闻媒体省际差异从高位下降到低位水平，移动客户端、电话热线平台、短信平台、便民手册、听证会、政府信箱和行政服务中心省际差异在高位水平波动，非公开渠道省际差异变动贡献来源从行政服务中心空间集聚程度影响向政务微博和政务微信空

间集聚程度共同影响转变。总体来说，如果想要降低公开渠道省际差异，中央政府需要考虑调整政府网站、新闻发布会、政务微博和政务微信在空间集聚程度上不平衡。

7.1.3 政策工具省际差异变动规律

省级政府政策工具政策执行过程为“U”形曲线，整体呈现波动下降趋势。政策工具省际差异呈现平稳波动趋势。

①“高模糊性 + 低冲突性 + 执行主体”可以解释政策工具省际差异变动逻辑。高模糊性和低冲突性政策属性使得政策工具属于试验性执行模式，更多地受到“自下而上”因素影响，依赖于执行情境变化。政策工具不具有自我实施性，需要依靠官僚组织中执行主体主观能动性来实现，政策工具执行过程反映了省级政府执行主体认知偏好以及政策执行路径依赖。由于执行主体认知偏好稳定性，政策工具省际差异在 2008—2017 年处于平稳波动状态，并没有明显上升或者下降趋势。虽然在整体差异上并没有明显变动，但是 10 年间不同类型政策工具在结构比重上发生了调整，强制类工具从最初绝对主导地位出现下降趋势，创新类政策工具比重从 2013 年开始增加，并在 2017 年与强制类工具比重基本持平，这一转变更多是由于公开渠道互动性特征推动公民参与而实现创新类政策工具增加。不过虽然政策工具结构比重发生了调整，但是没有真正改变执行主体认知，因此对省际差异变动并未产生实质性影响。在未来，中央政府应该通过统一执行主体公开意识和公开能力来缩小行政自由裁量范围。

②从地区分解角度分析，政策工具省际差异来源主要是地区内差异，而对省际差异贡献最大的是东部地区内差异。2008—2017 年，东、中、西部地区政策工具执行呈现先减后增的“U”形曲线，在地区间横向比较上呈现中部 > 西部 > 东部地区趋势，地区之间没有形成明显区域集聚，空间分布比较均衡。东、中、西部地区内差异和省际差异波动曲线相似，东部地区省际差异和贡献率要大于中、西部地区。如果中央政府希望降低政策工具省际差异，关注主要方向应该是降低东部地区内差异。同时，地区间差异存在扩大趋势，也需要引起中央政府关注。

③从结构分解角度分析，政策工具在结构上从以强制类为主导转向强制类和创新类共同推进。政策工具包括强制类、激励类、能力类、价值类和创新类五种类型，不同政策工具随着时间演变呈现出了不同执行特征。从时间上分析，强制类工具执行最初处于绝对主导地位，呈现先下降后平稳趋势；能力类工具呈现波动式下降后又有所上升趋势；价值类和激励类工具执行基本保持稳定；创新类工具执行从 2013 年开始增加，并在 2016 年超越强制类工具，在 2017 年与强制类工具执行基本持平。10 年间政策工具省际差异变动主要是由集中效应引起，经历了从强制类和能力类工

具共同主导转向强制类和创新类政策工具共同主导的过程。10 年间不同政策工具省际差异变动趋势各不相同，省际差异水平排序为强制类＜能力类≈价值类＜创新类，这几类政策工具省际差异基本呈现平稳波动趋势，而创新类工具省际差异呈现明显下降趋势。2014 年是不同政策工具结构调整最大的一年，价值类、能力类和创新类工具结构调整主导了政策工具省际差异变动。除此以外，不同政策工具空间集聚程度变化才是影响省际差异变动的主要来源。如果要降低政策工具省际差异，中央政府应该关注强制类和创新类工具空间分布不均衡问题。

7.1.4　对行政自由裁量的认识

本书从行政自由裁量视阈下研究政府信息公开省际差异变动，通过对大样本文本数据分析，清晰呈现了 2008—2017 年《条例》实施 10 年来，公开内容、公开渠道和政策工具三个维度上省际差异及其变动，并寻找省际差异变动地区性和结构性来源，探索导致省际差异变动关键性变量，为行政自由裁量权控制提供新思路。正是由于行政自由裁量范围存在，不同省级政府执行行为才会存在差异。通过对省级政府信息公开执行差异及其变动分析，本书对政府信息公开领域行政自由裁量有了更深认识。

行政自由裁量是省级政府因地制宜执行的需要。《条例》条文语言有一定模糊性，是为了避免法律内容过于确定和僵化，保证政府信息公开政策执行灵活性和适用广泛性（于水，2017）。各省级政府必须在维护国家和社会稳定前提下，因地制宜地执行政府信息公开政策，这是行政自由裁量权的体现。各省级政府根据各省政治、经济和社会环境，以及对政府信息公开执行目标定位，通过不同政策工具组合，选择适合辖区域内公民公开渠道，对符合公开属性内容进行公开，才有可能实现政府信息公开政策目标。当然，政府必须在国家稳定和政府信息公开这两个目标之间找到一个平衡点，才会更有利于政府透明度增加以及政府公信力提升。

行政自由裁量所导致执行差异是一种客观现象。由于不同省级政府面临经济、社会和文化环境各不相同，所以在政府信息公开政策执行过程中所表现出来行为和效果自然存在差异，这种差异又会反映在政府透明度程度差异上。各省级政府在政策执行过程中，对于具体事项公开、公开渠道选择、政策工具组合都拥有一定行政自由裁量权，不能过分地强调所有省级政府在政策执行上一致性。尊重这种差异性就是尊重中央政府赋予地方政府政策执行过程中行政自由裁量权。

行政自由裁量范围是可以改变的。政府信息公开制度、政策以及环境都处于不断变化之中，行政自由裁量范围会随着时间和空间变化而变化，因此不同省级政府在信息公开政策执行上存在差异。同时，不同地区内和地区间差异以及子项目结构上差异都是可变的，所以要用发展眼光来看待这种省际差异的存在。从中央政府层面来说，政府信息公开政策需要不断地进行适当调整和创新，绝不能使之僵化或者教条化。换而言之，政策执行行政自由裁量范围包含了对于政策本身的灵活掌握。

省际差异所反映的行政自由裁量范围是中央政府和地方政府之间博弈结果，是被中央政府所接受的，目前已有研究高估了省级政府在政府信息公开政策执行上对行政自由裁量权的运用。一个良好政策执行就是要在政府允许行政自由裁量范围内进行选择，要避免将我国政府信息公开工作全盘否定或者完美化，政府信息公开政策执行中行政自由裁量行为是客观的、变化的，同样也是有规律可循的。政府只有尊重这一规律，才能更好地控制和调整行政自由裁量权范围，顺利地实现既定政策目标。

7.2 研究展望

由于本书主题以及研究者认知水平、知识基础、相关阅历以及所用科学语言本身等限制，本书存在着一些不足之处，后续可以进行更深入研究。

第一，研究方法三角验证。任何研究方法都有其缺点，文本分析依赖于可获取数据资源。文本记录可能存在故意歪曲或者选择性记录、影响数据真实性风险。政府信息公开工作年度报告主观性，可能使研究者得出片面研究结论。后续还需要对多个不同来源相关资料进行综合分析来进行验证，即“三角验证”。

第二，不同时空对比分析。政府信息公开政策不断调整，会对政府信息公开行政自由裁量差异结构和空间格局产生影响，可以选择市或者县级政府这样的空间尺度，以及 10 年或者更长时间尺度。目前修订后的《中华人民共和国政府信息公开条例》已于 2019 年 5 月 15 日起施行，此次修订一项重要内容是明确提出“坚持以公开为常态，不公开为例外”，明确政府信息公开范围，不断扩大主动公开，有必要对未来变化进行持续追踪研究。

第三，解释性框架实证研究。本书提出了政府信息公开省际差异变动解释性框架，并确定了不同维度上省际差异变动关键性变量。后续还需要其他研究来进一步检验和完善。通过量化因果分析来验证理论思路，从而完善理论建构，为实践需求提供理论指导，是未来应当重点关注的领域。

参考文献

[1]（德）哈特穆特·毛雷尔. 行政法学总论［M］. 北京：法律出版社，2000.

[2]（德）伍多·库卡茨. 质性文本分析方法、实践与软件使用指南［M］. 重庆：重庆大学出版社，2017：39.

[3]（美）安德森. 公共决策［M］. 唐亮译. 北京：华夏出版社，1990：121.

[4]（美）理查德·斯蒂尔曼二世. 公共行政学概念与案例 第 7 版［M］. 北京：中国人民大学出版社，2004：609.

[5]（美）迈克尔·辛格尔特里. 大众传播研究现代方法与应用［M］. 刘燕南等，译. 北京：华夏出版社，2000：284.

[6]（美）托马斯·戴伊，谢明著. 理解公共政策 第 12 版［M］. 北京：中国人民大学出版社，2011.

[7] Adams R H J. Non - farm income and inequality in rural Pakistan: a decomposition analysis [J]. Pakistan Development Review, 1993, 32 (4): 1187 - 1198.

[8] Adu K K, Dube L, Adjei E. Digital preservation: the conduit through which open data, electronic government and the right to information are implemented [J]. Library Hi Tech, 2016, 34 (4): 733 - 747.

[9] Alcaraz - Quiles F J, Navarro - Galera A, Ortiz - Rodriguez D. Factors determining online sustainability reporting by local governments [J]. International Review of Administrative Sciences, 2015, 81 (1): 79 - 109.

[10] Allison G T, Zelikow P P. Essence of Decision: Explaining the Cuban Missile Crisis [J]. American Political Science Association, 1999, 78 (3): 13108 - 13113.

[11] Anderson J J. Skeptical Reflections on a Europe of Regions: Britain, Germany, and the ERDF [J]. Journal of Public Policy, 1990, 10 (4): 417 - 447.

[12] Bardach E. The implementation game: what happens after a bill becomes a law [J]. American Political Science Review, 1977, 72 (4): 323 - 1399.

[13] Barrett S, Hill M. Policy, Bargaining and Structure in Implementation Theory:

Towards an Integrated Perspective [J]. Policy & Politics, volume, 1984, 12 (12): 219 - 240.

[14] Berliner D, Bagozzi B E, Palmer - Rubin B. What information do citizens want? Evidence from one million information requests in Mexico [J]. World Development, 2018 (109): 222 - 235.

[15] Berman P. The study of macro - and micro - implementation [J]. Public Policy, 1978, 26 (2): 157.

[16] Berry F S, Berry W D. State Lottery Adoptions as Policy Innovations: An Event History Analysis [J]. The American Political Science Review, 1990, 84 (2): 395.

[17] Bouchard G, Carroll B W. Policy - making and administrative discretion: The case of immigration in Canada [J]. Canadian Public Administration, 2002, 45 (2): 239 - 257.

[18] Buffat A. Street - Level Bureaucracy and E - Government [J]. Public Management Review, 2015, 17 (1): 149 - 161.

[19] Cárdenas S, Cruz E E R D L. Controlling Administrative Discretion Promotes Social Equity? Evidence from a Natural Experiment [J]. Public Administration Review, 2016, 77 (1): 80 - 89.

[20] Calvert R L. A Theory of Political Control and Agency Discretion [J]. American Journal of Political Science, 1989, 33 (3): 588 - 611.

[21] Chatfield A T, Reddick C G. The role of policy entrepreneurs in open government data policy innovation diffusion: An analysis of Australian Federal and State Governments [J]. Government Information Quarterly, 2017, 35 (1).

[22] Chen Y. Transparency Versus Stability: The New Role of Chinese Courts in Upholding Freedom of Information [J]. Social Science Electronic Publishing, 2016.

[23] Cohen M D, March J G, Olsen J P. A Garbage Can Model of Organizational Choice [J]. Administrative Science Quarterly, 1972, 17 (1): 1 - 25.

[24] Davis K. C. Discretionary justice [M]. Baton Rouge LA: Louisiana State University Press, 1969: 27.

[25] Dicey A V, Wade E C S. Introduction to the Study of the Law of the Constitution [M]. London: Macmillan, 1959.

[26] Dworkin R. Taking rights seriously [M]. Cambridge: Harvard University Press, 1977.

[27] Eitle D. The Influence of Mandatory Arrest Policies, Police Organizational Characteristics, and Situational Variables on the Probability of Arrest in Domestic Violence

Cases [J]. Crime & Delinquency, 2005, 51 (4): 573 -597.

[28] Elinor Ostrom. Governing the commons: the evolution of institutions for collective action [M]. New York: Cambridge University Press, 1990.

[29] Elmore R F. Organizational Models of Social Program Implementation [J]. Public policy, 1978, 26 (2): 185 -228.

[30] Elmore R F. Forward and Backward Mapping: Reversible Lcgic in the Analysis of Public Policy. [J]. Evaluation Methods, 1985 (23): 60.

[31] Epstein D, O'Halloran S. Administrative Procedures, Information, and Agency Discretion [J]. American Journal of Political Science, 1994, 38 (3): 697 -722.

[32] Esler M, Scheberle D. Federalism and Environmental Policy [J]. American Review of Public Administration, 1997, 27 (3): 211 -227.

[33] Fayol H. Industrial and general administration [J]. Coubrough J (Geneva: Internetional Management Inistitute), 1930.

[34] Feinberg L E. Managing the Freedom of Information Act and federal information policy: The Reagan years [J]. Government Information Quarterly, 1986, 46 (6): 615 -621.

[35] Goggin M L, Mazmanian D A, Sabatier P A. Implementatior and Public Policy [J]. Acoustics Speech & Signal Processing Newsletter IEEE, 1983, 14 (4): 159.

[36] Goggin M L, Bowman A O, Lester J P, et al. Implementation Theory and Practice: Toward A Third Generation [J]. American Political Science Assocciation, 1990, 85 (1): 324.

[37] Green R. Administrative ethics and executive decisions: Channeling and containing administrative discretion [J]. American Review of Public Administration, 2019, 49 (1): 128 -129.

[38] Hannabuss S. Freedom of Information: A Practical Guide to Implementing the Act [J]. Journal of Documentation, 2005, 61 (2): 317 -318.

[39] Hargrove E C. The missing link : the study of the implementation of social policy [M]. Urban Institute Press, 1975.

[40] Hart H M, Sacks A M, Eskridge W N, et al. The legal process : basic problems in the making and application of law [J]. Havforskningsinstituttet, 1994, 14 (1): 31 -47.

[41] Hawker G. The administrative implications of freedom of information legislation [J]. Australian Journal of Public Administration, 1977, 36 (2): 168 -185.

[42] Henderson A C, Pandey S K. Leadership in Street - Level Bureaucracy: An

Exploratory Study of Supervisor – Worker Interactions in Emergency Medical Services [J]. International Review of Public Administration, 2013, 18 (1): 7 – 23.

[43] Henderson A, Tudor Ţiclău, Balica D. Perceptions of Discretion in Street – Level Public Service: Examining Administrative Governance in Romania [J]. Public Performance & Management Review, 2018, 41 (3): 620 – 647.

[44] Hjern B, Hull C. Implementation Research as Empirical Constitutionalism [J]. European Journal of Political Research, 1982, 10 (2), 105 – 116.

[45] House R J. Role conflict and ambiguity as critical variables in a model of organizational behavior [J]. Organizational Behavior & Human Performance, 1972, 7 (3): 467 – 505.

[46] Howard J Y, Wrobel S L, Nitta K A. Implementing Change in an Urban School District: A Case Study of the Reorganization of the Little Rock School District [J]. Public Administration Review, 2010, 70 (6): 934 – 941.

[47] Hupe P L, Hill M. Street – Level Bureaucracy and Public Accountabiliy [J]. Public Administration, 2007, 85 (2): 279 – 299.

[48] Ingram H. Implementation: A Review and Suggested Framework [M]. // Public Administration: The State of the Discipline, 1990: 462 – 482.

[49] Ip E C. Taking a 'Hard Look' at 'Irrationality': Substantive Review of Administrative Discretion in the US and UK Supreme Courts [J]. Oxford Journal of Legal Studies, 2014, 34 (3): 481 – 510.

[50] Jaeger P T, Bertot J C. Transparency and technological change: Ensuring equal and sustained public access to government information [J]. Government Information Quarterly, 2010, 27 (4): 371 – 376.

[51] Jones C O. An Introduction to The study of public policy [M]. Duxbury Press, 1977.

[52] Kahn R L, Wolfe D M, Quinn R P, et al. Organizational Stress: Studies in Role Conflict and Ambiguity [J]. American Sociological Review, 1965, 30 (4): 620.

[53] Kakwani N C. Measurement of Tax Progressivity: An International Comparison [J]. Economic Journal, 1977, 87 (345): 71 – 80.

[54] Keiser L R. State Bureaucratic Discretion and the Administration of Social Welfare Programs: The Case of Social Security Disability [J]. Journal of Public Administration Research and Theory, 1999, 9 (1): 87 – 106.

[55] Kingdon J W. Agendas, alternatives, and public policies [M]. Boston: Little Brown, 1984.

[56] Koch C H J. Judicial Review of Administrative Discretion [J]. George Washington Law Review, 1986, 54 (4): 469 - 511.

[57] Koga T. Access to government information in Japan: A long way toward electronic government? [J]. Government Information Quarterly, 2003, 20 (1): 47 - 62.

[58] Lasswell H. D. Language of politics, studies in quantitative semantics [M]. Cambridge: MIT Press, Cambridge. 1965.

[59] Lasswell H D, Kaplan A. Power and Society: A Framework for Political Inquiry [M]. New Haven: Yale University Press, 1950.

[60] Lasswell H D, Lerner D, et al. The Policy Sciences: Recent Developments in Scope and Method [J]. American Sociological Review, 1951, 39 (2): 359.

[61] Leys W A R. Ethics and Administrative Discretion [J]. Public Administration Review, 1943, 3 (1): 10 - 23.

[62] Linder S H, Peters B G. Relativism, contingency, and the definition of success in implementation research [J]. Review of Policy Research, 1987, 7 (1): 116 - 127.

[63] Lipsky M. Street - Level Bureaucracy: The Dilemmas of the Individual in Public Service [M]. New York: Russell Sage Foundation, 1980.

[64] Lourenço P R. An analysis of open government portals: A perspective of transparency for accountability [J]. Government Information Quarterly, 2015, 32 (3): 323 - 332.

[65] Lowi T J, Bauer R A, De I, et al. American Business, Public Policy, Case - Studies, and Political Theory [J]. World Politics, 1964, 16 (4): 499 - 715.

[66] Lowi T J. Four Systems of Policy, Politics, and Choice [J]. Public Administration Review, 1972, 32 (4): 298 - 310.

[67] Lu Q, Johnson P A. Characterizing New Channels of Communication: A Case Study of Municipal 311 Requests in Edmonton, Canada [J]. Urban Planning, 2016, 1 (2): 18.

[68] Mancur Olson. The logic of collective action : public goods and the theory of groups [M]. Cambridge: Harvard University Press, 1971.

[69] Marsh D, Rhodes R A W. Policy networks in British government [M]. Clarendon Press, 1992.

[70] Marvel J D, Resh W G. Bureaucratic Discretion, Client Demographics, and Representative Bureaucracy [J]. American Review of Public Administration, 2015, 45 (3): 281 - 310.

[71] Matland R E. Synthesizing the implementation literature: The Ambiguity - con-

flict model of policy implementation [J]. Journal of Public Administration Research & Theory, 1995, 5 (2): 145 - 174.

[72] Maynard - Moody S, Musheno M. Cops, Teachers, Counselors: Stories from the Front Line of Public Service [J]. Cops Teachers Counselors, 2003, 15 (4): 216.

[73] Mccreadie C, Mathew D, Filinson R, et al. Ambiguity and Cooperation in the Implementation of Adult Protection Policy [J]. Social Policy & Administration, 2008, 42 (3): 19.

[74] Mclaughlin M W. Implementation as Mutual Adaptation: Change in Classroom Organization [J]. Teachers College Record, 1976, 77 (3): 167 - 180.

[75] Meter D S V, Horn C E V. The Policy Implementation ProcessA Conceptual Framework [J]. Administration & Society, 1975, 6 (4): 445 - 488.

[76] Michael D. Agency Delays: How a Principal - Agent Approach Can Inform Judicial and Executive Branch Review of Agency Foot - Dragging [J]. George Washington Law Review, 2011, 79 (5): 1381 - 1448.

[77] Miles R H, Perreault W D. Organizational role conflict: Its antecedents and consequences [J]. Organizational Behavior & Human Performance, 1976, 17 (1): 19 - 44.

[78] Mintrom M, Vergari S. Policy networks and innovation diffusion: The case of state education reforms [J]. The Journal of Politics, 1998, 60 (1): 126 - 148.

[79] Molasgallart J, CastroMartínez E. Ambiguity and conflict in the development of 'Third Mission' indicators [J]. Research Evaluation, 2007, 16 (4): 321 - 330.

[80] Mullan D, Galligan D J. Discretionary Powers: A Legal Study of Official Discretion [J]. University of Toronto Law Journal, 1986, 38 (4): 420.

[81] Nagy D M, Painter R W. Selective disclosure by federal officials and the case for an FDG (FAIRER GOVERNMENT DISCLOSURE) REGIME [J]. Social Science Electronic Publishing, 2012, 28 (6): 1285 - 1365.

[82] Nakamura R T, Smallwood F. The politics of policy implementation [J]. Political Science Quarterly, 1980, 95 (4): 709.

[83] Nicholson N. Policy Choices and the Uses of State Power: The Work of Theodore J. Lowi [J]. Policy Sciences, 2002, 35 (2): 163 - 177.

[84] Nowacki J S. Organizational - Level Police Discretion: An Application for Police Use of Lethal Force [J]. Crime & Delinquency, 2015, 61 (5): 643 - 668.

[85] O'Brien D M. Freedom of Information, Privacy, and Information Control: A Contemporary Administrative Dilemma [J]. Public Administration Review, 1979, 39

(4): 323 -328.

[86] Oates G, Moradimotlagh A. Is voluntary disclosure of environmental performance associated with actual environmental performance? Evidence from Victorian local governments, Australia [J]. Australasian Journal of Environmental Management, 2016, 23 (2): 1 -12.

[87] Ostrom E, Gardner R, Walker J, et al. Rules, games, and common - pool resources [M]. University of Michigan Press, 1994.

[88] O'Toole L J. Research on Policy Implementation: Assessment and Prospects [J]. Journal of Public Administration Research & Theory, 2000, 10 (2): 263 -288.

[89] Palumbo D J, Maynardmoody S, Wright P. Measuring Degrees of Successful Implementation [J]. Poultry Science, 1984, 92 (9): 2498 -2508.

[90] Parinandi S. Conditional Bureaucratic Discretion and State Welfare Diffusion under AFDC [J]. State Politics & Policy Quarterly, 2013, 13 (2): 244 -261.

[91] Piotrowski S J, Ryzin G V. Citizen Attitudes Toward Transparency in Local Government [J]. The American Review of Public Administration, 2007, 37 (3): 306 -323.

[92] Piotrowski S J, Zhang, et al. Key Issues for Implementation of Chinese Open Government Information Regulations [J]. Public Administration Review, 2010, 69 (s1): 129 -135.

[93] Pozen D E. Freedom of Information Beyond the Freedom of Information Act [J]. University of Pennsylvania Law Review, 2017, 165 (5): 1097 -1158.

[94] Pressman J L, Wildavsky A B. Implementation how great expectations in Washington are dashed in Oakland [M]. // Alley life in Washington: University of Illinois Press, 1973: 96 -99.

[95] Reddick C G, Abdelsalam H M, Elkadi H. The influence of E - government on administrative discretion: The case of local governments in Egypt [J]. Public Administration and Development, 2011, 31 (5): 390 -407.

[96] Reddick C G, Turner M. Channel choice and public service delivery in Canada: Comparing e - government to traditional service delivery [J]. Government Information Quarterly, 2012, 29 (1): 1 -11.

[97] Relyea H C. The provision of government information: the federal Freedom of Information Act experience [J]. Canadian Public Administration, 1977, 20 (2): 317 -341.

[98] Rizzo J R, Lirtzman H S I. Role Conflict and Ambiguity in Complex Organiza-

tions [J]. Administrative Science Quarterly, 1970, 15 (2): 150 - 163.

[99] Roberts A. Administrative discretion and the Access to Information Act: An "internal law" on open government? [J]. Canadian Public Administration, 2010, 45 (2): 175 - 194.

[100] Rose R. Policy - Making in British: A Reader in Government [M]. London: Macmillan, 1969.

[101] Sabatier P, Mazmanian D. The conditions of effective implementation: a guide to accomplishing policy objectives. [J]. Policy Analysis, 1979, 5 (4): 481 - 504.

[102] Sabatier P A. An Advocacy Coalition Framework of Policy Change and the Role of Policy - Oriented Learning Therein [J]. Policy Sciences, 1988, 21 (2 - 3): 129 - 168.

[103] Schneider A, Ingram H. Social Construction of Target Populations: Implications for Politics and Policy [J]. The American Political Science Review, 1993, 87 (2): 334 - 347.

[104] Schneider A, Ingram H. Behavioral Assumptions of Policy Tools [J]. The Journal of Politics, 1990, 52 (2): 510 - 529.

[105] Seidenfeld M. Substituting Substantive for Procedural Review of Guidance Documents [J]. Social Science Electronic Publishing, 2011, 90 (2): 331 - 394.

[106] Smith T B. The Policy Implementation Process [J]. Policy Sciences, 1973, 4 (2): 197 - 209.

[107] Spitzer B R J. The Presidency and Public Policy: The Four Arenas of Presidential Power [M]. The presidency and public policy : University of Alabama Press, 2012.

[108] Stewart Jr J, Hedge D, Lester J P. Public policy: An evolutionary approach [M]. Nelson Education, 2007.

[109] Sturges P. The Library and Freedom of Information: Agent or Icon? [J]. Alexandria: The Journal of National and International Library and Information Issues, 2001, 13 (1): 3 - 16.

[110] Taylor J, Burt E. How do public bodies respond to freedom of information legislation? Administration, modernisation and democratisation [J]. Policy & Politics, 2010, 38 (1): 119 - 134.

[111] Thomas M A, Alalwan J A. Designing a Semantic Tool to Evaluate Web Content of Government Websites [J]. International Journal Of Public Administration in the Digital Age, 2016, 3 (2): 19 - 36.

[112] Thompson F J. Bureaucratic Discretion and the National Health Service Corps [J]. Political Science Quarterly, 1982, 97 (3): 427-445.

[113] Walker J L. The Diffusion of Innovations among the American States [J]. American Political Science Review, 1969, 63 (3): 880-899.

[114] Walker R M, Jeanes E, Rowlands R. Measuring Innovation - Applying the Literature - Based Innovation Output Indicator to Public Services [J]. Public Administration, 2010, 80 (1): 201-214.

[115] Waterman W R W. The Dynamics of Political Control of the Bureaucracy [J]. The American Political Science Review, 1991, 85 (3): 801-828.

[116] Whorf B L, Carroll J B, Levinson S C, et al. Language, Thought, and Reality: Selected Writings of Benjamin Lee Whorf [M]. The MIT Press, 2012.

[117] Wilson W. The study of administration [J]. Political Science Quarterly, 1887, 2 (2): 197-222.

[118] Wood B D, Waterman R W. Bureaucratic dynamics: the role of bureaucracy in a democracy [J]. Political Science Quarterly, 1995, 110 (3): 770-771.

[119] World Bank. World Development Report 2004: Making Services Work for Poor People [M]. Washington: The World Bank and Oxford University Press, 2003.

[120] 白彬，张再生. 基于政策工具视角的以创业拉动就业政策分析——基于政策文本的内容分析和定量分析 [J]. 科学学与科学技术管理，2016，37 (12): 92-100.

[121] 白华. 政府信息公开制度中的几个问题 [J]. 情报理论与实践，2004 (3): 259-261.

[122] 白清礼. 政务公开与政府信息公开之辨析 [J]. 图书馆工作与研究，2012 (8): 61-64.

[123] 曹康泰. 中华人民共和国政府信息公开条例读本 [M]. 北京：人民出版社，2009.

[124] 陈翀，董悦，耿骞，潘京华. 以信息需求匹配为视角的政府信息公开效果评价 [J]. 图书情报工作，2017，61 (24): 13-23.

[125] 陈富智. 关于《条例》的几个问题（下） [J]. 中国行政管理，2008 (1): 21-23.

[126] 陈明华，郝国彩. 中国人口老龄化地区差异分解及影响因素研究 [J]. 中国人口·资源与环境，2014，24 (4): 136-141.

[127] 陈那波，卢施羽. 场域转换中的默契互动——中国“城管”的自由裁量行为及其逻辑 [J]. 管理世界，2013 (10): 62-80.

［128］陈佩．论信息公开在中国的可执行性［J］．中南民族大学学报（人文社会科学版），2003（S2）：167－169.

［129］陈星平，毕利娜，吴道友．中国政府推进科技人才创新创业的注意力测量——中央政府工作报告（1978—2017 年）文本分析［J］．科技进步与对策，2018，35（23）：155－160.

［130］陈云松．大数据中的百年社会学——基于百万书籍的文化影响力研究［J］．社会学研究，2015，30（1）：23－48，242－243.

［131］陈振明．公共政策分析［M］．北京：中国人民大学出版社，2003.

［132］陈振明．政府工具研究与政府管理方式改进——论作为公共管理学新分支的政府工具研究的兴起、主题和意义［J］．中国行政管理，2004（6）：43－48.

［133］陈振明，张敏．国内政策工具研究新进展：1998—2016 年［J］．江苏行政学院学报，2017（6）：109－116.

［134］程波辉，奇飞云．共享单车的政府规制：一个分析框架——基于 15 个城市的政策文本分析［J］．学术研究，2018（11）：62－67.

［135］程洁．政府信息公开理论与法益权衡的适用［M］．//余凌云．开放政府的中国实践《政府信息公开条例》实施的问题与出路．北京：清华大学出版社，2016：165.

［136］储建国，包涵川．自由裁量权的嵌套结构与腐败窝案的生成逻辑［J］．甘肃行政学院学报，2016（5）：69－77，127.

［137］崔卓兰，刘福元．论行政自由裁量权的内部控制［J］．中国法学，2009（4）：73－84.

［138］邓胜利．从“非典”事件看信息公开的价值［J］．图书与情报，2003（4）：37－39.

［139］邓小平．邓小平文选 第 3 卷［M］．北京：人民出版社，1993.

［140］丁煌，李晓飞．中国政策执行力研究评估：2003—2012 年［J］．公共行政评论，2013，6（4）：130－157.

［141］丁先存．论美国的政府信息公开制度［J］．情报资料工作，2001（1）：74－76.

［142］杜伟锦，宋园，李靖，杨伟．科技成果转化政策演进及区域差异分析——以京津冀和长三角为例［J］．科学学与科学技术管理，2017，38（2）：3－11.

［143］段尧清，汪银霞．政府信息公开的动力机制［J］．情报科学，2005（10）：19－22，31.

［144］范并思．信息获取权利：政府信息公开的法理基础［J］．图书情报工作，2008（6）：36－38，86.

［145］范剑勇，朱国林．中国地区差距演变及其结构分解［J］．管理世界，2002（7）：37－44.

［146］方兴，田海平．伦理视域中行政自由裁量权的规范行使［J］．南京社会科学，2009（2）：44－49.

［147］费孝通．乡土中国［M］．北京：人民出版社，2015.

［148］傅荣校，郭啸笑．政府信息公开渠道的对比分析［J］．电子政务，2013（2）：87－93.

［149］甘峰，俞素美．日美政府信息公开比较与中国“入世”后的课题［J］．东北亚论坛，2002（2）：57－61.

［150］高小珺．政府信息公开的法制化研究［J］．辽宁大学学报（哲学社会科学版），2004（5）：26－29.

［151］龚勤林，刘慈音．基于三维分析框架视角的区域创新政策体系评价——以成都市“1＋10”创新政策体系为例［J］．软科学，2015，29（9）：14－18.

［152］顾建光，吴明华．公共政策工具论视角述论［J］．科学学研究，2007（1）：47－51.

［153］顾昕，白晨．中国医疗救助筹资的不公平性——基于财政纵向失衡的分析［J］．国家行政学院学报，2015（2）：35－40.

［154］关保英．显失公平的行政行为研究［J］．法学论坛，2017，32（2）：112－119.

［155］郝静，查先进．世贸组织规则条件下的政府信息公开［J］．中国图书馆学报，2004（1）：46－49.

［156］何海波．论行政行为“明显不当”［J］．法学研究，2016，38（3）：70－88.

［157］何兰满，肖永英．城市低保者日常生活信息获取行为实证分析——以广州市海珠区为例［J］．图书馆论坛，2013（6）：83－90.

［158］河贤凤．电子政府在韩国：发展历史及其经验［J］．中国行政管理，2002（3）：48－49.

［159］贺晓丽，李少莉．我国政府信息依申请公开制度的实施问题研究——基于31个省级政府2008至2015年政府信息公开工作报告［J］．云南行政学院学报，2016，18（5）：167－172.

［160］侯卫真．日本信息公开制度及其实施［J］．中国档案，2004（2）：17.

［161］后向东．论“信息公开”的五种基本类型［J］．中国行政管理，2015（1）：27－33.

［162］后向东．论我国政府信息公开制度变革中的若干重大关系［J］．中国行

政管理，2017a（7）：10－17.

［163］后向东．论我国政府信息公开制度变革中的若干重大问题［J］．行政法学研究，2017b（5）：99－112.

［164］胡衬春．地方政府网站、政务微信、政务微博的使用与公众政府信任的关系研究［J］．电子政务，2017（12）：90－101.

［165］胡华涛．新闻发布制度化构建中的立法问题——中西信息公开立法原则精神的对比研究［J］．新闻大学，2005（1）：57－61.

［166］胡仙芝．历史回顾与未来展望：中国政务公开与政府治理［J］．政治学研究，2008（6）：60－66.

［167］胡业飞，崔杨杨．模糊政策的政策执行研究——以中国社会化养老政策为例［J］．公共管理学报，2015，12（2）：93－105，157.

［168］胡业勋．新形势下打造阳光政府的指导性文件［J］．中国行政管理，2016（4）：6－7.

［169］胡远珍，徐皞亮．湖北省政务微博与政府深化信息公开［J］．湖北社会科学，2016（3）：57－66.

［170］黄萃，任弢，张剑．政策文献量化研究：公共政策研究的新方向［J］．公共管理学报，2015，12（2）：129－137，158－159.

［171］黄学贤．行政裁量基准：理论、实践与出路［J］．甘肃行政学院学报，2009（6）：101－112.

［172］黄艳茹，孟凡蓉，陈子韬，刘佳．政府环境信息公开的影响因素——基于中国城市 PITI 指数的实证研究［J］．情报杂志，2017（7）：62，153－159.

［173］黄志敏．信息公开，依法行政［J］．中央政法管理干部学院学报，1998（6）：62.

［174］姬国海．关于我国政务公开的内涵界定［J］．东北师大学报（哲学社会科学版），2002（5）：16－22.

［175］江必新．行政程序正当性的司法审查［J］．中国社会科学，2012（7）：123－140，205－206.

［176］姜亮．档案馆与政府信息公开——从《条例》说起［J］．浙江档案，2008（2）：15－17.

［177］姜明安．论政务公开［J］．湖南社会科学，2016（2）：45－50.

［178］蒋卫荣．政府信息公开立法与公民档案利用权的充分实现——以“张岩案”为中心［J］．档案学通讯，2004（2）：37－40.

［179］李春阁．我国政府信息公开的影响因素［J］．中共中央党校学报，2013，17（3）：60－63.

[180] 李靖，高崴．强化行政自由裁量权的制度性约束——基于行政问责制[J]．吉首大学学报（社会科学版），2011，32（1）：81－85.

[181] 李瑞昌．中国公共政策实施中的“政策空传”现象研究［J］．公共行政评论，2012，5（3）：59－85，180.

[182] 李韬，王佳．自主性、裁量权与公共管理者的责任［J］．中国行政管理，2010（10）：57－60.

[183] 李学．法令之后：政府信息公开经验现实的反思——基于省级《政府信息公开报告》文本的内容分析［J］．社会科学，2011（9）：13－22.

[184] 李雅．从政务微博看政府信息公开的发展［J］．电子政务，2012（4）：34－40.

[185] 连志英．美国政府信息公开中的公民隐私权保护立法研究［J］．档案学通讯，2008（6）：30－33.

[186] 廖秋子．行政自由裁量权的存在悖论与规范理路［J］．东南学术，2010（2）：132－139.

[187] 刘祺，朱林彬．信息时代街头官僚及其自由裁量权的变革与挑战［J］．管理世界，2018，34（6）：179－181.

[188] 柳建坤，陈云松．公共话语中的社会分层关注度——基于书籍大数据的实证分析（1949—2008）［J］．社会学研究，2018，33（4）：191－215，245－246.

[189] 罗勇．大数据背景下政府信息公开制度的中日比较——以“知情权”为视角［J］．重庆大学学报（社会科学版），2017，23（1）：86－93.

[190] 吕艳滨．一部全面解读美国信息公开制度的力作——评后向东的《美国联邦信息公开制度研究》［J］．中国行政管理，2014a，（7）：124.

[191] 吕艳滨．政府信息公开制度实施状况——基于政府透明度测评的实证分析［J］．清华法学，2014b，8（3）：51－65.

[192] 马亮．政府信息公开的影响因素：中国地级市的实证研究［J］．情报杂志，2012，31（9）：142－146，151.

[193] 孟莉．论公民知情权的实现［J］．学校党建与思想教育，2010（20）：86－87.

[194] 莫于川．政府信息公开法制若干问题再思考［J］．行政论坛，2009，16（6）：58－62.

[195] 倪永品．食品安全、政策工具和政策缝隙［J］．浙江社会科学，2017（2）：66－74.

[196] 聂辰席．地方政府信息公开法制化问题探讨［J］．中国行政管理，2005（3）：44－47.

［197］宁骚．政策试验的制度因素——中西比较的视角［J］．新视野，2014（2）：27－33.

［198］宁骚．公共政策学［M］．北京：高等教育出版社，2011.

［199］彭伶．论制定政府信息公开法［J］．现代法学，2000（6）：136－138.

［200］冉冉．中国环境政治中的政策框架特征与执行偏差［J］．教学与研究，2014，V48（5）：55－63.

［201］申亮．非营利组织与政府信息公开的互动博弈［J］．商业时代，2006（3）：9－10.

［202］宋超．政府信息公开与个人隐私权保护［J］．理论与改革，2005（3）：123－125.

［203］苏海雨．论行政裁量权的交往控制［J］．政治与法律，2017（2）：83－91.

［204］孙建军，裴雷，周兆韬．中国智慧城市建设政策工具的采纳结构分析［J］．图书与情报，2016（6）：33－40.

［205］孙军．浅议政府信息公开的实践难题［J］．档案学通讯，2007（6）：53－56.

［206］孙宇，杨瑛．浅析政府信息公开领域的控权平衡问题［J］．情报理论与实践，2005（2）：152－154.

［207］孙宇．政府信息公开、公共政策议程和参与型治理［J］．中国行政管理，2009（2）：64－67.

［208］唐平．农村居民收入差距的变动及影响因素分析［J］．管理世界，2006（5）：69－75.

［209］唐平秋，罗仙慧．微时代背景下政府信息公开的现实审视与思考［J］．理论探讨，2015（5）：154－157.

［210］唐土红．从行政伦理到政府信任——基于自由裁量权与行政冲突的探讨［J］．宁夏社会科学，2017（6）：36－40.

［211］唐祖爱，胡瑞华．简论我国政府信息公开立法的目标模式［J］．社会主义研究，2004（1）：78－79.

［212］涂端午．教育政策文本分析及其应用［J］．复旦教育论坛，2009，7（5）：22－27.

［213］万广华．不平等的度量与分解［J］．经济学（季刊），2009，8（1）：347－368.

［214］汪全胜．政府信息公开的范围探讨［J］．情报理论与实践，2004（6）：580－582，594.

[215] 王敬波．政府信息概念及其界定［J］．中国行政管理，2012（8）：8－11.

[216] 王敬波．政府信息公开中的公共利益衡量［J］．中国社会科学，2014（9）：105－124，205.

[217] 王洛忠，张艺君．我国新能源汽车产业政策协同问题研究——基于结构、过程与内容的三维框架［J］．中国行政管理，2017（3）：101－107.

[218] 王珉灿．行政法概要［M］．北京：法律出版社，1983.

[219] 王锐兰．政府信息公开、自由裁量权与标准化制度嵌入［J］．探索，2017（1）：79－84.

[220] 王锡锌．自由裁量权基准：技术的创新还是误用［J］．法学研究，2008，30（5）：36－48.

[221] 王学栋．行政伦理视野中的行政自由裁量权［J］．教学与研究，2007（6）：41－47.

[222] 王勇．政府信息公开制度的法理基础［J］．中共中央党校学报，2005（3）：88－93.

[223] 魏成龙，王东帅，魏荣桓．中国地方政府信息依申请公开问题研究——基于2009—2014年29个省份的数据［J］．中国行政管理，2016（7）：24－29.

[224] 魏姝．政策类型与政策执行：基于多案例比较的实证研究［J］．南京社会科学，2012（5）：55－63.

[225] 文宏，赵晓伟．政府公共服务注意力配置与公共财政资源的投入方向选择——基于中部六省政府工作报告（2007—2012年）的文本分析［J］．软科学，2015，29（6）：5－9.

[226] 文宏．中国政府推进基本公共服务的注意力测量——基于中央政府工作报告（1954—2013年）的文本分析［J］．吉林大学社会科学学报，2014，54（2）：20－26，171.

[227] 文军，蒋逸民．质性研究概论 Qualitative research method［M］．北京：北京大学出版社，2010.

[228] 翁银娇，马文聪，叶阳平，张光宇．我国LED产业政策的演进特征、问题和对策——基于政策目标、政策工具和政策力度的三维分析［J］．科技管理研究，2018，38（3）：69－75.

[229] 翁岳生．行政法与现代法治国家［M］．国立台湾大学法学丛书编辑委员会，1985.

[230] 吴根平．WTO与我国政府信息公开［J］．社会主义研究，2002（6）：77－79.

[231] 吴昊岱．政策执行影响因素研究 [D]．南京大学，2017.

[232] 夏淑梅，丁先存．政府信息公开中的隐私权探析 [J]．中国行政管理，2004 (9)：33－37.

[233] 夏镇平，高抒宇．英国中央政府政务公开的主要做法和经验 [J]．中国行政管理，2006 (1)：91－94.

[234] 肖明．政府信息公开制度运行状态考察——基于 2008 年至 2010 年 245 份政府信息公开工作年度报告 [J]．法学，2011 (10)：78－85.

[235] 肖卫兵．911 后美国政府信息公开评述——从国家安全的角度 [J]．情报科学，2006 (6)：949－954.

[236] 肖卫兵．信息流通视野下的政府信息公开制度实施：以上海市 A 区为例 [J]．中国行政管理，2014 (7)：34－38.

[237] 肖卫兵，林正海．政府信息公开查阅中心实证研究：条例第十六条存废之争 [J]．电子政务，2016 (9)：80－91.

[238] 熊烨．政策工具视角下的医疗卫生体制改革：回顾与前瞻——基于 1978—2015 年医疗卫生政策的文本分析 [J]．社会保障研究，2016 (3)：51－60.

[239] 许莲丽．论政府信息公开的范围——以我国《条例》为样本 [J]．湖北社会科学，2009 (6)：36－39.

[240] 薛澜，赵静．转型期公共政策过程的适应性改革及局限 [J]．中国社会科学，2017 (9)：45－67，206.

[241] 闫霏．基于政府网站的政府信息公开效果评价 [J]．情报杂志，2012，31 (1)：50－56，87.

[242] 阎波，李泓波，吴佳顺，吴建南．政府信息公开的影响因素：中国省级政府的实证研究 [J]．当代经济科学，2013，35 (6)：67－77，124－125.

[243] 颜海娜，李伟权．WTO 的透明度原则对我国政府行为的影响及对策 [J]．上海社会科学院学术季刊，2001 (4)：65－71.

[244] 颜海娜．国外政府信息公开立法对我国的启示 [J]．社会科学，2003 (9)：59－64.

[245] 杨凤春．尽快制定《政府信息公开化法》奠定善治基础 [J]．南京社会科学，2001 (9)：51－53.

[246] 杨宏山．政策执行的路径——激励分析框架：以住房保障政策为例 [J]．政治学研究，2014 (1)：78－92.

[247] 杨慧，杨建林．融合 LDA 模型的政策文本量化分析——基于国际气候领域的实证 [J]．现代情报，2016，36 (5)：71－81.

[248] 杨骞，刘华军．中国二氧化碳排放的区域差异分解及影响因素——基于

1995—2009 年省际面板数据的研究［J］. 数量经济技术经济研究, 2012, 29 (5): 36 -49, 148.

［249］杨天宇, 曹志楠. 中国的基尼系数为什么下降——收入来源角度的分析［J］. 财贸经济, 2016 (11): 34 -46.

［250］叶杰. 发展趋势与因素分解: 中国省域间高等教育经费支出中的公平性问题——基于基尼系数及其结构分解与变动分解技术的分析［J］. 中国高教研究, 2015 (10): 36 -43.

［251］殷华方, 潘镇, 鲁明泓. 中央——地方政府关系和政策执行力: 以外资产业政策为例［J］. 管理世界, 2007 (7): 22 -36.

［252］尹萍. 信息公开与法治政府——从“非典”到“禽流感”的启示［J］. 河北法学, 2004 (11): 147 -150.

［253］应松年. 转变职能 创新机制 推进政府信息公开［J］. 中国行政管理, 2012, (8): 7 -8.

［254］于峰. 浅谈政府信息公开中的行政裁量问题［J］. 法制与经济 (中旬刊), 2011 (3): 68.

［255］于立深. 行政自制与行政诉讼机制下的政府信息公开制度改革［J］. // 余凌云. 开放政府的中国实践《政府信息公开条例》实施的问题与出路［M］. 北京: 清华大学出版社, 2016: 193.

［256］于绍元, 傅国云. 论行政自由裁量权的合理运行［J］. 政法论坛, 1994 (3): 60 -64.

［257］于水, 杨溶榕. 中国信访制度的历史变迁与特征［J］. 复印报刊资料: 公共管理与政策评论, 2017: 14.

［258］余凌云. 对行政自由裁量概念的再思考［J］. 法制与社会发展, 2002 (4): 56 -62.

［259］余凌云. 行政自由裁量论［M］. 北京: 中国人民公安大学出版社, 2013: 24.

［260］余凌云. 政府信息公开的若干问题——基于 315 起案件的分析［J］. 中外法学, 2014, 26 (4): 907 -924.

［261］原光, 潘杰. 创新扩散视角下政务微信总量发展的影响因素分析——基于中国地级市的实证研究［J］. 湖北社会科学, 2017 (8): 47 -53.

［262］曾婧婧. 泛珠三角区域合作政策文本量化分析: 2004—2014［J］. 中国行政管理, 2015 (7): 110 -116.

［263］曾蔚. 行政自由裁量权的概念及存在原因辨析［J］. 法学杂志, 2005 (5): 72 -74.

[264] 翟腾腾，郭杰，欧名豪，孔伟．基于基尼系数的江苏省建设用地总量分配研究［J］．中国人口·资源与环境，2015，25（4）：84－91.

[265] 湛中乐，苏宇．论政府信息公开排除范围的界定［J］．行政法学研究，2009（4）：36－44.

[266] 张成福．加速政府信息化需要克服哪些障碍［J］．瞭望新闻周刊，2000（15）：39－40.

[267] 张定安．专家学者解读《关于全面推进政务公开工作的意见》［J］．中国行政管理，2016（4）：6.

[268] 张镧．基于文本分析法的湖北省高新技术产业政策演进脉络研究［J］．科技进步与对策，2013，30（17）：113－117.

[269] 张晓文．政府信息公开中隐私权与知情权的博弈及平衡［J］．情报理论与实践，2009，32（8）：36－39.

[270] 张新民，罗卫东．我国政府信息公开工作中的技术问题探析［J］．图书情报工作，2008（8）：58－61.

[271] 张毅菁．大数据对我国政府信息公开立法修改的启示［J］．图书情报工作，2013（s1）：48－51.

[272] 赵正群，董妍．公众对政府信息公开实施状况的评价与监督——美国“奈特开放政府系列调查报告”论析［J］．南京大学学报（哲学·人文科学·社会科学版），2009，46（6）：21－33，139.

[273] 郑文晖．我国政府网站政务信息公开的现状及对策分析——基于55个省（市）级政府网站的调查［J］．现代情报，2007（12）：19－22.

[274] 周芬芬．地方政府在农村中小学布局调整中的执行策略——基于模糊——冲突模型的分析［J］．教育与经济，2006（3）：61－64.

[275] 周汉华．起草《条例》（专家建议稿）的基本考虑［J］．法学研究，2002（6）：75－97.

[276] 周汉华．打造升级版政务公开制度——论《政府信息公开条例》修改的基本定位［J］．行政法学研究，2016（3）：3－13，144.

[277] 周健，赖茂生．政府信息开放与立法研究［J］．情报学报，2001（3）：276－281.

[278] 周健．美国《隐私权法》与公民个人信息保护［J］．情报科学，2001（6）：608－611.

[279] 周雪光．基层政府间的“共谋现象”——一个政府行为的制度逻辑［J］．社会学研究，2008（6）：1－21，243.

[280] 周佑勇，邓小兵．行政裁量概念的比较观察［J］．环球法律评论，2006，

28 (4): 431 -439.

[281] 周佑勇. 裁量基准的技术构造 [J]. 中外法学, 2014, 26 (5): 1142 -1163.

[282] 朱桂龙, 杨小婉, 江志鹏. 层面—目标—工具三维框架下我国协同创新政策变迁研究 [J]. 科技进步与对策, 2018, 35 (13): 110 -117.

[283] 朱红灿, 陈能华. 基于《条例》的信息公开方式研究——政府网站、公共图书馆、国家档案馆的比较研究 [J]. 图书馆学研究, 2009 (11): 52 -54.

[284] 朱锐勋. 中国政府信息公开的历史演进及其制度完善——《政府信息公开条例》颁布五周年回顾与展望 [J]. 电子政务, 2013 (7): 82 -88.

[285] 朱玉知. 环境政策执行模式研究 [D]. 复旦大学, 2013.

[286] 竺乾威. 地方政府的政策执行行为分析: 以"拉闸限电"为例 [J]. 西安交通大学学报 (社会科学版), 2012, 32 (2): 40 -46.

附录一　省级政府信息公开工作年度报告利用率

序号	名称	利用率
1	2008 安徽省人民政府信息公开工作年度报告	58.33%
2	2008 福建省人民政府信息公开工作年度报告	40.53%
3	2008 甘肃省人民政府信息公开工作年度报告	53.88%
4	2008 广东省人民政府信息公开工作年度报告	65.40%
5	2008 广西壮族自治区人民政府信息公开工作年度报告	65.99%
6	2008 贵州省人民政府信息公开工作年度报告	61.79%
7	2008 海南省人民政府信息公开工作年度报告	60.34%
8	2008 河北省人民政府信息公开工作年度报告	57.15%
9	2008 河南省人民政府信息公开工作年度报告	45.08%
10	2008 黑龙江省人民政府信息公开工作年度报告	55.68%
11	2008 湖北省人民政府信息公开工作年度报告	53.41%
12	2008 湖南省人民政府信息公开工作年度报告	59.08%
13	2008 吉林省人民政府信息公开工作年度报告	55.29%
14	2008 江苏省人民政府信息公开工作年度报告	71.47%
15	2008 江西省人民政府信息公开工作年度报告	62.23%
16	2008 辽宁省人民政府信息公开工作年度报告	74.07%
17	2008 内蒙古自治区人民政府信息公开工作年度报告	66.06%
18	2008 青海省人民政府信息公开工作年度报告	71.36%
19	2008 山东省人民政府信息公开工作年度报告	64.14%
20	2008 陕西省人民政府信息公开工作年度报告	60.63%
21	2008 上海市人民政府信息公开工作年度报告	65.38%
22	2008 四川省人民政府信息公开工作年度报告	59.11%
23	2008 天津市人民政府信息公开工作年度报告	54.56%
24	2008 西藏自治区人民政府信息公开工作年度报告	60.37%
25	2008 新疆维吾尔自治区人民政府信息公开工作年度报告	57.92%
26	2008 云南省人民政府信息公开工作年度报告	70.18%
27	2008 浙江省人民政府信息公开工作年度报告	35.91%

续表

序号	名称	利用率
28	2008 重庆市人民政府信息公开工作年度报告	44.95%
29	2009 安徽省人民政府信息公开工作年度报告	58.19%
30	2009 北京市人民政府信息公开工作年度报告	62.41%
31	2009 福建省人民政府信息公开工作年度报告	57.72%
32	2009 甘肃省人民政府信息公开工作年度报告	47.96%
33	2009 广东省人民政府信息公开工作年度报告	64.94%
34	2009 广西壮族自治区人民政府信息公开工作年度报告	58.65%
35	2009 贵州省人民政府信息公开工作年度报告	45.69%
36	2009 海南省人民政府信息公开工作年度报告	70.30%
37	2009 河北省人民政府信息公开工作年度报告	52.48%
38	2009 河南省人民政府信息公开工作年度报告	49.40%
39	2009 黑龙江省人民政府信息公开工作年度报告	54.74%
40	2009 湖北省人民政府信息公开工作年度报告	53.54%
41	2009 湖南省人民政府信息公开工作年度报告	58.93%
42	2009 吉林省人民政府信息公开工作年度报告	55.18%
43	2009 江苏省人民政府信息公开工作年度报告	45.03%
44	2009 江西省人民政府信息公开工作年度报告	62.58%
45	2009 辽宁省人民政府信息公开工作年度报告	17.08%
46	2009 内蒙古自治区人民政府信息公开工作年度报告	56.51%
47	2009 宁夏回族自治区人民政府信息公开工作年度报告	60.42%
48	2009 青海省人民政府信息公开工作年度报告	62.12%
49	2009 山东省人民政府信息公开工作年度报告	65.22%
50	2009 山西省人民政府信息公开工作年度报告	62.39%
51	2009 陕西省人民政府信息公开工作年度报告	74.34%
52	2009 上海市人民政府信息公开工作年度报告	68.23%
53	2009 四川省人民政府信息公开工作年度报告	59.55%
54	2009 天津市人民政府信息公开工作年度报告	43.48%
55	2009 西藏自治区人民政府信息公开工作年度报告	53.62%
56	2009 新疆维吾尔自治区人民政府信息公开工作年度报告	42.37%
57	2009 云南省人民政府信息公开工作年度报告	66.56%
58	2009 浙江省人民政府信息公开工作年度报告	41.72%
59	2009 重庆市人民政府信息公开工作年度报告	50.41%
60	2010 安徽省人民政府信息公开工作年度报告	57.45%
61	2010 北京市人民政府信息公开工作年度报告	65.34%
62	2010 福建省人民政府信息公开工作年度报告	66.95%

续表

序号	名称	利用率
63	2010 甘肃省人民政府信息公开工作年度报告	43.46%
64	2010 广东省人民政府信息公开工作年度报告	59.35%
65	2010 广西壮族自治区人民政府信息公开工作年度报告	70.83%
66	2010 贵州省人民政府信息公开工作年度报告	52.41%
67	2010 海南省人民政府信息公开工作年度报告	68.92%
68	2010 河北省人民政府信息公开工作年度报告	39.33%
69	2010 河南省人民政府信息公开工作年度报告	30.74%
70	2010 黑龙江省人民政府信息公开工作年度报告	57.64%
71	2010 湖北省人民政府信息公开工作年度报告	54.55%
72	2010 湖南省人民政府信息公开工作年度报告	52.59%
73	2010 吉林省人民政府信息公开工作年度报告	56.70%
74	2010 江苏省人民政府信息公开工作年度报告	66.12%
75	2010 江西省人民政府信息公开工作年度报告	56.27%
76	2010 辽宁省人民政府信息公开工作年度报告	58.99%
77	2010 内蒙古自治区人民政府信息公开工作年度报告	40.34%
78	2010 宁夏回族自治区人民政府信息公开工作年度报告	58.15%
79	2010 青海省人民政府信息公开工作年度报告	61.28%
80	2010 山东省人民政府信息公开工作年度报告	72.15%
81	2010 山西省人民人民政府信息公开工作年度报告	44.63%
82	2010 陕西省人民政府信息公开工作年度报告	64.47%
83	2010 上海市人民政府信息公开工作年度报告	67.87%
84	2010 四川省人民政府信息公开工作年度报告	61.90%
85	2010 天津市人民政府信息公开工作年度报告	32.07%
86	2010 西藏自治区人民政府信息公开工作年度报告	63.40%
87	2010 新疆维吾尔自治区人民政府信息公开工作年度报告	52.94%
88	2010 云南省人民政府信息公开工作年度报告	60.65%
89	2010 浙江省人民政府信息公开工作年度报告	34.63%
90	2010 重庆市人民政府信息公开工作年度报告	52.80%
91	2011 安徽省人民政府信息公开工作年度报告	65.85%
92	2011 北京市人民政府信息公开工作年度报告	74.61%
93	2011 福建省人民政府信息公开工作年度报告	72.78%
94	2011 甘肃省人民政府信息公开工作年度报告	53.02%
95	2011 广东省人民政府信息公开工作年度报告	47.63%
96	2011 广西壮族自治区人民政府信息公开工作年度报告	64.19%
97	2011 贵州省人民政府信息公开工作年度报告	38.83%

续表

序号	名称	利用率
98	2011 海南省人民政府信息公开工作年度报告	68.86%
99	2011 河北省人民政府信息公开工作年度报告	52.12%
100	2011 河南省人民政府信息公开工作年度报告	45.99%
101	2011 黑龙江省人民政府信息公开工作年度报告	54.55%
102	2011 湖北省人民政府信息公开工作年度报告	51.82%
103	2011 湖南省人民政府信息公开工作年度报告	52.94%
104	2011 吉林省人民政府信息公开工作年度报告	50.50%
105	2011 江苏省人民政府信息公开工作年度报告	57.83%
106	2011 江西省人民政府信息公开工作年度报告	68.87%
107	2011 辽宁省人民政府信息公开工作年度报告	59.28%
108	2011 内蒙古自治区人民政府信息公开工作年度报告	47.00%
109	2011 宁夏回族自治区人民政府信息公开工作年度报告	56.65%
110	2011 青海省人民政府信息公开工作年度报告	48.26%
111	2011 山东省人民政府信息公开工作年度报告	69.59%
112	2011 山西省人民政府信息公开工作年度报告	52.26%
113	2011 陕西省人民政府信息公开工作年度报告	73.91%
114	2011 上海市人民政府信息公开工作年度报告	66.82%
115	2011 四川省人民政府信息公开工作年度报告	62.15%
116	2011 天津市人民政府信息公开工作年度报告	41.08%
117	2011 西藏自治区人民政府信息公开工作年度报告	69.67%
118	2011 新疆维吾尔自治区人民政府信息公开工作年度报告	52.29%
119	2011 云南省人民政府信息公开工作年度报告	48.32%
120	2011 浙江省人民政府信息公开工作年度报告	47.46%
121	2011 重庆市人民政府信息公开工作年度报告	67.50%
122	2012 安徽省人民政府信息公开工作年度报告	54.99%
123	2012 北京市人民政府信息公开工作信息报告	73.14%
124	2012 福建省人民政府信息公开工作年度报告	65.19%
125	2012 甘肃省人民政府信息公开工作年度报告	63.23%
126	2012 广东省人民政府信息公开工作年度报告	49.56%
127	2012 广西壮族自治区人民政府信息公开工作年度报告	59.01%
128	2012 贵州省人民政府信息公开工作年度报告	34.55%
129	2012 海南省人民政府信息公开工作年度报告	71.31%
130	2012 河北省人民政府信息公开工作年度报告	36.18%
131	2012 河南省人民政府信息公开工作年度报告	25.48%
132	2012 黑龙江省人民政府信息公开工作年度报告	51.85%

续表

序号	名称	利用率
133	2012 湖北省人民政府信息公开工作年度报告	51.12%
134	2012 湖南省人民政府信息公开工作年度报告	66.53%
135	2012 吉林省人民政府信息公开工作年度报告	59.44%
136	2012 江苏省人民政府信息公开工作年度报告	56.93%
137	2012 江西省人民政府信息公开工作年度报告	61.15%
138	2012 辽宁省人民政府信息公开工作年度报告	56.95%
139	2012 内蒙古自治区人民政府信息公开工作年度报告	68.34%
140	2012 宁夏回族自治区人民政府信息公开工作年度报告	58.88%
141	2012 青海省人民政府信息公开工作年度报告	58.13%
142	2012 山东省人民政府信息公开工作年度报告	65.44%
143	2012 山西省人民政府信息公开工作年度报告	50.63%
144	2012 陕西省人民政府信息公开工作年度报告	60.70%
145	2012 上海市人民政府信息公开工作年度报告	61.91%
146	2012 四川省人民政府信息公开工作年度报告	60.39%
147	2012 天津市人民政府信息公开工作年度报告	41.70%
148	2012 西藏自治区人民政府信息公开工作年度报告	67.30%
149	2012 新疆维吾尔自治区人民政府信息公开工作年度报告	49.70%
150	2012 云南省人民政府信息公开工作年度报告	59.62%
151	2012 浙江省人民政府信息公开工作年度报告	70.96%
152	2012 重庆市人民政府信息公开工作年度报告	59.11%
153	2013 安徽省人民政府信息公开工作年度报告	58.55%
154	2013 北京市人民政府信息公开工作年度报告	72.19%
155	2013 福建省人民政府信息公开工作年度报告	66.97%
156	2013 甘肃省人民政府信息公开工作年度报告	70.81%
157	2013 广东省人民政府信息公开工作年度报告	53.23%
158	2013 广西壮族自治区人民政府信息公开工作年度报告	56.05%
159	2013 贵州省人民政府信息公开工作年度报告	57.69%
160	2013 海南省人民政府信息公开工作年度报告	71.56%
161	2013 河北省人民政府信息公开工作年度报告	50.54%
162	2013 河南省人民政府信息公开工作年度报告	50.11%
163	2013 黑龙江省人民政府信息公开工作年度报告	54.18%
164	2013 湖北省人民政府信息公开工作年度报告	72.48%
165	2013 湖南省人民政府信息公开工作年度报告	67.84%
166	2013 吉林省人民政府信息公开工作年度报告	59.21%
167	2013 江苏省人民政府信息公开工作年度报告	44.12%

续表

序号	名称	利用率
168	2013 江西省人民政府信息公开工作年度报告	65.55%
169	2013 辽宁省人民政府信息公开工作年度报告	58.20%
170	2013 内蒙古自治区人民政府信息公开工作年度报告	58.52%
171	2013 宁夏回族自治区人民政府信息公开工作年度报告	58.03%
172	2013 青海省人民政府信息公开工作年度报告	62.40%
173	2013 山东省人民政府信息公开工作年度报告	66.31%
174	2013 山西省人民政府信息公开工作年度报告	58.73%
175	2013 陕西省人民政府信息公开工作年度报告	71.51%
176	2013 上海市人民政府信息公开工作年度报告	72.59%
177	2013 四川省人民政府信息公开工作年度报告	62.91%
178	2013 天津市人民政府信息公开工作年度报告	46.90%
179	2013 西藏自治区人民政府信息公开工作年度报告	64.27%
180	2013 新疆维吾尔自治区人民政府信息公开工作年度报告	54.47%
181	2013 云南省人民政府信息公开工作年度报告	42.36%
182	2013 浙江省人民政府信息公开工作年度报告	77.82%
183	2013 重庆市人民政府信息公开工作年度报告	56.85%
184	2014 安徽省人民政府信息公开工作年度报告	66.06%
185	2014 北京市人民政府信息公开工作年度报告	78.61%
186	2014 福建省人民政府信息公开工作年度报告	63.93%
187	2014 甘肃省人民政府信息公开工作年度报告	76.97%
188	2014 广东省人民政府信息公开工作年度报告	51.83%
189	2014 广西壮族自治区人民政府信息公开工作年度报告	64.86%
190	2014 贵州省人民政府信息公开工作年度报告	64.59%
191	2014 海南省人民政府信息公开工作年度报告	66.92%
192	2014 河北省人民政府信息公开工作年度报告	63.09%
193	2014 河南省人民政府信息公开工作年度报告	47.05%
194	2014 黑龙江省人民政府信息公开工作年度报告	46.56%
195	2014 湖北省人民政府信息公开工作年度报告	55.79%
196	2014 湖南省人民政府信息公开工作年度报告	65.61%
197	2014 吉林省人民政府信息公开工作年度报告	47.27%
198	2014 江苏省人民政府信息公开工作年度报告	63.86%
199	2014 江西省人民政府信息公开工作年度报告	67.82%
200	2014 辽宁省人民政府信息公开工作年度报告	65.77%
201	2014 内蒙古自治区人民政府信息公开工作年度报告	64.00%
202	2014 宁夏回族自治区人民政府信息公开工作年度报告	50.02%

续表

序号	名称	利用率
203	2014 青海省人民政府信息公开工作年度报告	58.78%
204	2014 山东省人民政府信息公开工作年度报告	61.94%
205	2014 山西省人民政府信息公开工作年度报告	57.95%
206	2014 陕西省人民政府信息公开工作年度报告	64.20%
207	2014 上海市人民政府信息公开工作年度报告	73.34%
208	2014 四川省人民政府信息公开工作年度报告	58.63%
209	2014 天津市人民政府信息公开工作年度报告	48.02%
210	2014 西藏自治区人民政府信息公开工作年度报告	56.76%
211	2014 新疆维吾尔自治区人民政府信息公开工作年度报告	45.49%
212	2014 云南省人民政府信息公开工作年度报告	43.28%
213	2014 浙江省人民政府信息公开工作年度报告	76.89%
214	2014 重庆市人民政府信息公开工作年度报告	53.13%
215	2015 安徽省人民政府信息公开工作年度报告	64.43%
216	2015 北京市人民政府信息公开工作年度报告	76.11%
217	2015 福建省人民政府信息公开工作年度报告	64.13%
218	2015 甘肃省人民政府信息公开工作年度报告	75.71%
219	2015 广东省人民政府信息公开工作年度报告	67.44%
220	2015 广西壮族自治区人民政府信息公开工作年度报告	76.67%
221	2015 贵州省人民政府信息公开工作年度报告	61.83%
222	2015 海南省人民政府信息公开工作年度报告	75.45%
223	2015 河北省人民政府信息公开工作年度报告	63.93%
224	2015 河南省人民政府信息公开工作年度报告	81.61%
225	2015 黑龙江省人民政府信息公开工作年度报告	49.23%
226	2015 湖北省人民政府信息公开工作年度报告	72.62%
227	2015 湖南省人民政府信息公开工作年度报告	71.16%
228	2015 吉林省人民政府信息公开工作年度报告	45.07%
229	2015 江苏省人民政府信息公开工作年度报告	65.53%
230	2015 江西省人民政府信息公开工作年度报告	70.41%
231	2015 辽宁省人民政府信息公开工作年度报告	68.77%
232	2015 内蒙古自治区人民政府信息公开工作年度报告	74.87%
233	2015 宁夏回族自治区人民政府信息公开工作年度报告	72.04%
234	2015 青海省人民政府信息公开工作年度报告	64.04%
235	2015 山东省人民政府信息公开工作年度报告	74.16%
236	2015 山西省人民政府信息公开工作年度报告	55.35%
237	2015 陕西省人民政府信息公开工作年度报告	73.06%

续表

序号	名称	利用率
238	2015 上海市人民政府信息公开工作年度报告	65. 24%
239	2015 四川省人民政府信息公开工作年度报告	56. 26%
240	2015 天津市人民政府信息公开工作年度报告	75. 08%
241	2015 西藏自治区人民政府信息公开工作年度报告	63. 23%
242	2015 新疆维吾尔自治区人民政府信息公开工作年度报告	52. 70%
243	2015 云南省人民政府信息公开工作年度报告	65. 83%
244	2015 浙江省人民政府信息公开工作年度报告	72. 65%
245	2015 重庆市人民政府信息公开工作年度报告	60. 05%
246	2016 安徽省人民政府信息公开工作年度报告	61. 37%
247	2016 北京市人民政府信息公开工作年度报告	78. 07%
248	2016 福建省人民政府信息公开工作年度报告	72. 83%
249	2016 甘肃省人民政府信息公开工作年度报告	82. 91%
250	2016 广东省人民政府信息公开工作年度报告	60. 02%
251	2016 广西壮族自治区人民政府信息公开工作年度报告	66. 80%
252	2016 贵州省人民政府信息公开工作年度报告	64. 68%
253	2016 海南省人民政府信息公开工作年度报告	79. 63%
254	2016 河北省人民政府信息公开工作年度报告	71. 48%
255	2016 河南省人民政府信息公开工作年度报告	67. 42%
256	2016 黑龙江省人民政府信息公开工作年度报告	64. 57%
257	2016 湖北省人民政府信息公开工作年度报告	85. 09%
258	2016 湖南省人民政府信息公开工作年度报告	72. 30%
259	2016 吉林省人民政府信息公开工作年度报告	53. 32%
260	2016 江苏省人民政府信息公开工作年度报告	67. 31%
261	2016 江西省人民政府信息公开工作年度报告	74. 05%
262	2016 辽宁省人民政府信息公开工作年度报告	70. 03%
263	2016 内蒙古自治区人民政府信息公开工作年度报告	73. 58%
264	2016 宁夏回族自治区人民政府信息公开工作年度报告	81. 20%
265	2016 青海省人民政府信息公开工作年度报告	70. 28%
266	2016 山东省人民政府信息公开工作年度报告	74. 47%
267	2016 山西省人民政府信息公开工作年度报告	73. 25%
268	2016 陕西省人民政府信息公开工作年度报告	65. 87%
269	2016 上海市市人民政府信息公开工作年度报告	76. 17%
270	2016 四川省人民政府信息公开工作年度报告	55. 57%
271	2016 天津市人民政府信息公开工作年度报告	70. 47%
272	2016 西藏自治区人民政府信息公开工作年度报告	56. 90%

续表

序号	名称	利用率
273	2016 新疆维吾尔自治区人民政府信息公开工作年度报告	69.99%
274	2016 云南省人民政府信息公开工作年度报告	67.39%
275	2016 浙江省人民政府信息公开工作年度报告	76.59%
276	2016 重庆市人民政府信息公开工作年度报告	67.31%
277	2017 安徽省人民政府信息公开工作年度报告	74.57%
278	2017 北京市人民政府信息公开工作年度报告	76.21%
279	2017 福建省人民政府信息公开工作年度报告	74.72%
280	2017 甘肃省人民政府信息公开工作年度报告	85.65%
281	2017 广东省人民政府信息公开工作年度报告	76.32%
282	2017 广西壮族自治区人民政府信息公开工作年度报告	80.15%
283	2017 贵州省人民政府信息公开工作年度报告	62.17%
284	2017 海南省人民政府信息公开工作年度报告	62.99%
285	2017 河北省人民政府信息公开工作年度报告	77.19%
286	2017 河南省人民政府信息公开工作年度报告	83.03%
287	2017 黑龙江省人民政府信息公开工作年度报告	63.85%
288	2017 湖北省人民政府信息公开工作年度报告	80.23%
289	2017 湖南省人民政府信息公开工作年度报告	45.57%
290	2017 吉林省人民政府信息公开工作年度报告	71.63%
291	2017 江苏省人民政府信息公开工作年度报告	72.37%
292	2017 江西省人民政府信息公开工作年度报告	62.48%
293	2017 辽宁省人民政府信息公开工作年度报告	76.94%
294	2017 内蒙古自治区人民政府信息公开工作年度报告	76.81%
295	2017 宁夏回族自治区人民政府信息公开工作年度报告	83.43%
296	2017 青海省人民政府信息公开工作年度报告	74.21%
297	2017 山东省人民政府信息公开工作年度报告	78.74%
298	2017 山西省人民政府信息公开工作年度报告	78.58%
299	2017 陕西省人民政府信息公开工作年度报告	76.00%
300	2017 上海市人民政府信息公开工作年度报告	83.17%
301	2017 四川省人民政府信息公开工作年度报告	72.94%
302	2017 天津市人民政府信息公开工作年度报告	72.12%
303	2017 西藏自治区人民政府信息公开工作年度报告	51.73%
304	2017 新疆维吾尔自治区人民政府信息公开工作年度报告	49.15%
305	2017 云南省人民政府信息公开工作年度报告	54.42%
306	2017 浙江省人民政府信息公开工作年度报告	76.37%
307	2017 重庆市人民政府信息公开工作年度报告	67.28%

附录二　公开内容原始数据（%）

省份	2008 年	2009 年	2010 年	2011 年	2012 年	2013 年	2014 年	2015 年	2016 年	2017 年
北京	—	5.44	15.32	29.64	40.98	48.04	48.11	43.85	45.70	51.99
福建	11.97	18.66	39.59	33.84	36.47	42.77	44.48	37.04	45.79	56.03
广东	5.71	6.62	10.08	6.80	7.82	7.59	5.17	51.87	37.51	61.34
海南	36.77	41.67	35.51	37.98	46.15	52.77	51.26	69.07	60.56	11.74
河北	0.00	0.00	0.00	0.00	2.76	4.91	40.36	35.10	52.36	74.02
江苏	12.70	7.48	7.83	14.91	19.57	14.62	15.51	39.66	31.63	59.41
辽宁	39.46	3.88	8.56	11.39	10.85	29.59	33.48	40.93	40.30	45.99
山东	27.91	29.96	36.88	38.78	36.87	31.14	36.82	39.15	47.74	57.50
上海	35.68	37.11	39.27	51.23	37.84	46.50	51.07	50.46	52.99	60.63
天津	25.88	22.78	17.46	25.15	29.24	32.21	39.60	62.62	49.84	51.14
浙江	7.90	6.64	4.43	8.47	32.12	62.58	59.34	56.27	51.32	40.37
甘肃	14.46	5.55	5.33	2.23	21.13	50.59	56.11	61.10	59.67	65.65
广西	4.64	8.69	15.63	21.31	21.19	29.55	37.55	53.37	52.52	52.80
贵州	27.32	11.68	5.26	5.69	5.99	34.60	40.57	35.86	42.11	43.63
内蒙古	8.11	4.24	3.35	2.51	29.03	15.92	38.77	48.34	54.77	60.13
宁夏	—	30.37	5.41	9.19	15.49	16.44	28.23	37.30	54.71	57.28
青海	36.79	22.77	27.30	25.02	30.80	40.23	26.33	29.12	52.98	55.80
陕西	3.41	4.52	8.80	4.38	8.05	11.53	22.24	25.46	27.01	42.43
四川	21.24	11.78	19.48	25.92	11.81	17.63	20.61	19.54	22.41	46.90
西藏	33.49	29.24	33.47	39.40	37.83	36.50	31.16	35.75	24.79	24.41
新疆	10.35	11.12	8.80	9.61	20.62	20.10	22.32	22.31	44.77	20.56
云南	41.53	31.98	33.63	0.00	31.06	7.08	2.52	41.64	44.37	6.05
重庆	5.01	20.32	14.60	33.90	20.04	25.02	18.65	30.54	47.31	33.31
安徽	24.63	16.83	23.63	35.64	27.13	31.12	35.55	35.29	34.19	34.98
河南	10.96	10.20	7.72	6.30	11.49	21.58	20.90	33.13	11.36	39.00
黑龙江	5.15	12.88	30.79	27.36	16.81	21.06	36.49	22.07	27.24	26.74
湖北	19.28	19.74	19.09	9.83	5.65	32.95	26.12	50.22	63.29	56.12
湖南	18.72	23.66	5.97	33.65	6.44	28.38	37.66	40.03	44.57	11.62
吉林	9.86	7.85	7.75	3.12	14.71	19.19	4.54	7.62	23.23	50.50
江西	2.48	10.65	4.77	23.45	34.20	48.03	40.41	43.66	43.30	13.15
山西	—	2.75	6.43	14.05	9.85	15.78	27.26	39.69	58.82	61.96

附录三　公开渠道原始数据（%）

省份	2008 年	2009 年	2010 年	2011 年	2012 年	2013 年	2014 年	2015 年	2016 年	2017 年
北京	—	23.08	24.23	30.95	30.00	38.95	30.26	18.32	14.36	15.27
福建	8.51	14.82	15.75	27.69	17.34	16.35	15.27	14.91	18.26	12.05
广东	29.14	39.57	44.40	29.72	31.51	32.82	25.91	12.65	12.31	14.94
海南	20.34	19.78	19.04	20.67	17.23	17.90	17.30	10.64	22.96	19.92
河北	11.30	7.68	5.63	11.13	6.13	14.80	12.81	12.81	16.55	15.97
江苏	15.47	27.39	31.55	21.25	17.88	26.98	33.03	18.33	19.29	11.21
辽宁	39.11	8.96	23.94	26.81	33.87	20.69	16.14	22.87	20.08	28.88
山东	12.45	12.60	19.05	19.74	17.10	22.21	23.55	19.72	25.22	22.14
上海	15.71	16.18	11.93	12.46	15.08	15.41	14.59	7.53	11.05	11.28
天津	17.90	11.62	8.55	7.49	10.72	9.59	10.30	10.02	13.51	16.15
浙江	15.16	25.50	8.47	19.64	21.89	10.23	20.39	17.71	13.41	29.15
甘肃	14.01	12.50	14.00	26.31	29.61	28.64	22.88	15.10	25.91	19.35
广西	27.43	28.23	32.62	37.17	25.46	22.33	19.85	17.13	8.48	27.12
贵州	27.19	30.08	35.92	23.60	16.75	20.99	27.86	19.34	11.04	11.25
内蒙古	25.60	25.18	13.24	13.75	27.15	20.43	17.10	23.41	15.22	19.84
宁夏	—	21.29	32.41	32.35	29.59	25.29	14.10	21.58	20.84	20.99
青海	17.90	20.04	21.37	14.73	16.05	15.60	18.06	15.62	12.59	11.06
陕西	28.26	32.93	36.37	40.29	29.73	35.63	31.79	20.30	15.41	22.89
四川	18.40	30.83	23.04	19.97	29.35	19.96	24.11	18.19	11.27	11.65
西藏	9.20	10.30	16.98	19.56	15.22	15.68	18.72	16.77	21.65	26.03
新疆	20.34	10.72	11.31	9.23	36.52	38.60	38.98	30.67	13.86	31.18
云南	10.92	17.39	9.22	8.21	21.60	21.33	22.85	26.42	17.59	19.85
重庆	6.47	22.71	24.27	31.19	27.29	30.52	31.51	21.58	22.92	21.65
安徽	18.91	20.04	23.70	23.06	13.77	19.81	16.06	10.33	10.87	17.81
河南	8.73	25.49	10.15	11.02	8.96	9.20	13.53	29.61	17.19	22.96
黑龙江	8.96	15.40	20.59	20.50	14.14	15.59	12.44	10.62	13.42	20.48
湖北	15.23	14.75	23.22	24.74	16.15	28.88	23.96	21.78	20.11	18.11
湖南	24.74	30.09	26.83	15.78	48.65	23.60	20.48	15.53	19.00	33.30
吉林	22.40	21.94	22.18	12.93	18.31	15.07	23.13	13.94	4.24	18.76
江西	25.47	28.96	25.23	26.72	20.21	18.14	14.09	25.37	16.77	31.89
山西	—	13.72	11.88	20.25	5.63	16.49	13.16	12.84	14.85	26.79

附录四 政策工具原始数据（%）

省份	2008 年	2009 年	2010 年	2011 年	2012 年	2013 年	2014 年	2015 年	2016 年	2017 年
北京	—	37.73	32.95	25.66	19.40	7.70	16.51	25.82	30.39	21.30
福建	20.75	25.89	13.98	18.62	14.88	13.70	11.79	18.42	19.94	15.29
广东	36.65	26.12	15.57	16.16	16.77	20.41	27.81	15.30	18.28	8.78
海南	9.63	11.00	16.27	12.99	11.35	3.78	1.68	2.95	13.87	39.65
河北	49.26	44.80	35.67	41.34	27.28	31.22	14.62	22.76	12.13	1.93
江苏	45.40	17.65	34.57	30.16	23.59	8.79	22.25	17.95	34.31	6.30
辽宁	17.59	6.80	28.97	25.16	13.93	13.02	28.44	20.90	21.82	25.06
山东	28.13	24.32	19.47	12.92	14.36	17.26	14.40	24.37	14.34	13.71
上海	18.16	16.54	17.56	9.79	16.36	15.37	12.16	14.57	25.01	16.88
天津	13.78	9.89	6.37	8.81	5.49	9.33	4.72	9.02	13.24	21.49
浙江	13.83	11.55	26.06	24.95	26.38	10.21	5.04	11.19	20.19	27.21
甘肃	26.77	30.96	27.09	26.70	17.61	10.70	13.13	10.36	17.13	14.78
广西	41.38	32.25	29.61	14.02	27.20	18.45	17.82	18.87	14.92	12.65
贵州	12.57	8.40	13.78	10.81	11.92	13.09	14.56	18.50	19.04	14.06
内蒙古	39.10	29.60	23.75	31.26	19.42	24.45	16.61	14.97	15.88	15.04
宁夏	—	14.90	25.74	22.38	17.47	21.81	13.96	20.88	18.23	18.12
青海	22.21	20.39	13.23	9.11	13.36	9.81	19.59	29.67	15.56	15.97
陕西	32.59	39.53	23.98	33.63	28.71	28.88	21.27	38.75	31.50	30.44
四川	22.47	21.16	24.08	18.12	26.87	25.32	20.58	21.70	23.58	16.93
西藏	17.98	14.52	16.35	13.64	15.90	14.52	9.51	21.06	12.47	7.77
新疆	28.39	20.52	33.50	33.45	5.55	9.86	0.74	11.99	18.19	9.27
云南	22.35	21.89	18.95	40.11	12.15	19.17	19.77	12.43	18.16	35.12
重庆	35.08	15.21	17.59	16.55	19.54	11.80	13.69	20.08	7.98	22.09
安徽	21.46	25.10	15.23	20.28	16.88	13.92	22.85	27.47	23.53	33.20
河南	29.04	14.30	12.87	32.58	5.03	19.33	15.66	33.77	57.62	43.34
黑龙江	47.97	29.76	14.58	14.50	22.65	23.57	4.63	27.87	34.76	35.38
湖北	20.72	21.37	17.34	22.76	32.09	15.45	17.12	16.79	21.15	18.67
湖南	20.39	17.00	23.66	6.19	26.68	25.51	20.32	23.22	17.50	15.36
吉林	29.18	33.04	32.27	36.74	27.73	29.03	23.27	26.66	30.03	18.39
江西	38.13	29.31	27.69	32.07	16.88	6.27	20.31	13.95	28.04	37.75
山西	—	47.75	30.76	26.36	35.76	32.04	29.74	12.49	11.09	12.85

后　记

走上学术道路与我而言是人生路上的一个意外，时至今日它却成为我生命中最重要的一个标签。读博深造、开展学术研究是硕士毕业从教后才开始的人生规划，在专业学习上虽然有延续性，但是对自己的学术功底提出了更高的要求。攻读博士对于自律性不强的我来说，是一条漫长而孤独的道路，徜徉其间，满是荆棘，亦满是收获。学术研究每往前推进一步，都是对自我的超越。从懵懂无知到初窥门径再到小有所获，酸甜苦辣皆在心中。

作为一名理科生，学习行政管理是上大学以前未曾考虑过的方向。现在回想起来，这个专业带给我更宽广的社会视野和更深刻的人性思考，使我时刻铭记着肩上沉甸甸的社会责任。

本书是在博士论文基础上修订而成的。在即将付梓之际，我要由衷感谢我的导师孙宇教授。孙教授既是我的硕士生导师，也是我的博士生导师，一直以来都是我求学路上的明灯。每每在学术和生活中遇到困难，她总能深入浅出，化繁为简，梳理清晰思路和脉络，交谈之后使我豁然开朗，深感大音希声，大象无形；当我开始自我怀疑、心绪难以笃定的时候，她会给予亲切的鼓励，如春风化雨，润物无声；在我研究出现瓶颈或者走偏时，她会及时把我拉回主题，以免下笔千言，离题万里。导师的言传身教历久弥新，使我受益终身。

我还要郑重感谢李秀峰教授、郑雄飞教授和王华春教授提出的指导意见，感谢“四枝花”、“女子军团”以及其他很多人给予的关怀和帮助。很庆幸在这条道路上有这么多人陪着我，感觉自己并不孤单。

这本书能够出版，还得益于教育部青年基金项目的支持、山西财经大学公共管理学院领导对教学科研的重视，以及中国财政经济出版社吕小军编辑为本书正式出版的付出，在此一并感谢。

科研工作不仅是学术上的探索，更是一个向内探索和察觉自我的过程，越是钻研越能体察自己知识边界的局限。有鉴于此，本书不可避免地存在一些疏漏，希望读者见谅，欢迎大家斧正。我将在今后的工作中加倍努力，不断地修正和完善自己的研究。

2020 年 12 月于山西